ROMANS D'AMOUR **65** centi DRAMES DE PASSION

SOLDATS DE DEMAIN   JULES MARY

La BATAILLE D'AVANT LA GUERRE

SOCIÉTÉ D'ÉDITIONS ET DE PUBLICATIONS
Librairie Jules TALLANDIER
75, rue Dareau, Paris

SOLDATS DE DEMAIN

La Bataille d'avant la Guerre

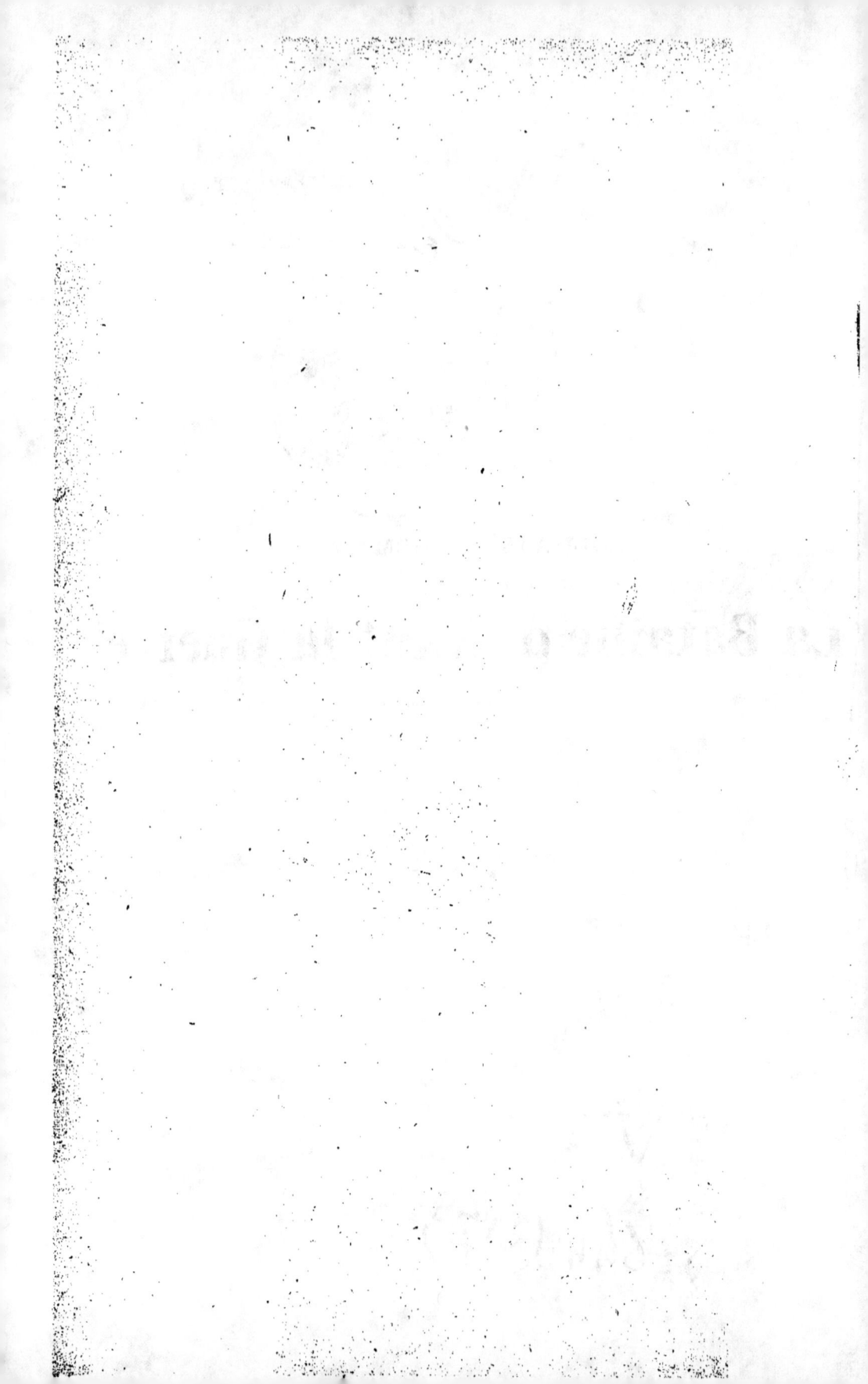

JULES MARY

SOLDATS DE DEMAIN

La Bataille d'avant la Guerre

*

PARIS

Société d'Éditions et de Publications
Librairie Jules TALLANDIER, 75, rue Dareau (14e)

LA
BATAILLE D'AVANT LA GUERRE

PREMIÈRE PARTIE

UNE NUIT DE NOCES

« La France a besoin d'héroïsme
pour vivre. »

I

Les injustices de Paris.

Le général Bénavant sauta de cheval dans la cour de sa villa du Parc des Princes, jeta la bride à son ordonnance et monta lestement le perron en tapotant ses bottes vernies du bout de sa cravache et en sifflotant un air de chasse.

Il était sept heures du matin. Le général avait fait sa promenade au bois, ainsi que tous les jours, par tous les temps.

Il entra dans la salle à manger, avala rapidement, debout, un déjeuner froid qui l'attendait, but une tasse de café et sonna une femme de chambre.

— Lorsque Madame sera levée, priez-la de me rejoindre dans mon cabinet.

Après quoi il s'enferma et se mit au travail.

Deux heures se passèrent et le général était si absorbé qu'il n'entendit pas la porte s'ouvrir, un pas furtif se

rapprocher de lui pendant que deux mains fraîches et
douces s'appuyaient, de par derrière, sur ses yeux, en le
faisant sursauter d'abord, puis éclater de rire.

— C'est toi, Françoise ?

Au fond de ses yeux bleus d'homme du Nord, énergiques,
deux autres yeux bleus vinrent plonger. Il reçut le choc
d'un regard de femme aimante et heureuse, et sur sa moustache grise qui retombait à la gauloise, un baiser.

Les doigts s'étreignirent un instant.

— Tu m'as fait demander ? C'est donc pressé ? Que me
veux-tu ?

Elle était tout à fait blonde, grande, de jolie tournure,
avec des traits, seulement un peu indécis et trop délicats
qui, dans les jours de fatigue, accusaient franchement
la quarantaine qu'elle venait d'atteindre, mais qui, les
autres jours, la faisaient paraître étonnamment jeune,
aussi jeune que ses deux filles, Nicole et Madeleine.

Ce matin-là, reposée, toute rose, la bouche entr'ouverte
sur des dents restées éclatantes, elle avait vingt ans.

— Assieds-toi, Françoise, nous avons à causer de choses
graves...

Il prit une fine cigarette dans une coupe de cristal qui
en était pleine, mais comme il était souriant, elle ne fut
pas inquiète de cette entrée en matière.

A l'âge de cinquante-quatre ans, le général Bénavant,
grand-officier de la Légion d'honneur, décoré de la médaille militaire, deux fois ministre de la Guerre, et dans
l'intervalle de ces deux portefeuilles ambassadeur à Saint-
Pétersbourg, venait d'être choisi pour commander en chef
les armées de France, en cas de guerre. La décision prise
par le gouvernement répondait au vœu unanime et fut
accueillie dans le pays par un grand cri de joie, dans
l'armée par un vif mouvement de confiance et d'orgueil.
En Indo-Chine, en Afrique, au Maroc, le général avait fait,
depuis longtemps, ses preuves d'héroïsme, de profond
savoir, de décision et d'énergie, et il était devenu populaire. Tout le monde militaire avait été impressionné par
la sûreté de ses ordres aux armées, pendant les grandes
manœuvres du centre, par l'imprévu de ses combinaisons,
par un coup d'œil de froid et puissant calculateur. Les
journaux d'Europe étaient accoutumés à ce nom de Bénavant qui, pour tous, incarnait le vrai chef, conducteur
d'hommes, sans reproches, dont la vie forçait l'admiration.

et le respect. Bénavant avait même été discuté sans aigreur
— chose rare — et non sans une marque de haute sympathie par les feuilles d'outre-Rhin. Sa photographie,
reproduite partout, avait rendu ses traits familiers. C'était
bien le type de l'officier français, simple, élégant, sans
morgue ni raideur. A cinquante-quatre ans, il en paraissait quarante et il avait conservé, comme il fallait, la
souplesse, la vigueur, l'endurance du jeune homme sans
trace d'embonpoint. Deux ans auparavant, aux manœuvres
de Silésie, Guillaume II lui avait fait un accueil flatteur,
avait recherché sa conversation, provoqué sa critique, cor-
respondu avec lui après son retour en France, et l'empereur n'avait pas caché à son entourage la singulière estime
en laquelle il tenait le général.

A Paris, dans le calme de ce joli coin du Parc des
Princes, Bénavant vivait d'une vie assez retirée, très labo-
rieuse, coupée, du reste, par de fréquents et brusques
voyages d'inspection sur nos frontières, vie toute de famille
que réchauffait l'ardente tendresse de sa femme, comme
l'adoration infinie de ses deux filles.

— C'est une nouvelle que je viens d'apprendre et dont
je ne me doutais pas seulement hier, en me couchant.
Figure-toi que tout à l'heure, au bois, j'ai été abordé par
le colonel Gassmann, de l'aéronautique, et que j'ai reçu
de lui, en pleine poitrine... devine un peu ?

— Va vite au fait... tu m'intrigues.

— Une demande en mariage... pour Nicole.

— Le colonel songerait ?...

— Non, non, tranquillise-toi... Cinquante ans... vieux
garçon, il a renoncé... Il ne s'agit pas de lui. Ce n'est qu'un
intermédiaire.

— Alors, qui donc ?

— Tu ne te doutes pas ? Cherche bien. C'est bête comme
tout de ne pas nous être douté... Voilà deux ans que nous
recevons ce jeune homme dans notre intimité, deux ans
que Nicole se rencontre avec lui chez des amis communs,
à la campagne, à la mer... L'an dernier, même, ne fai-
saient-ils pas du ski, à Saint-Maurice, sous ta surveillance
maternelle ?...

— Mais je ne devine pas... disait Françoise, vaguement
oppressée.

— Non ? Vraiment ? Aucun nom ne te vient à l'esprit ?
Moi, j'ai un souvenir... En septembre dernier, quand je

lui ai remis la Légion d'honneur, à l'île Bouchard, après les manœuvres de Touraine, j'ai vu ce brave garçon trembler et pleurer, en disant : « Oh ! mon général, mon général, si vous saviez ! » J'ai mis son émotion sur le compte de cette récompense vingt fois méritée, car il a su agrandir, ce gamin, la renommée de son pays... Mais je m'aperçois aujourd'hui que je me trompais... L'émotion, c'était bien pour la croix... quant aux larmes, c'était pour Nicole... Et je suis content, par ma foi, car notre fille ne pouvait trouver un plus grand cœur et un plus hardi compagnon...

Françoise Bénavant s'était levée. Ses traits délicats s'étaient creusés et sur son visage se lisait clairement une frayeur, la crainte d'un danger.

Le général, tout en parlant, allait et venait dans son cabinet dont la large baie s'ouvrait sur un jardin planté de marronniers. Il ne regardait pas Françoise. Il ne vit ni son trouble ni sa pâleur subite, ni l'égarement des yeux qui, un moment, chavirèrent.

— Devines-tu, maintenant ? faisait-il avec un rire moqueur.

— Pas encore...

Depuis quelques secondes, un frôlement avait soulevé la portière rabattue sur l'entrée du cabinet de travail. Une jolie tête blonde, portrait de la mère à vingt ans, était apparue soudain, et, aux derniers mots, s'était retirée.

Mais derrière la lourde draperie, on écouta...

— Depuis quatre ou cinq ans, vers quel aviateur sont allés tes bravos d'enthousiasme toutes les fois que les journaux t'apprenaient une randonnée étonnante, une tentative impossible et cependant réussie ? Quand ils t'apprenaient que la France venait d'être traversée en quelques heures ? Que les Pyrénées avaient été franchies ? Que les cimes des Alpes avaient été violées ? Que de Marseille à Alger, d'Alger à Tunis, de Tunis en Sicile, et de Sicile vers le long des côtes italiennes un avion avait devancé les mouettes et les goélands et qu'une folie de bravoure avait emporté un des enfants de France ? A qui, voyons, Françoise, mère aveugle et femme d'un mari non moins aveugle, à qui s'adressaient tes vœux de patriote émue et fière ?

Elle murmura, la voix blanche, les lèvres sèches :

— Tu veux parler de Robert Villedieu ?

— Mon Dieu, oui...

— Il aime Nicole ?

— Gassmann l'affirme... Il a plaidé pour Villedieu... Il ne parle pas souvent, le bon Gassmann, mais quand il parle !... Il nous demande notre fille aînée pour Robert Villedieu... Bel et bien... Moi, je suis enchanté, je ne te le cache pas... Ils s'aiment... Ah ! ces jeunes filles !... Et voilà ! Pendant que j'ai les yeux hypnotisés sur la frontière de l'Est, l'invasion de l'amour entre dans mon foyer. Mais je connais Nicole... Si tu n'approuves pas son choix, elle refoulera ses larmes... Elle t'obéira... Moi, je la donne... Toi, Françoise, la donnes-tu ?

Elle dit, sans réfléchir, avec une horreur instinctive :

— Moi, je refuse ! !

Bénavant resta silencieux. Pour la première fois, il remarquait l'agitation de Françoise. Il jeta dans un cendrier une seconde cigarette, qu'il allumait, et vint se rasseoir auprès de sa femme.

— Tu refuses ? Tu dois avoir des raisons ? Lesquelles ? Discutons-les en dehors de Nicole, c'est préférable.

La réponse de Françoise avait jailli dans un coup d'imprudence, et peut-être qu'elle la regrettait, car elle regardait son mari avec crainte.

— Parle, ma chérie. Sois bien sûre que j'adopterai tes raisons si elles sont valables. Dans ces questions de mariage, surtout lorsqu'il s'agit d'une fille, la voix de la mère compte pour deux... A présent, je t'écoute.

L'embarras de Françoise semblait augmenter. On eût dit qu'elle cherchait ses mots, prise à l'improviste, essayant de recourir à un faux-fuyant.

— Je refuse de consentir ainsi, sans réflexion, avec cette rapidité qui me déconcerte... Est-il vrai que Nicole aime ce garçon ? J'ai bien remarqué qu'il ne lui déplaît pas. Mais de là à l'épouser ! Je lui parlerai. Je saurai bien deviner, mieux qu'elle, peut-être, ce qui se passe en elle... guider son cœur... et, si elle se trompe, le lui démontrer sans l'attrister.

— Tu tournes autour d'une réponse que tu ne me fais pas, dit Bénavant, surpris. Qu'y a-t-il en Robert Villedieu qui te déplaise ?

— Rien, je te répète, mais dans une question aussi grave, je refuse, oui, je refuse de me décider sans examen.

— C'est que Gassman, le porte-parole de ce garçon,

lequel n'a aucune famille, doit venir aujourd'hui officiellement...

— Mais c'est impossible, c'est impossible, répétait Françoise.

Puis avec un effort :

— Il n'a aucune famille, c'est vrai, mais il n'en a pas toujours été ainsi... Cette malheureuse histoire est connue... Au fur et à mesure que le nom de Robert Villedieu grandissait, avec ses triomphes et sa fortune, les journaux, avides de renseigner, ont fait des recherches dans son passé...

Un reproche dans les yeux de Bénavant.

Il interrompit.

— Je ne pensais pas que toi, si indulgente et si juste, tu tiendrais rigueur à ce garçon de fautes qu'il n'a pas commises, des misères de ses débuts, de l'énergie qu'il a montrée et, surtout, oh ! surtout, Françoise, de l'admirable dévoùement dont il a entouré une mère malade, qui venait d'être frappée mortellement, frappée en plein cœur par l'infamie de son mari.

C'était, en effet, une triste histoire que celle-là... celle de Robert et de sa mère.

Jacques Villedieu, le père, chef d'une grande usine à Puteaux, avait été soudainement atteint d'une sorte de frénésie de plaisirs et, en une folie de dépenses, de fêtes et basses débauches, il avait, en deux ou trois ans, ruiné sa femme et son fils. Alors, les tripots, les usuriers, les expédients malpropres... L'abandon de son foyer où la gêne, la misère, puis la faim apparaissent... L'enfant a douze ans... la mère en a trente... elle tombe malade de chagrin et de privations... Villedieu ne s'en soucie guère... Il n'a pas quitté Paris, mais il a changé de nom... et c'est mantenant Claude Bertonnier qui fait des dupes... Le hasard le remet en présence de son fils, qui est apprenti dans une maison de bicyclettes. Il détournera la tête. Un dimanche, il rencontrera aux Buttes-Chaumont une jeune femme amaigrie, suant la mort, qui s'appuie sur un enfant attentif et tendre. Il s'arrêtera brusquement et ne continuera pas son chemin.

Puis, le scandale inévitable, bien parisien.

Amant d'une fille de music-hall, Eva Murton, rentrant ivre, il a tiré sur elle un coup de revolver et l'a blessée grièvement. Eva était une créature splendide et Paris a de ces caprices. Eva devint l'idole d'un jour et ce fut l'aurore d'une effroyable injustice. On va voir.

En cour d'assises, Eva, guérie, pardonna dans son jargon moitié anglais et moitié français. Son portrait courut les journaux, où il y eut, tous les jours, une rubrique pour elle. Bertonnier fut acquitté. La prévention avait duré deux mois, mais, pendant ces deux mois, sa vie avait été fouillée et, sous l'amant d'Eva, on avait découvert Jacques Villedieu, l'usinier de Puteaux, le mari et le père en rupture de ménage. Cette existence en partie double amusa. Il y eut certains détails piquants. Sous ce nom d'emprunt, Bertonnier avait essayé, en certains milieux paisibles et riches, de se refaire une virginité. Il y eut même des anecdotes plaisantes. Ne disait-on pas qu'au moment de son arrestation, il se disposait à demander en mariage une jeune fille abusée ? Si, en un soir d'ivresse et de jalousie, son revolver n'était point parti, si le scandale n'avait point éclaté, si, en grattant Bertonnier, on n'avait pas mis en lumière l'aventurier et l'escroc, Verdieu se fût réveillé un beau matin avec deux femmes ! Etait-ce vrai ? Aucun nom ne fut prononcé ! La jeune fille ne fut pas connue. Personne n'affirma et personne ne démentit. Mais Paris ne prend jamais les bigames au tragique. Ce Villedieu l'intéressait. Et il continuait de se passionner pour Eva. On sut que tous les soirs, depuis sa sortie de prison, il allait coucher sur les marches de l'hôtel d'Eva, maintenant lancée dans la haute fête. Les gardiens le ramassaient et lui faisaient achever sa nuit au poste. Le lendemain, il recommençait. Paris trouvait cela très drôle.

Pendant ce temps, la femme de Villedieu râlait en son lit d'agonie et l'enfant ne savait que devenir ; mais Paris n'aime pas les tristesses incurables. Puis, Eva allait débuter, toute nue, dans une revue... Et cette soirée-là, on lui fit une ovation enthousiaste.

Personne ne raconta que, cette même nuit, une femme accablée de misère était conduite à Lariboisière, où elle entrait en agonie, sous le regard affolé d'un pauvre petit qui récitait des prières.

Et le lendemain, la femme de Jacques Villedieu rendit l'âme, juste à l'heure où Eva, après son triomphe de la veille, se réveillait lasse et heureuse.

Villedieu avait disparu et l'on n'entendit plus parler de lui.

Paris, heureusement, n'a pas toujours de ces injustices qui seraient à dégoûter de la vertu. Il a aussi des révoltes de charité et des trésors de pitié. Des âmes s'émurent. Robert fut recueilli dans une fabrique de Suresnes. Il y travailla. Il y grandit. Il acheva son instruction dans des cours du soir. Vigoureux, plein d'allant, il débuta au Vélodrome d'hiver, dans des courses qui appelèrent sur lui l'attention des gens de sport. La bicyclette détrônée, il entra dans une maison d'automobiles, l' « Eclair », où ses inventions lui donnèrent bientôt une situation privilégiée. Classé premier à la course des Ardennes, premier à la course de Normandie, il faisait triompher sa marque et devenait associé de la maison. Mais l'aviation accomplissait des progrès énormes. Il s'y lança. En deux ans, il fut célèbre et, de plus, très riche. A vingt-huit ans, amoureux de Nicole, mais resté gamin et timide de manières, il n'eût jamais osé prendre sur lui de se prononcer, si le colonel Gassmann ne l'avait deviné et confessé.

Après un long silence, le général Bénavant reprenait :

— Ainsi, Françoise, parce que ce garçon a failli avoir sa vie brisée par la faute de son père, parce que sa mère est morte de misère à l'hôpital, sans vouloir te souvenir qu'il s'est élevé à force de sacrifices, d'ingéniosité et de bravoure téméraire, jusqu'à la plus légitime des popularités, tu refuses de l'appeler ton fils ?... Je ne te reconnais plus...

Elle se taisait, obstinée dans sa mystérieuse résolution.

Elle ne pouvait dire, non elle ne lui dirait pas la triste aventure qui avait failli briser sa jeunesse, à elle, s'ébruiter et devenir la fable de Paris...

Cette histoire était vraie, qui, un instant, sans les noms, avait parcouru la grande ville, colportée sous le manteau.

Ce Jacques Villedieu, le hasard l'avait amené dans la famille Lanthenay dont Françoise était la fille unique. Claude Bertonnier, séduisant, savait jouer à merveille la comédie qu'exigeait sa double existence. Françoise lui plut. Elle avait dix-huit ans et vivait, laissée à elle-même, en ce foyer où son père était infirme et sa mère indifférente et mondaine. Villedieu, en pleine frénésie de plaisir, ne calculait plus. Séduire Françoise, il y songea, mais il se heurta contre la résistance douce et ferme d'une âme loyale. Il essaya de la compromettre. Ses machinations échouèrent. Mais peu à peu, il se laissait prendre à sa propre intrigue, entraîner dans l'engrenage de ses mensonges nécessaires, piqué au jeu par cette vaillance chaste.

En même temps qu'il était, du reste, l'amant d'Eva Murton, il entretint avec Françoise une correspondance secrète. Lentement, en un accès de folie, Villedieu entrevit la possibilité d'un mariage afin d'arriver à la possession de cette enfant.

Et déjà, il réunissait les pièces d'un faux état civil, lorsqu'éclata la foudre.

Le scandale du coup de revolver et de la cour d'assises... l'infamie de l'homme qui avait déserté son foyer, jetant au pavé de Paris, si dur aux malheureux, une femme innocente, un enfant trop faible.

Comment Françoise survécut-elle à cette révélation ? Supporta-t-elle son désespoir et son dégoût ?... Autour d'elle, personne ne soupçonna ce drame...

Sa santé fut ébranlée par une pareille secousse : on dut l'emmener loin de Paris.

Ce fut à Alger qu'elle connut Bénavant. Le calme était rentré en elle, son mauvais rêve s'évanouissait. Elle n'avait pas aimé Villedieu, flattée seulement de sa recherche et de ses attentions. Elle put l'oublier...

Mais les lettres ?

Elles avaient dépassé assurément, dans leur forme presque passionnée, la pensée de la jeune fille. Les vierges imaginent parfois de ces romans d'amour, elles écoutent leur cœur qui rêve et le laissent parler.

Quand elle y songea, il était trop tard : Villedieu était en prison.

Il avait gardé précieusement ces témoignages d'amour.

Et lorsqu'elle revint à Paris, un peu avant son mariage avec Bénavant, il avait disparu soudain de la vie parisienne.

Elle hésita si elle avouerait à son mari ce qui s'était passé. Certes, elle l'aurait pu sans crainte et sans rougir et pourtant elle ne l'osa...

Bénavant disait, nerveux :

— Je finirai par penser que tu connais sur Robert Villedieu des choses...

— Rien sur lui, je te le jure, mon ami !...

— Donne-moi du moins une raison à l'obstination de ton refus.

— La triste histoire du père... fit-elle, baissant la tête, et comme en hésitant.

Bénavant haussa les épaules :

— Toi, Françoise, injuste à ce point ? Il y a autre chose... Te voici toute pâle et tes yeux se détournent de moi... La vérité, Françoise, il me la faut... Un malheur, n'est-ce pas ? Car autrement, d'où viendrait un embarras aussi étrange ? Tu crains de me faire de la peine ? Tu as donc un secret ? Il y a donc au fond de ton âme quelque chose que tu as gardé pour toi seule ? Et il faut donc que ce soit bien grave pour que tu en aies souffert sans vouloir m'en faire la confidence ?

La pauvre femme traversait une heure d'affreuse torture.

Maintenant, il était trop tard : si elle avait dû parler, c'était avant son mariage. Vingt ans s'étaient écoulés... L'aveu n'était plus possible, car c'eût été autoriser tous les soupçons... Et, dès lors, la défiance au foyer, la jalousie éveillée, la vision d'une faute de jeunesse... c'en était fait de leur bouheur à deux, de la paix de l'âme chez cet homme. Elle verrait sans cesse un regard chargé d'arrière-pensée se poser sur elle, et c'est en vain qu'elle voudrait expliquer le silence d'autrefois, il ne pardonnerait pas les vingt années de ce mystère.

Fallait-il donner Nicole au fils de cet imposteur ?

A présent, devant les doutes douloureux, devant l'angoisse qui s'accumulait dans les yeux du général, il lui fallait tout dire !...

Ou se taire, et continuer de tenir fermée au triple verrou la porte de son cœur... et sourire à la joie de Nicole et de Robert... qu'elle savait digne de Nicole.

Le regard de Bénavant, devant ce silence, se fit plus dur :

— Françoise, il faut que tu me répondes... il le faut... à l'instant.

Et sa voix était tremblante :

— Mon refus venait d'un simple regret, dit-elle. J'aurais voulu que Claude Bertonnier n'eût pas existé. Mais je suis sûre, comme toi, que Nicole sera heureuse.

Un soupir contenu chez Bénavant. Un insupportable fardeau s'enlève de son cœur. La figure énergique du soldat est redevenue sereine.

Ils se tendirent et se serrèrent les mains.

Alors la portière s'entr'ouvrit derrière eux. Un frêle corps vint se ployer à leurs genoux... C'est Nicole qui sourit dans ses larmes.

— Méchante, méchante mère... pourquoi refusais-tu de me rendre heureuse ?...

II

Le chemineau.

On attendit le printemps et le mariage fut fixé au mois
de juin. Il serait célébré dans l'intimité, au château de
l'Herbier, berceau de la famille Bénavant, un joli cottage
tout enguirlandé de lierre et de chèvrefeuilles, qui n'avait
de château que le nom, et si près de la Loire, au-dessous
de Blois, que les ombres du soleil couchant allongeaient
sa silhouette sur les eaux du fleuve.

Toute hésitation et tout embarras semblaient avoir disparu, chez Françoise, au lendemain de son entretien avec
Bénavant. Elle avait accueilli Robert Villedieu comme un
fils et depuis longtemps habituée à la certitude que Claude
Bertonnier était mort, elle ne prévoyait pas la possibilité
d'un danger pour les enfants.

Trois jours avant le mariage, les gens de l'Herbier
avaient vu rôder aux alentours, examinant le château,
essayant de s'en rapprocher, un homme mal vêtu, au
visage très beau, émacié par la misère ou par la maladie
et qui n'avait paru éprouver aucune inquiétude toutes les
fois qu'il avait remarqué qu'on l'observait.

L'Herbier est précédé d'un bois de sapins non enclos,
coupé de vastes allées que prennent souvent les gens du
pays pour raccourcir leur chemin jusqu'à Blois. Le vagabond — car il en avait l'air — pouvait ainsi venir tout
près de la maison. Il s'asseyait sur les aiguilles tombées
des arbres, contre un tronc, son bâton en travers de ses
jambes, et, parfois la tête sur son bissac, il s'endormait.

Le chauffeur Ferdinand, un soir, avait voulu en avoir le cœur net.

Il l'avait poussé du pied et réveillé. Le chemineau avait rouvert les yeux, ne s'était pas dérangé et, la voix douce, il demanda :

— Que me voulez-vous ? Je ne fais de mal à personne.

— Vous prenez des habitudes gênantes... Tâchez moyen d'aller roupiller ailleurs...

— Ailleurs ?... Ce ne serait pas la même chose... Voyez-vous, j'essaye partout où je passe, de me rapprocher des gens qui sont heureux...

— Alors vous ne voulez pas vous tirer des pieds ?

— Quand j'en recevrai l'ordre de votre maître ou de votre maîtresse...

— C'est bon... Je vais prévenir madame... Maboul, mais pas méchant, grommela le chauffeur en se dirigeant vers le château.

Le vagabond referma les yeux et se rendormit...

A l'Herbier, Ferdinand rendait compte... De la terrasse du cottage, il montrait du doigt à Françoise le grand corps en guenilles étendu dans l'ombre des sapins.

Elle s'y rendit. A son approche, l'homme se souleva lentement et resta debout, sa haute taille défaillante appuyée contre l'arbre. Sa barbe, mal soignée, avait des tons nettement jaunes, aux lèvres, par l'abus du tabac, et devenait blanche ensuite. De longs cheveux gris traînaient sur le col d'une redingote rapiécée, jadis noire, usée jusqu'à la corde.

Il avait un air craintif, et son regard implorait, mais c'est à peine s'il releva les paupières, comme si Françoise lui avait fait peur.

— Pourquoi vous obstinez-vous ? dit-elle... Vous attendiez une aumône ? La voici.

Elle offrit des pièces blanches. Il soupira :

— Merci, madame... je suis un pauvre homme, c'est vrai ! Mais je ne demande pas la charité. Par-ci, par-là, on me donne un peu de travail, et cela me suffit pour vivre. J'avais choisi cette place, parce que je m'y trouvais à l'abri du soleil, pas loin de la grande route, qui est mon domaine, et aussi parce que je sais qu'il y a du bonheur plein votre maison. Comme je ne suis pas méchant, le bonheur des autres me réjouit le cœur...

Françoise fut surprise. Ce n'étaient ni le ton ni les paroles d'un mendiant, mais le langage d'un homme qui avait reçu quelque culture. Elle l'examina avec un peu plus de pitié. Il continuait de tenir les yeux baissés avec une sorte d'entêtement et d'envie de se dérober à tout examen.

— Vous connaissez donc ceux qui demeurent à l'Herbier?

— Oui, et je sais quelle fête s'y prépare... M. Robert Villedieu va épouser, n'est-ce pas, une des filles du général Bénavant, dont vous êtes la femme?...

Enfin, il releva les paupières, et son regard sombre, mais suppliant, s'appuya sur les yeux bleus de Françoise... Ce fut un silence poignant, où surgirent deux vies, deux jeunesses... Une émotion violente la fit trembler et pâlir, et, devant la brusque menace d'un péril, elle eut un geste pour reculer, pour s'enfuir.

Maintenant, elle avait mis un nom sur ce masque d'homme, que les misères et les vices avaient flétri, mais qui, pourtant, avant gardé une flamme dans les yeux.

— Bertonnier, l'imposteur! le père de Robert Villedieu!...

Il se sentit reconnu et murmura tout bas :
— Françoise!

Mais tout un flot de colère, toute la rancune du passé remontaient au cœur de la pauvre femme...

— Vous! Vous! Que venez-vous faire ici? Comment avez-vous l'audace?...

Elle entrevoyait la catastrophe qui allait détruire son foyer, son bonheur.

Peut-être qu'il le comprit, car il se hâta de dire :

— Vous n'avez-rien à redouter de moi... Pourquoi suis-je venu? Je ne sais pas. Je suis à bout de souffle, malade et misérable... et comme une bête blessée, je me traîne vers un gîte pour y mourir... J'ai beaucoup de remords de mon passé, et si je pouvais le racheter! Mais ce sont des mots... Je ne peux rien...

— Si... Vous pouvez ne pas infliger à ceux qui vous ont connu le triste fardeau de votre présence... de votre présence qui signifie pour nous le désastre de notre bonheur.

— Vous me croyez donc bien infâme?

— Je vous ai connu tel...

— Oui, j'ai été ce que vous dites.

— Votre retour est une menace, convenez-en...

— On peut le croire et c'est juste... Pourtant, je n'ai pas de mauvaise intention...

— Vous ferez-vous reconnaître de votre fils ? Vous êtes oublié ! Ne remuez pas de pareilles cendres... Jadis, vous avez failli briser la vie de Robert, la mienne. Aujourd'hui, il s'agirait en plus de la vie de ma fille... Portez la peine méritée de vos fautes. Restez dans l'ombre de la mort à laquelle on croyait... Vous n'obtiendrez pas le pardon de votre fils... mais à ce prix vous aurez le mien...

Il eut un geste de révolte.

— Après tout, mes fautes ne vous ont pas empêchée de vivre honorée et heureuse et c'est tant mieux puisque vous n'avez rien à vous reprocher. Robert lui-même aurait-il mieux conduit sa vie si j'avais été là ? C'est peu probable. Il n'y a eu qu'une victime : ma femme... Les autres n'ont pas le droit de se plaindre...

— Soit, mais depuis vingt ans, vous êtes-vous racheté ? Offrirez-vous à ma fille et à votre fils une existence où vous êtes redevenu meilleur ?

— Vous avez raison... Je suis rentré depuis cinq ou six mois en France et je vous ai menti tout à l'heure lorsque je vous ai dit que je ne recevais pas les aumônes. Je vous ai menti par un sot orgueil, n'osant avouer cette honte devant vous... Je ne me plains pas et je ne veux pas qu'on me plaigne... J'ai connu toutes les misères...

— La misère ne déshonore pas, mais, hélas !...

— Sans doute, j'ai fait tous les métiers et j'ai parcouru les sentiers qui aboutissent à toutes les mauvaises actions...

Il n'acheva pas et courba le front. Sa longue barbe flotta sur sa poitrine.

— Françoise, murmura-t-il... je suis coupable envers vous, car c'est sur vous, sur votre tête innocente que peut retomber la faute la plus vile et la plus basse.

Elle se méprit.

— Ceci est oublié, dit-elle, et sera pardonné peut-être si vous n'en faites pas revivre le souvenir.

— Non, non, vous ne savez pas, vous ne pouvez savoir !... Si je dois bientôt mourir, du moins je ne mourrai pas sans vous avoir prévenue du danger qui vous menace !... Ainsi, j'aurai réparé un peu du mal que j'ai commis... Ecoutez... Ce fut quelques années après votre mariage... Dans un bouge de la vieille ville, à Alger, je rencontrai un aventurier qui se faisait appeler Jean Cabral. J'avais faim. Il avait de l'or. Il est des heures où il n'y a plus que la brute

dans l'homme. Je traversais une de ces heures-là. Il me
conta son histoire. Chassé de Hongrie, d'Allemagne, de
Russie, engagé dans la Légion, déserteur, chef d'une agence
de désertion, à Oran, fournissant des armes aux coureurs
de frontières qui se battaient contre nous au Maroc, pris,
envoyé en conseil de guerre, il allait s'échapper grâce à un
faux état civil, et à l'audace de surprenants mensonges,
lorsqu'un officier le reconnut et le fit condamner à mort...
Cet officier s'appelait le colonel Bénavant.

La voix du vagabond s'affaiblissait, devenait rauque.

— Jean Cabral s'évada, mais avec quelle haine et quel
désir de vengeance ! Et il me le contait, sa tête maigre,
pareille à une tête de mort, penchée sur moi, les lèvres
retroussées sur des dents aiguës et un feu rouge rayonnant
au fond de la cavité de ses yeux... Je le vois... Je le verrai
toujours... Vous saurez tout, Françoise, et vous jugerez
jusqu'où peut aller la lâcheté d'un homme... Je uli appris
que... ce Bénavant dont il rêvait la perte, avait épousé une
femme qui m'avait aimé...

Elle fit un geste de mépris. Son visage se colora de honte.

— Une femme qui, plutôt, avait cru m'aimer... et que
jusqu'où peut aller la lâcheté d'un homme... Je lui appris
que ces lettres je les avais gardées et je lui dis que si, par
hasard, elles tombaient entre les mains de Bénavant...

Un sanglot tordit les lèvres de la pauvre femme.

— Alors, cela valait cher, de pareilles lettres... comprenez-vous Françoise ? J'avais faim... cet homme avait de
l'or... Je les vendis ! Oui, j'ai commis cette lâcheté... Je
les ai vendues, vos chères lettres, où, malgré mon indignité, j'avais respiré la fleur de votre âme ingénue... Me
pardonnerez-vous jamais, Françoise ?

— Non !... Jamais !... Jamais ! !... Il ne s'agit plus de
moi... Il s'agit d'un homme que j'aime et vénère... duquel
j'éloignerais le plus léger chagrin au prix de ma vie...
Jamais de pardon, jamais ! C'est trop vil ! c'est trop
infâme !...

Puis, sourdement, avec une violence contenue :

— Cet homme, ce Jean Cabral, qu'a-t-il fait ? Qu'est-il
devenu ?

— Il m'a payé... Oh ! il a été généreux... et je ne l'ai plus
revu... Françoise, je sais que je suis indigne... Je ne l'ai
jamais si bien compris qu'en vous retrouvant au milieu
de votre paix et de votre bonheur... De vous, je n'ai plus

de pardon à espérer, mais si je suis mort pour Robert comme pour vous, la Loire, toute proche, a des trous profonds qui garderont mon corps...

— Ainsi, vous voudriez...

— Le revoir, m'approcher de lui, l'entendre, c'est tout. Je jugerai bien de ce qu'il pense et sa pensée secrète indiquera nettement ce qu'il faudra que je fasse... Ce que je ferai, vous le saurez par lui... mais ne vous imaginez pas que je veuille l'attendrir ? Non ! Il y a des émotions en moi qui sont mortes... Je suis las, terriblement las... et je n'ai plus rien de bon à attendre de la vie... Je me rends compte que je suis un danger et que j'inspire de la crainte. Avant de sauter le pas, c'est une tentative que je veux faire... une expérience... Je me suis posé le problème ainsi : un reste de souvenir tendre chez Robert... et je me remets à vivre !... Si je ne trouve rien... la Loire !

— Vous ne trouverez rien...

— Je m'y attends et ce sera justice. Pouvez-vous m'envoyer mon fils ?

— Sous quel prétexte ?

— Un mendiant qui a connu son père, en courant le monde, et qui vient lui en parler.

Françoise hésitait, craignant un piège. Lui, souriait, hochant la tête. Elle se décida.

L'homme se recoucha au pied de son arbre, remit son bâton sur ses genoux et sa tête sur sa besace... Un bruissement sur les aiguilles de sapin le tira de sa somnolence.

Un jeune homme de taille moyenne, yeux vifs et visage rasé, s'approchait.

Le vagabond murmura :

— Mon fils !

Robert le considéra avec attention. Quel était ce miséreux qui venait d'évoquer le fantôme lointain du père aux tristes souvenirs ? Aucune sympathie en lui, du reste. A cette brusque évocation du père indigne répondait une autre vision douloureuse... celle de la mère abandonnée mourant de misère à l'hôpital... de la mère si courageuse et si douce... et qui n'avait pas voulu se plaindre...

— Vous avez désiré me parler ? Qui êtes-vous ?

Villedieu soutint son regard et se livra à sa curiosité. Il pensait :

— Il avait douze ans, quand je suis parti... Je suis un

étranger pour lui... et moi-même je ne l'aurais pas reconnu...

En Robert, une vague compassion pour la misère anonyme dont il voyait les haillons devant lui. Et déjà il fouillait dans sa poche pour en tirer une aumône.

Un geste du mendiant l'arrêta :

— J'ai de quoi vivre pendant trois jours. Mon souci de l'avenir ne va pas plus loin.

Il admirait Robert. C'était un vaillant, il le savait. Tout respirait chez lui la hardiesse et une extrême vivacité d'intelligence. Les yeux rieurs brillaient de gaieté enfantine.

— Vous prétendez avoir connu mon père ?

— Nous avons vécu de compagnie, au Chili, en Uruguay, puis au Mexique, enfin à New-York... Nous avions lié partie... La vie était dure...

— Il a longtemps qu'il est mort ?

Villedieu évita de répondre... Mort ?... Oui, peut-être... Peut-être non... Cela dépendrait de ce qui allait être dit et de ce qui resterait de tendresse dans ce cœur d'enfant...

— Il a eu bien des aventures et vous raconter sa vie, ce serait vous conter la mienne. Nous avons été gauchos, bûcherons et même propriétaires. On acheta une forêt de caoutchoutiers, après quoi on se réveilla planteurs de café. Mais nous avions mauvaise tête... Des querelles, du sang... Du Chili, on fila vers le Mexique... On cultiva le tabac dans les terres chaudes... Mais on jouait... On fit des dettes... Impossible de payer... Les revolvers sortaient tout seuls de l'étui et les couteaux de la ceinture... On nous chercha pour nous pendre... On ne fut tranquilles qu'à New-York... Là, commissionnaires, portefaix, garçons dans les hôtels ou dans les bars malpropres, tous les commerces, tous les métiers !... et voilà !... Je n'ai pas l'air de vous intéresser ?

— Mais si, mais si, mon brave, poursuivez.

— Entre temps, votre père me parlait de vous...

— Vous parlait-il également de ma pauvre mère ?

— Moins souvent... J'ai compris qu'il avait eu des torts.

La vision de l'hôpital... le lit où râlait la moribonde... près de laquelle il priait... Robert se raidit, cachant son trouble au miséreux qui l'observait.

— Il savait sans doute que le chagrin et la misère l'avaient tuée ?

— Je crois qu'il ne l'apprit que très longtemps après.

— Et de moi, que disait-il ?

— Il se montrait très inquiet de votre avenir.

— Mais vous ne me dites pas comment vous l'avez vu mourir ?

— Ai-je dit qu'il était mort ?

— Il vivrait ?

— Je n'ai pas dit non plus qu'il fût vivant.

Ils se regardent. Un silence. Peut-être qu'un soupçon pénètre l'âme de Robert, mais ces traits n'éveillent aucun souvenir... Et le mendiant cherche à démêler, derrière ce front d'énergie et de loyauté, quels sentiments s'agitent.

— S'il revenait, que feriez-vous ?

— S'il revenait, il verrait que les cœurs se sont reformés ici loin de lui, sans lui, que des affections nouvelles ont grandi auxquelles il sera étranger... S'il revenait, je verrais toujours en lui le meurtrier de ma mère... Pourtant, s'il revenait, je l'accueillerais, à la condition qu'il pût reparaître devant moi sans honte... Autrement !...

— Votre père est mort... Son dernier mot fut pour vous demander pardon...

— Je lui pardonne...

Le vagabond soupira. Ses lèvres un instant tremblèrent. Robert demanda :

— Vous n'avez plus rien à me dire ?... Refuserez-vous cette charité ?

Et il tendit un billet de banque.

— Merci... Je n'accepterai rien de vous... Adieu...

— Adieu !

Le chemineau s'en alla le dos courbé, la besace à l'épaule, s'appuyant sur son bâton.

A Françoise, Robert, quelques minutes après, redisait l'entretien.

— Mon père est mort, en se repentant...

Alors, elle comprit que Villedieu, ayant voulu sonder l'âme de son fils, n'y avait trouvé pour lui que le néant...

Et qu'il venait de prononcer sa propre sentence...

. . . .

Deux jours après, à midi, les cloches de Saint-Nicolas, à Blois, sonnent à toute volée... C'est le mariage de Nicole et de Robert, c'est la fête de l'amour.

Un vagabond vient d'entrer à l'église, peureusement, craignant d'être chassé, et il est allé se cacher derrière un pilier. De là, en se haussant et tendant son maigre cou, il peut apercevoir, près de l'autel, deux têtes penchées, dont l'une est celle de son fils. Quand, après le défilé à la sacristie, le cortège descendit, le mendiant se pencha un peu plus pour regarder encore ceux qu'il ne reverrait jamais, puisqu'il allait mourir. Les orgues chantaient des hosannah joyeux et la porte de Saint-Nicolas s'ouvrit, sur des flots de soleil... Il vit les deux enfants pâles d'émotion... puis Bénavant, grave, puis Françoise, émue et jolie autant que sa fille... Quand ils eurent disparu, il murmura :

— Et maintenant, vieux, allons régler nos comptes !

Il gagna une porte de côté, lorsque, près de lui, passa un géant, au visage osseux pareil à une tête de mort, les yeux brûlant au fond de l'orbite, la bouche large et sans lèvres, un air d'inexorable cruauté.

De lointains souvenirs réveillés... des misères crapuleuses... une existence de criminel... le bouge d'Alger... un homme auquel il propose un marché odieux...

— Jean Cabral !

C'est à lui qu'il a vendu les lettres de Françoise !

Un grand malheur se prépare et le chemineau se dit :

— J'empêcherai ce malheur et je rachèterai ma vie mauvaise...

Jean Cabral est sorti, se mêlant à la foule. Il se dirige vers le faubourg de Vienne, s'arrête à l'auberge du Fer-à-Cheval, y reste quelques minutes et ressort... Il n'a pas remarqué Villedieu, endormi la tête sur son bras, devant une bouteille de vin de Cheverny.

A peine Cabral s'est-il éloigné que le vagabond appelle l'aubergiste.

— Je voudrais une chambre pour la journée. Je paye d'avance...

Au premier étage il reste un cabinet. On l'y conduit. On le laisse seul. Tout à l'heure il a perçu les pas de Cabral juste au-dessus de la salle de l'auberge. Impossible de se tromper : sa chambre est là. La porte est fermée à clef. Une simple pesée des épaules fait sauter la serrure... Villedieu entre... Il est très pâle, mais résolu...

— Les lettres ?... Cabral les a-t-il sur lui ?... Les a-t-il cachées dans cette chambre ?

Villedieu cherche, brise les placards, les meubles, les tiroirs et il a un rugissement de joie.

Les voici ! En un paquet qu'il éparpille et où son regard a vite fait de retrouver les tendres paroles de la jeune fille qu'il avait trompée !... Toutes sont là, jaunies par le temps, avec un parfum de vieilles choses... Et d'elles s'émane une tristesse...

A Alger, il avait dit à Cabral :

— Trente-deux !... pas une de plus, pas une de moins !... Je les vends cent francs pièce...

Cabral avait payé... Villedieu, une à une les compte... Un sursaut de surprise...

— Quarante ! Il y en a quarante ! Pourtant je suis certain qu'autrefois...

Il les parcourt... il les reconnaît... mais chose étrange, en voici qu'il ne reconnaît pas et qu'il n'a jamais lues !... qui semblent venir de Françoise, et qui, pourtant, ne sont pas de Françoise... écrites — d'après les dates — alors que déjà, hélas ! l'indignité de Villedieu était connue de la jeune fille... que le scandale d'Eva Murton avait éclaté...

Et quelles lettres ! Le vagabond les lit, mais tremblantes, sueur au front...

Il y en a huit qui sont fausses, dont l'écriture a été imitée avec une perfection rare... toutes adressées à un amant que l'on adore... Et cette fois, ce n'est plus de la tendresse chaste, c'est la passion, c'est l'abandon complet, consenti dans l'ivresse, c'est la possession qui se souvient... le plaisir qui réclame d'autres plaisirs... L'amoureuse les a écrites peu de jours avant son mariage avec Bénavant... Elle parle de ce mariage qui sera son salut, car Françoise confie à Villedieu qu'elle va être mère !...

— Mensonge ! Mensonge infâme !

Mais tout à coup, un cri d'angoisse ! L'ignominie qui se prépare, que Cabral a combinée, apparaît dans sa monstrueuse horreur...

— Nicole, fille de Villedieu, vient d'épouser son frère !

L'inceste !... Voilà ce que vont prouver ces lettres abominables !

Heureusement, il est là, pour détruire ce mensonge...

Il ramassa les lettres en un geste fou et s'élance vers le foyer...

Une voix railleuse l'arrête :

— Ne te donne pas cette peine, camarade...

C'est Jean Cabral qui vient d'entrer...

En même temps, deux mains solides comme des barres de fer articulées tordaient les pauvres doigts du chemineau et leur faisaient lâcher prise. Les lettres lui échap-

pent, voltigent sur le plancher où Cabral ne daigne pas
les reprendre.

— Imbécile ! Tu n'as pas vu que ce sont des photographies ?

Et le repoussant sur une chaise de paille où Villedieu va
s'effondrer :

— Causons, puisque je te retrouve sur mon chemin...
Jadis tu m'as vendu ces lettres cent francs l'une... Je te
les revends au même prix. Peux-tu me les racheter ?

— Non.

— Et tu te disposais, ce qui est plus simple, à me les
voler ?

— Oui... je les veux, il me les faut... Je veux t'empêcher
de commettre une action infâme, car j'ai lu... j'ai deviné...
A toutes ces lettres d'une pauvre femme qui ne prouvent
qu'un moment d'égarement, et pas une faute, tu as ajouté
huit lettres ! Ah ! ce roman hideux, sorti de ton imagination... Crois-tu que je ne l'ai pas compris ?... En dehors de
moi, personne, non, personne ne pourrait attester que cette
histoire d'amours coupables et de naissance d'enfant est
une sinistre invention de ton malfaisant génie... Mais je
suis là... et moi je le crierai à tous... ou bien tu me tueras...

— En ce cas, je te tuerai ! dit tranquillement Jean
Cabral. Seulement, tu n'es guère logique... C'est toi qui
m'as fourni ces armes... et tu sais pourquoi je les voulais...
Si je les ai payées très cher, c'est parce qu'elles avaient un
grand prix pour moi... De quoi te plains-tu ? S'il y a une
infamie, de qui vient-elle ? Je l'ai complétée, voilà tout...

— Mais il s'agit de mon fils... Je ne pouvais pas prévoir !
Et puis, ce que tu rêves est quelque chose d'inouï... pourquoi fais-tu rejaillir sur ces têtes heureuses et innocentes la
haine que tu portes au général Bénavant ?... Mon fils,
Cabral, songe à mon fils...

— Ceci est la destinée, camarade, je n'y peux rien... J'ai
attendu mon heure contre Bénavant... Le hasard m'a servi
et me donne beaucoup plus que je ne lui demandais. Demain matin, je veux bien te le dire, les lettres originales,
qui seront authentiques, un homme à moi les portera à
l'Herbier et elles parviendront aussi à Robert Villedieu
et à Nicole... J'ai dit demain matin... Oui, j'ai choisi le
réveil de leur amoureuse nuit, de leur première possession,
de leur grande et complète félicité, pour les plonger dans
l'horreur d'une révélation qui aura si bien, pour tous les

deux, l'apparence de la vérité, que la pensée ne leur viendra même pas de la discuter et de soupçonner un mensonge... Leur première nuit de noces aura accompli l'abominable union d'un frère et d'une sœur. Ils le croiront !...

Le chemineau pleurait. Il se laissa glisser à genoux.

— Je te supplie... Je ne sais qui tu es... Ton nom de Jean Cabral cache un autre nom, et tu es étranger à notre pays de France... Je ne sais quels sont tes desseins. Je t'ai vu apparaître un jour pour mon malheur... Tu sembles jeter l'or à pleines mains et je ne te demande pas d'où vient cet or. Il y a un mystère en toi, et une menace. Je ne veux pas savoir quelle menace et je n'essaye pas de pénétrer le mystère. Mais je te crains comme on redoute une toute-puissance, celle du mal. Pourtant laisse-moi t'implorer... Epargne mon enfant... ces enfants !... N'ouvre pas un pareil abîme !... C'est pour eux la mort, ou la folie, ou le suicide... En échange, tu feras de moi ce qui te plaira... Je remets mon âme et ma volonté entre tes mains... Je deviendrai pour toi une sorte d'esclave, l'instrument passif et sans pensée, dont tu pourras te servir pour tes projets, jusqu'au crime, si tu l'ordonnes, jusqu'à l'échafaud si tu l'entends ainsi... pour le salut des uns et la perte des autres... Tu diras : frappe... et meurs ! Et je frapperai et je mourrai !... Mais épargnes-les, Cabral, par pitié !...

— Je n'ai pas besoin de toi, et tu m'embarrasserais avec des scrupules... Je ne reviendrai pas sur ce qui est fait... Les lettres de ta Françoise, avec celles que j'y ai jointes, sont enfermées dans un riche coffret, cadeau de noces dont un roi serait fier, et qui sera, demain, porté à l'Herbier. Tout à l'heure je suis sorti pour mettre une lettre à la poste. Cette lettre accompagnera mon présent... Il faut que tu te dises que rien ne sera changé à ces dispositions... En toute évidence, tu t'y opposerais... Je ne te laisserai pas faire... Tu me gênes... Je t'ai condamné.

— Soit... C'est toi qui m'obliges au meurtre...

— Je te permets de me tuer, si tu peux... Mais, comme je ne veux pas que tu te rendes à l'Herbier, ce que tu ne manquerais pas de faire, nous ne nous quitterons plus... Je tiens à ce que nous passions ensemble cette journée, qui sera la dernière pour l'un de nous deux, pour toi, selon l'évidence... Tiens, il y a un grand homme de ton pays, Napoléon qui, des mois à l'avance, fixait sur la carte le point précis où il livrerait une bataille décisive et la gagnerait... Moi, j'ai décidé que tu mourrais ce soir, à dix heures... D'ici là, nous ne nous quitterons pas... Je ne tenterai rien contre toi... Je t'empêcherai seulement de me fausser compagnie... Je suis, tu le vois, bon prince. Ce que je te concède, en somme, c'est une journée entière durant laquelle tu auras le droit de chercher, par ruse ou par force, à... comment dites-vous donc dans votre argot français ?... à te tirer des pieds... Par la force, je ne te le conseille pas... La ruse, c'est autre chose... As-tu des armes ?...

Et, comme le vagabond ne répondait pas, Cabral le renversa et le fouilla. Le vieillard savait qu'il lui serait impossible de se défendre.

Sur lui, rien... ni couteau, ni revolver...

Cabral souriait :

— Maintenant tu es mon hôte... et je ferai grandement les choses...

Alors, des heures commencèrent, étranges, hallucinantes.

— Tout d'abord, déjeunons... Je me sens une faim de loup... Et toi ?

Peu à peu, Villedieu rappelait son sang-froid, réfléchissant à sa situation. Il connaissait l'homme et n'avait pas d'illusions. Cabral exécuterait sa menace, froidement, parce que, en effet, la mort de Villedieu lui était nécessaire. Et après avoir voulu mourir, maintenant le vagabond voulait vivre, vivre jusqu'au lendemain !...

Ils descendirent, s'installèrent au fond d'une salle qui donnait sur le quai de la Loire.

— Le plus loin possible des fenêtres et de la porte, n'est-ce pas, cher ami ?

Et le plus tranquillement du monde, Jean Cabral commanda le menu... solide, mais sans délicatesse : sardines, omelette aux morilles, ragoût de mouton printanier et du filet de chevreuil... provenant d'un coup de braconnage l'avant-veille dans la forêt de Boulogne. Comme vins, quelques bouteilles de piccolo blanc du Val et du champagne qu'il fit rafraîchir dans un seau de glace. Café, liqueurs, cigares.

— L'eau ne t'en vient pas à la bouche, camarade ?

Pendant que Cabral consultait la carte, durant l'espace de trois ou quatre secondes, il ne prit pas garde au chemineau et, prestement, celui-ci avait vidé dans sa poche le contenu d'une poivrière... L'autre ne vit rien... Villedieu

respira... Une chance se levait, pour lui... une arme inconnue, invisible... Sous la poussée de cet espoir, une bouffée
de chaleur monta à son blême visage et Cabral le plai-
santa :

— Hé ! Hé ! il paraît que mon menu n'est pas sans te
faire plaisir ? Mange, vieux, mange, c'est ton dernier déjeuner !...

Goulûment, il se mit à empiffrer... Villedieu l'imita...
Parfois Cabral le regardait du fond de la cavité où brillaient les feux de ses yeux. Il avait son regard railleur et
insoutenable... Il s'exprimait en français avec la plus
grande facilité, sans jamais hésiter sur la valeur d'un
mot... mais avec un accent qui transparaissait parfois
malgré lui. D'où venait-il ? Où était-il né ? Le savait-il bien
lui-même ? Il y a de ces êtres qui ont eu pour berceau la
grande route et dont la vie s'est écoulée, au hasard des
aventures, à cheminer d'une frontière à une autre, dans
tous les pays...

— Avoue que c'est original, hein ? de passer une journée
comme celle-là ?... Les gens qui nous aperçoivent ne s'imaginent guère, devant notre appétit, que ce soir, à dix
heures, l'un de nous deux tuera l'autre, délibérément... et
que nous le savons, et que nous en parlons... Et à te voir
reprendre pour la deuxième fois de cette omelette aux morilles savoureuses et vider pour la sixième fois ton verre,
qui se douterait qu'au fond de ton cœur tu te demandes :
« Quel tour vais-je lui jouer et comment diable vais-je
sortir de là ? » Jamais je n'ai trouvé la vie si drôle...

Il remplit les verres, trinqua :

— A ta santé, camarade, pour le temps qui te reste à
vivre...

Sur la fin du déjeuner, une torpédo vint se ranger devant
l'auberge.

— C'est ma voiture... Soixante chevaux... Si tu veux,
nous irons faire la digestion dans un tour de promenade...
Tu ne peux pas mourir sans avoir vu les châteaux de la
Loire.

Il régla l'addition, prit Villedieu sous le bras, sortit, fit
descendre le chauffeur :

— Je n'ai pas besoin de vous, Léopold... Vous pouvez dis-
poser de votre temps.

Il obligea Villedieu à monter et s'installa au volant. Le
vagabond semblait s'abandonner sans résistance, dans une

prostration absolue. L'auto fila le long de la Loire. Villedieu, la main dans la poche, ramassa la poignée de
poivre... attendant la minute opportune... mais il ne fit
rien... Un accident s'ensuivrait... des embardées de Cabral
au volant, hurlant de douleur, l'auto dans la Loire ou
culbutée dans un champ... la mort possible pour l'un des
deux, pour les deux... Ce n'était pas ce qu'il voulait. Cela
n'eût pas sauvé Robert et Nicole... Lui, Villedieu, devait
vivre... vivre quelques heures...

— A quoi rêves-tu, camarade ?
— Au moyen de me débarrasser de toi.
— Ce sera difficile, je t'en préviens. As-tu trouvé ?
— Oui.
— Qu'est-ce qui te retient ?
— C'est trop tôt. Patience...

Ils avaient traversé la forêt, ils coupèrent le parc de
Chambord, passèrent devant le château sans s'y arrêter,
prirent par Bracieux la vallée du Beuvron et revinrent à
la Loire en dévalant sous le château de Chaumont. Sur
l'immense pont, une détonation éclata. Un pneu venait de
crever. Jean Cabral rangea la voiture le long de la rive,
passa une blouse par-dessus ses vêtements, tira les outils,
les étala sur une toile, glissa le cric sous la roue, dévissa,
remplaça la chambre, regonfla, avec une sûreté et une rapidité merveilleuses... Le soir tombait peu à peu... les saules
et les hauts peupliers s'allongeaient démesurément sur
les eaux calmes du fleuve.

— Assieds-toi devant moi, sur le talus, je ne veux pas
te perdre de vue...

Et Villedieu sentait qu'à la moindre tentative, l'homme
bondirait sur lui... Il était vieux et faible... Proie facile
entre les griffes de ce tigre... Mais il comptait sur la nuit...

Pourtant, une tentation violente... Le pneu changé, la
roue en état, au moment où Cabral rangeait les outils,
Villedieu s'empara du lourd cric de fonte qui avait soulevé
la voiture... Il le brandit... Un instant, la massue voltigea
sur la tête de l'homme qui lui tournait le dos... Mais son
ombre, sur la blancheur de la route, l'avait trahi... et Cabral avait fait un saut de côté... L'effort était tel que le cric
se brisa sur le sol !...

— Manqué ! fit Cabral... Monte, camarade... nous repar-
tons...

Il donna un tour de manivelle, mais, en même temps,

Villedieu établissait le contact et l'auto démarrait... Cabral avait deviné... Par un saut prodigieux, il franchissait le capot et retombait couché sur le volant... par-dessus la vitre... Son poing s'abattit sur le crâne du chemineau qui resta étourdi... L'auto roulait sur le talus de la levée du fleuve et allait basculer... Il la redressa... Elle cahota contre un tas de pierre... puis, rétablie en équilibre, elle fila droit sur la route, vers Blois.

En même temps, le vagabond rouvrait les yeux.

— Pas mal ! fit l'étrange aventurier... Tu as du coup d'œil et du sang-froid...

Au Fer-à-Cheval, il fit servir à dîner, à la même table. Cette fois, il fut seul à y prendre part. Villedieu buvait, mais ne mangeait pas. Il était sombre. L'autre le regardait, de ses yeux brûlants, et souriait.

— N'as-tu plus aucun tour dans ton sac ?

— Si, mais j'attends...

Le dîner fini, Cabral alluma un cigare, offrit son étui... Villedieu refusa.

— La soirée est superbe... Un tour au bord de l'eau ?... Oui ?... Bravo !...

Et tirant sa montre :

— Du reste, tu n'as plus qu'une heure à vivre... Je t'ai promis jusqu'à dix heures...

Ils sortirent à pied, longèrent la Loire, dans la direction de l'Herbier. Cabral avait passé son bras sous le bras de Villedieu et le chemineau se sentait prisonnier. Ils marchèrent lentement, dans la fraîcheur qui montait du fleuve. On n'entendait que le clapotis de l'eau contre un banc de sable... et parfois des poissons qui sautaient... En face d'eux, sur la rive droite, s'allumaient les lumières de la ville.

— Vois-tu, vieux, quand on arrive à ton âge et surtout dans ta misère, la vie est peu de chose. Tu ne dois plus y tenir beaucoup et c'est un service à te rendre que de t'aider à t'en aller... Considère un peu ce qui t'attend... Quelles joies espères-tu ? Sur quel bonheur peux-tu compter ? Tu n'oserais pas te présenter à ton fils... Ta belle-fille te prendrait en horreur... Quant à Françoise, elle ne doit pas conserver de toi un souvenir qui te fasse honneur... Ton repentir est trop tardif. Il ne faut, quand on est ce que tu es, avoir des remords que lorsque cela peut servir à quelque chose... Voici la demie de neuf heures qui vient de sonner... Rentre en toi-même, si tu crains la justice éternelle... Tu as encore trente minutes à vivre... Asseyons-nous... ton bras pèse sur le mien et tu parais accablé de fatigue... L'émotion ?... Qui sait ? La mort, c'est peut-être un début.

Ils prirent place sur l'herbe de la berge. Autour d'eux, sur cette rive, la solitude des champs et des bois... Pas très loin derrière eux, l'Herbier. Ils en étaient séparés par un angle de la forêt de Russy, dont le château occupait une clairière... Et ce coin de grands arbres venait de s'éclairer de lueurs d'incendie, sans flammes. Contre le coteau éventré par une carrière, huit fours à chaux ouvraient leurs gueules parmi les bouquets de ronces et d'arbrisseaux rabougris.

Assis côte à côte, ils ressemblaient à deux vieux amis en train d'échanger dès confidences de jeunesse, mais si l'on s'était approché d'eux, on aurait vu que des bras s'entrelaçaient toujours, et si étroitement, que toute fuite pour l'un des deux était impossible. Aucun effort apparent. Villedieu s'abandonnait, découragé, dans cette prostration absolue qui fait un mort-vivant du condamné guidé vers l'échafaud...

La main droite du vagabond, restée libre, fouillait obstinément dans sa poche. Jean Cabral ne s'en inquiétait pas. Il savait que Villedieu n'avait point d'arme.

Il jeta dans l'eau son bout de cigare, qui grésilla, et la voix paisible :

— Comment préfères-tu que je te tue ?... Mets-toi à ton aise... Je n'ai rien à te refuser...

Mais, en même temps, il poussait un cri effroyable et se renversait en arrière... La main de Villedieu, brusquement sortie de sa poche, s'était tendue vers les yeux de Cabral, lançant une poignée de poivre... L'homme se tordit avec des hurlements... Villedieu le prit à bras le corps et le poussa sur la berge à pic, où il roula jusqu'à la Loire. L'eau s'entr'ouvrit doucement et le misérable disparut... Son cri s'étouffa dans une déglutition.

Villedieu essuya son front couvert de sueur... Il défaillait... Il murmurait :

— Sauvés ! Les pauvres enfants sont sauvés !... Et ma mémoire ne sera plus maudite !

Dans les champs, autour de lui, personne. Et un grand silence avait succédé à ce drame.

Alors, il s'éloigne, en chancelant, vers les arbres qui cachent la clairière.

C'est vers l'Herbier qu'il se dirige... C'est là son but... Ensuite, qu'importe !...

— Il faut les prévenir tout de suite, il faut que je voie Robert, surtout, et que je le mette en garde contre l'horrible chose...

A peine a-t-il fait quelques pas qu'au bas de la berge, l'eau semble bouillonner. Une tête apparaît. Des mains s'agrippent au bord. Un grand corps s'enlève jusque dans les herbes du rivage.

Ce qui devait perdre Cabral a été son salut... L'eau a chassé le poivre de ses orbites... Il voit !... Certes, il souffre atrocement... C'est une brûlure qui le mord jusqu'au fond de son cerveau... mais sa haine domine même la douleur... et la peur que sa vengeance ne lui échappe, que n'échoue, à la minute même où elle allait triompher, sa formidable intrigue !...

Vaguement, dans les rouges nuages qui emplissent ses yeux tuméfiés, il aperçoit les lueurs immobiles des fours à chaux parmi les arbres...

— C'est par là que Villedieu doit courir !

Et lui-même se précipite... dans un élan que rien ne pourra plus arrêter...

. . . .

— Je t'aime !...

Tous les invités étaient partis dans le courant de l'après-midi ou de la soirée. Le général Bénavant, Françoise et Madeleine avaient regagné Paris. Ils avaient voulu laisser Robert et Nicole seuls, en face de leur bonheur. Deux femmes seulement étaient restées pour les servir. Peu à peu, la solitude s'était faite autour d'eux et leur joie profonde grandissait de se voir ainsi livrés l'un à l'autre loin de toute parole et de tout regard.

A cette heure, enveloppés par les ténèbres, ils s'enlaçaient les mains, appuyés au balcon de leur chambre, dans l'encadrement de la fenêtre ouverte. Derrière eux, une veilleuse seule était allumée, diffusant une lumière mystérieuse sur les choses muettes qui seraient tout à l'heure les uniques témoins de leur amour...

Ils parlaient à voix basse... car certaines paroles ainsi se font mieux entendre. La nature était leur complice en cette douce soirée et la nuit protégeait de ses voiles l'ar-

deur de Robert comme la pudeur soumise de la jeune
fille.

De temps en temps, les visages se rapprochaient... Ils
gardaient le silence parce que leurs cœurs palpitaient trop
fort... et les lèvres, alors, se cherchaient et se réunissaient
dans un baiser de trouble, de jeunesse et de passion !...

— Je t'aime !

. . . .

Les yeux aveuglés voyaient à peine et cependant Cabral
courait toujours.

Vers le bois aux sanglantes lueurs, il crut apercevoir
une ombre fuyante, toute noire sur le rayonnement lumineux des fours à chaux.

Sa haine et sa rage crièrent en lui :

— Villedieu ! !

Il trébuchait aux obstacles, se relevait, reprenait sa
course furieuse.

C'était bien le chemineau qui perdait son avance et qui,
tout à coup, dans un regard en arrière, devina qu'il était
poursuivi.

L'épouvante alourdit ses jambes, paralysa ses reins.

— Comment a-t-il fait ?

Il croyait l'autre au fond de la Loire...

Il comprit que dans cette lutte de vitesse il serait vaincu.

Alors, il se coula dans des épines qui poussaient en une
énorme touffe sur le bord de la carrière, près des gueules
rougeoyantes... sur le chemin que suivrait Cabral et il
l'attendit... Reposé, il attaquerait avec plus de chances
pendant que Cabral serait hors d'haleine... et sous l'horrible torture de ses yeux corrodés...

En même temps, il amena près de lui une grosse pierre
qu'il empoigna des deux mains... ; sur le plateau nu, dé-
pouillé, troué de foyers incandescents, dans la blancheur
crayeuse de la chaux, Jean Cabral fit son apparition...
Une plainte lugubre sortait de sa poitrine... ses doigts
fouillaient ses orbites brûlées, mais il ne s'arrêtait pas...
Quand il passa, Villedieu se leva derrière et frappa.

L'homme s'écroula, en faisant un tour sur lui-même.
D'instinct, il avait jeté les mains en avant, et avait rencontré une poitrine. Il l'étreignit, enfermant dans une
chaîne d'acier les bras de Villedieu repliés contre le torse.

Cabral était inanimé : Villedieu voulut desserrer l'é-
treinte. Ce fut impossible. Comme il dominait son adver-

saire, — tous deux roulés sur le sol — il replia la jambe, coula son genou jusqu'au cœur, pesa de toutes ses forces en s'arrachant pour se délivrer... Inutile...

L'évanouissement cessa.

Cabral, devant ses yeux troubles, devina Villedieu, ricana...

— Bien joué encore, camarade... mais, cette fois, c'est la fin... Ecoute !

Dans le lointain, au clocher d'une église, dix heures sonnaient.

— Je t'avais promis que tu vivrais jusqu'à dix heures...

Villedieu puisait cette fois une vigueur incroyable dans l'approche du danger mortel... Qu'il lui échappe encore !... Et l'Herbier n'est pas loin...

Puis, ne percevrait-on pas ses cris ?

Sa voix emplit les arbres d'une clameur lugubre :

— Au secours ! A l'assassin ! A moi ! !

Mais la nuit, personne ne veille auprès des fours... Aucune habitation tout près.

L'étau des mains de Cabral lui serre la gorge, étouffe ses appels. Il y répond en frappant à coups redoublés sur les deux trous sanglants du visage, s'acharne sur ces orbites enflammées, arrachant des hurlements au misérable... Lutte atroce, sauvage, de deux bêtes fauves, lutte dont l'issue est prévue et fatale.

Ils se tordent l'un sur l'autre, n'essayant pas de se relever... Ils se mordent... Ils s'arrachent des lambeaux de chair, et tous leurs mouvements et leurs efforts les rapprochent des gueules par où s'écoulent les feux des foyers profonds engloutis comme des volcans silencieux et sournois...

Ils sont tout au bord... Une poussée, et c'est la chute dans cet enfer...

Villedieu reste immobile... corps inerte, désormais incapable de se défendre...

Cabral se relève... écoute... essaye de voir...

Non !... Rien !... Le silence ! Tout protège son crime !

Du pied, il pousse le corps qui tombe dans l'éternité. D'en bas, quand le malheureux s'y écrase, des étincelles grimpent au long des parois des murs, s'éparpillent, et vont s'éteindre dans le bleu de l'azur...

. . . .

— Je t'aime ! !

Les bras autour du cou, c'est un long baiser, plein de

violence et de douceur... Et c'est ainsi qu'ils rentrent dans la chambre nuptiale, s'évanouissent dans l'ombre. Les lèvres contre les lèvres ne se quittent pas !... Bientôt, l'on n'entend plus que des murmures confus, plaintes d'ivresse amoureuse, qui se mêlent, dehors, à un frisson léger dans les feuilles des arbres !...

III

Le réveil des jeunes mariés.

L'aurore du lendemain fut radieuse. Dans la lumière limpide, les hirondelles faisaient la chasse aux insectes avec de petits cris aigus et joyeux.

Vers neuf heures, il y eut une délicieuse surprise...

Tout à coup, voici que l'on entend vrombir, pareilles à de gigantesques frelons, les hélices de cinq aéroplanes qui, de tous les points de l'horizon, semblent s'être donné rendez-vous pour voler vers l'Herbier... Les moteurs grondaient dans l'air calme et, après s'être tenus un instant à cinq cents mètres, les avions descendirent, rapides, en tournoyant au-dessus du nid des amoureux et d'innombrables fleurs, des lys, des œillets, des jasmins, des dahlias, des roses roses, des roses rouges, des roses jaunes et des roses blanches s'amassèrent en une grêle merveilleuse et parfumée sur les toits du château, dans les cours, sur les balcons, les cheminées, contre les fenêtres, s'accrochant aux arbres et aux arbrissaux et décorant de couleurs inattendues les sapins sévères étonnés de cette parure.

Les camarrades de Villedieu, de l'aérodrome de Juvisy, avaient eu la jolie et délicate attention de rendre ce gracieux hommage à sa femme et cette tombée de fleurs paraissait venir, là-haut, d'une serre mystérieuse et divine...

Robert, charmé, ouvrit sa fenêtre, tendit les bras vers les grands oiseaux et envoya son salut amical... On vit partout s'agiter des mains qui répondaient. Les avions tournoyèrent encore pendant quelques minutes, puis remontèrent dans le pur royaume du ciel, filèrent **vers** Orléans et s'évanouirent.

Il se retourna vers le lit où s'agitait une tête blonde, parmi des dentelles :

— Croyez-vous qu'ils sont gentils, Nicole, d'avoir pensé à ça ?

Il laissa la fenêtre ouverte et le soleil pénétra dans la chambre. Il revint auprès du lit où des mains l'appelaient.

— Je t'aime !

Des yeux languissants lui répondirent avec un sourire très tendre. Il se mit à aller et venir parmi les meubles où s'éparpillait le désordre de la nuit, vif, gai, rieur. Mais chaque fois qu'il se rapprochait du lit, il se penchait et un baiser de plus chantait en se mêlant aux cris des oiseaux qui voletaient dans les branches.

Tout à coup il s'arrêta :

— Qu'est-ce que nous allons faire de notre journée ?

— Oh ! dit-elle, ce n'est pas les occupations qui nous manquent. D'abord, c'est convenu, il faut envoyer un télégramme à Paris pour embrasser ceux qui pensent à nous... Ensuite...

— Ensuite, on se dira qu'on s'aime... Et après ?... Après, on reparlera de la gentille cérémonie d'hier, où tant d'affections nous entouraient... Et encore, on fera des projets...

— Et puis, on se dira qu'on s'aime ?

— C'est trop juste... Mais moi, je suis un homme pratique et prosaïque. Je vous aime beaucoup, Nicole, mais je vous avouerai qu'hier j'ai été si ému, j'étais si heureux, que je n'ai pas mangé de la journée... et je meurs de faim...

Il ajouta sur un ton de mélodrame :

— Je donnerais tout mon bonheur pour une tasse de chocolat...

Elle se mit à rire de toutes ses dents blanches, mais un baiser ferma ses lèvres.

— Eh ! bien, sonnez Marie-Pierre, vilain homme, et faites-vous servir un chocolat.

Robert baissa la tête. Il prit un air sombre, le front soucieux :

— Du chocolat ? Hum ! J'ai un aveu à vous faire, Nicole.

— Déjà ?

— J'ai horreur du chocolat. Je prends du café au lait... C'est prosaïque, c'est bourgeois, coco, tout ce que vous voulez... Je vous demande pardon... Est-ce que vous m'aimerez toujours, bien que je prenne du café au lait ?

— Nous verrons... A la longue, je vous dirai si...

Un baiser l'interrompit. Quand elle put reprendre la parole :

— Faites monter mon déjeuner, dit-elle... Marie-Pierre connaît mes habitudes...

— Est-ce que je serais assez heureux pour... pour apprendre que...

— Que quoi, mon ami ?

— Que vous avez faim, vous aussi, Nicole ?

— Si vous ne vous pressez pas, j'aurai une faiblesse... vite, vite, sonnez Marie...

— C'est que... Il y a bien longtemps que je ne vous ai embrassée...

Elle tendit ses lèvres, les yeux clos, redevenue sérieuse...

Il sortit.

Nicole l'entendit qui parlementait avec la bonne.

— Que lui disiez-vous donc ?

— D'abord, j'ai commandé ce qu'il fallait. Nous aurons le tout dans cinq minutes... après quoi elle m'a annoncé que nous avons une visite..

Elle sursauta dans son lit.

— Personne ! Je ne veux voir personne ! Les ordres étaient donnés !

— C'est bien ce que j'ai rappelé à Marie-Pierre... Bien entendu, cette visite, c'est moi qui la recevrai... Il paraît que c'est un homme qui nous apporte un cadeau avec une lettre... Et il a insisté pour remettre la chose à moi directement... Il attend à l'office depuis huit heures... et il en est dix...

On perçut un bruit discret de pas sur les tapis, dans un petit salon voisin.

C'était Marie-Pierre qui servait.

— Ne vous levez pas, Nicole, je vous apporterai votre thé dans votre lit... J'installerai mon déjeuner sur un guéridon, près de vous... Comme ça, il n'y aura pas de temps perdu... Nous pourrons nous embrasser tout en mangeant...

Il sortit de nouveau.

Des paroles s'échangèrent encore dans le salon. Nicole écouta distraitement une voix d'homme, étrangère, celle du visiteur... Ensuite, ce fut un déchirement d'enveloppe, un froissement de papier. Le cadeau apporté par l'inconnu était accompagné d'une lettre, sans doute, et Robert la parcourait... Un silence... L'homme ayant fait sa commission était reparti... Robert rentra... Il tenait entre les bras un plateau où Marie-Pierre avait servi les deux déjeuners... Il plaça le tout sur une petite table qu'il avança contre le lit... Après quoi ils s'embrassèrent...

— Un cadeau ? Une lettre ? demanda Nicole.

— Oui... Lisez... Voyez donc la signature. Connais pas... Est-ce que vous la connaissez, vous, chérie ?...

Le regard de la jeune femme s'arrêta au bas du papier.

— Tcherko !... Non... Pas du tout... Je n'en ai jamais entendu parler...

Elle lut... distraite, pendant qu'il se dépêchait de verser le thé :

« Mes chers enfants — permettez à un vieil ami de
» votre père de vous appeler ainsi — et de reporter sur
» vous l'affection qui le lie à un homme pour lequel le
» monde entier, dans sa folie des armements et sa fièvre
» de guerre, n'éprouve que de la crainte, du respect et de
» l'admiration.

» Recevez le présent de noces de celui que vous n'oublie-
» rez plus, je l'espère.

» TCHERKO. »

Elle rejeta le papier sur la couverture de son lit.

— Une drôle de lettre...

— Un drôle de nom...

— Père nous renseignera... Il n'y a pas d'adresse... c'est singulier... Difficile de le remercier, ce monsieur Tcherko, si nous ne savons pas où il demeure...

— J'ai interrogé le commissionnaire... Il ne parlait pas français...

Nicole croquait une tranche de pain grillé. Elle but une gorgée de thé.

Elle était toute rose parmi ses cheveux blonds autour de son visage.

Il vint la prendre dans ses bras... l'embrassa sur le front d'abord, en écartant doucement les cheveux, puis sur les deux yeux si bleus.

— Je suis jaloux de voir que tu ouvres la bouche pour

manger et non pour me dire des choses de ton cœur, fit-il en riant.

Elle fit longtemps peser sur lui son regard et très bas :

— Tu m'aimeras toujours ?

— Je t'aimerai toute ma vie... et tu verras que je te ferai cette vie très belle et très heureuse, et qu'on t'enviera comme on m'envie, moi, de t'avoir obtenue...

Les pauvres enfants !... L'abîme était à leurs pieds... Et ce qui les attendait, Jean Cabral l'avait dit, c'était un réveil de folie, de suicide et de mort ! !

— Au fait, Robert... et ce cadeau ?... Qu'est-ce qu'il nous envoie, M. Tcherko ?

— Je t'avoue que je n'ai pas pris le temps de regarder... J'avais tellement faim ! Et puis, c'est empaqueté, ficelé sur toutes les coutures... Je vais le chercher...

— Tout à l'heure... Nous avons bien le temps... Verse-moi un peu de thé...

— Veux-tu que je te fasse une tartine beurrée ?...

— Merci !... Dis donc ?... Il était bon, ton café au lait ?...

— Moqueuse !... C'est le déjeuner national !... Toi, tu singes l'Angleterre...

— Maintenant, monsieur, je vous permets d'aller fumer votre cigarette au jardin... Vous m'y ferez des bouquets de toutes les fleurs qui nous sont tombées du ciel... Je tiens à ce que la maison en soit pleine... Pendant ce temps, je m'habillerai... Quand vous reviendrez, je serai prête...

— Tout de même, tu n'es pas curieuse ! Il est vrai que tu as reçu tant de cadeaux ! Tu as été gâtée comme on gâte les princesses... Un de plus, un de moins... Moi, je vais voir ce qu'il y a dans le mystérieux colis...

— Tu as raison. Il faut être poli pour M. Tcherko.

Robert alla chercher le paquet et le déposa sur le lit.

Il fit sauter les cordes avec son canif, enleva un papier sur lequel il n'y avait pas d'adresse.

Les cachets rouges ne portaient que l'effigie, côté face, d'une pièce de vingt francs appuyée sur la cire.

Ce détail les intrigua.

— On dirait une farce ?

Le papier enveloppait un fort carton que Robert ouvrit. Dans le carton, une sorte de petite boîte encore invisible sous d'autres papiers de soie.

Enfin, les papiers de soie enlevés, ils eurent un cri d'admiration.

C'était un coffret oriental, d'un travail merveilleux de finesse et de goût, orné de pierres précieuses de la plus grande beauté.

— Mais c'est un cadeau de roi ! s'exclama Robert.

Machinalement, il reprit la lettre qui traînait sur le lit et l'examina avec une sorte de curiosité respectueuse.

— Monsieur Tcherko, dit-il, avec un salut comique, je vous fais mes excuses.

Nicole secouait le coffret contre son oreille.

— Ce n'est pas tout... Il y a quelque chose dedans !...

— Encore une surprise !... Monsieur Tcherko, vous nous comblez ! !...

La toute petite clef, chef-d'œuvre d'orfèvrerie, était à la serrure...

Nicole ouvrit prestement, avidement.

Certes oui, elle avait été gâtée, ainsi que le disait Robert, par la famille, par les amis du général ; mais, dans l'amoncellement des cadeaux qui avaient afflué Parc des Princes et qui, durant quelques jours avaient été exposés, pas un n'atteignait la richesse délicate, le luxe, la rareté du joyau exquis que Nicole tournait et retournait, ravie, dans ses petites mains.

Sur un fond de satin bleu ouaté, bien fait pour servir de lit de repos aux bijoux qui lui sont destinés, repose une liasse de papiers retenus par deux ou trois tours de bolduc.

— Des lettres ?

Ce sont des lettres, en effet, très anciennes, dont le papier a pris des teintes jaunâtres sous les années et sous la poussière accumulée qui s'infiltre dans les tiroirs les plus secrets, des lettres dont les enveloppes retournées ne laissent voir que des timbres de la poste, mais point l'écriture...

Pourquoi Robert est-il assailli tout à coup par un pressentiment de malheur ? par la crainte d'un danger qui menace leur joie ? Ceci fut instinctif, mais brusque. Il eut un grand coup au cœur... Et le geste qui suivit traduisait ce qui l'agitait confusément...

Il prit le paquet de lettres et le jeta sur une table.

— Si M. Tcherko s'imagine que nous allons lire sa correspondance, il se trompe... Nous avons mieux à faire !

Sa voix tremblait un peu.

— Bien sûr nous avons mieux à faire, fit Nicole d'un

air entendu. Et d'abord, il faut que je m'habille... Je ne vais pas rester au lit toute la journée ?... Je viens d'entendre sonner dix heures et demie... Allez-vous-en, monsieur... je vous en prie !...

— Puisque vous me chassez... Je vais fumer au salon.

Il y eut encore un baiser...

Il examina, d'un dernier coup d'œil, le coffret précieux, sur les pierreries duquel s'accrochaient et rutilaient des rayons de lumière... Les rubis dominaient avec leur gamme de rouges sanglants... Robert avait le cœur serré.

— Comme c'est bête... Je vais savoir...

Il s'empara des lettres.

Elle le vit, approuva et dit :

— Bon. Pendant que je m'habillerai tu me les liras ou bien tu me raconteras ce qu'il y a là dedans.

Il alla s'installer dans un fauteuil du salon, près de la fenêtre qu'il ouvrit, et comme il avait repoussé les persiennes, des fleurs accrochées là tombèrent auprès de lui. Vraiment, cela sentait la tendresse et le bonheur autour d'eux, et le jeune homme haussa les épaules de pitié contre lui-même, à toutes les mauvaises imaginations qu'il se faisait.

Et pourtant, le paquet des vieilles lettres restait là, devant lui.

Et il n'osait l'ouvrir....

Il n'osait y porter la main...

Il alluma une cigarette et fuma distraitement, en regardant les hirondelles qui s'enfouissaient à tire d'ailes par la porte d'une remise où elles avaient bâti leur nid, dans l'angle d'une grosse poutre.

Le salon était contre la chambre à coucher. Il entendait Nicole aller et venir. La porte de communication n'était qu'à demi fermée.

Une voix moqueuse, mais aux réflexions aimantes, lui cria :

— Monsieur, que faites-vous, s'il vous plaît ?

— Pour le quart d'heure... j'envie deux hirondelles qui sillonnent l'air et qui vont porter la pâtée à leurs petits... et je me dis que je ne suis pas sans avoir quelque ressemblance avec elles, car enfin, moi aussi je suis un oiseau... moi aussi, je cherche ma vie dans les nuages... quant aux petits... dame !...

Il y eut, dans la chambre, une petite toux qui parut

l'avertir... Il tourna les yeux vers la portière rabattue... il en vit sortir un joli bras nu jusqu'à l'épaule, au bout duquel un doigt le menaça d'une remontrance...

— Chère enfant ! murmura-t-il.

Et son regard se reporta sur les lettres. Il aurait voulu deviner, sans avoir besoin de les lire, ce qui s'y trouvait... Il soupira... défit la ficelle... Elles s'éparpillèrent... et il lut une adresse qui lui attira un frisson...

« Monsieur Claude Bertonnier... »

Il le connaissait ce nom exécré, celui sous lequel Jacques Villedieu cachait autrefois une vie de basses débauches et d'escroqueries...

Des lettres adressées à son père, sous son nom d'emprunt !

Elles allaient lui rappeler, sans doute, ou lui apprendre quelque infamie...

Certes, il savait que le général, que Françoise, que Nicole n'ignoraient rien de ce lourd passé.

L'histoire de Bertonnier leur était connue et lui-même, dès le début des fiançailles, la leur avait rappelée...

Il n'y avait donc point là de menace particulière pour son bonheur...

Dès lors, pourquoi l'effroi qui faisait trembler ses mains lorsqu'il tira de son enveloppe la première lettre ?

Et quel cri de stupeur, à peine étouffé, lorsqu'il lut la signature !...

— Françoise de Lanthenay !... La mère de Nicole...

Il sentit une étrange chaleur à la nuque et ses tempes se mirent à battre avec une sonorité douloureuse. Un instant il ferma les yeux... Des visions affreuses apparurent... Un sanglot lui monta aux lèvres...

Il avait peur...

Une douce voix rieuse le rendit prudent :

— Que faites-vous ? Pourquoi ne dites-vous rien ?

Heureusement que cette enfant n'avait rien vu et ne se doutait de rien !...

— Je parcours les lettres ! dit-il en raffermissant sa voix.

— De qui ? Et que disent-elles ?

— Ma foi, je n'en sais trop rien encore... elles sont signées de noms inconnus, racontent des choses qui ne nous touchent pas... Et sais-tu ce que je pense ?

— Oui, monsieur, je le sais... Vous pensez que je vous aime ?

— Je pense aussi que ces lettres ont été laissées dans ce coffret par erreur... qu'elles ne nous sont pas destinées, et qu'il faudra les renvoyer à ce M. Tcherko...

— Lorsque nous connaîtrons son adresse.

Un silence...

Il fallait lire, pourtant, se rendre compte.

Sur ce premier papier qu'il venait de déplier, ses yeux erraient...

Hélas ! C'était une lettre d'amour... Françoise et Villedieu s'étaient connus... Villedieu, sous un faux nom, s'était introduit dans la famille de la jeune fille et il avait essayé de la conquérir... Ces phrases qu'il parcourait étaient toutes de confiance et de tendresse... Jusqu'où cet amour était-il allé ?

Frémissant d'un trouble inexprimable, le front en sueur, il déplia les lettres au fur et à mesure qu'elles se présentaient, dans l'ordre des dates où elles avaient été soigneusement rangées... Ces dates, les timbres de la poste sur les enveloppes les indiquaient...

D'un bout à l'autre, c'était de la part de la jeune fille abusée la même affection calme... sans élan... et tout à coup, alors que rien ne le faisait prévoir, le ton en changeait...

Phrases passionnées, protestations d'amour, appels éperdus, tout faisait prévoir la chute prochaine, certaine... voulue...

La voix rieuse de Nicole à sa toilette le fit tressaillir :

— Monsieur, je veux savoir à qui vous pensez...

Comment trouva-t-il le courage de **répondre** avec gaieté :

— Je pense aux deux hirondelles, vous savez bien ?

Puis, c'était la faute, il n'en pouvait douter...

Certes, elle retombait tout entière sur l'homme qui avait trompé cette enfant... Si complètement trompée qu'il allait la demander en mariage, mais la chute était **irrémédiable**... cela se voyait, et avec quelle éloquence ! dans le cri de terreur qui l'avait suivie !...

Huit lettres !

Huit lettres qui étaient huit fois l'aveu de ce crime d'amour où il y avait un bourreau et une victime...

Huit lettres tout enflammées où Jean Cabral avait accumulé ce que la passion la plus vraie, avec l'abandon le plus touchant, pouvait réunir de plus tendre...

Dans le remords même on lisait je ne sais quelle joie, dans les paroles qui étaient des reproches on devinait des bras qui se tendaient pour des caresses nouvelles... et quand, encore effaré de sa chute, la vierge voulait crier sa haine dans ses sanglots, ce n'était pas de la haine qui s'échappait de ses lèvres, c'était de l'amour exaspéré !...

— Mon Dieu ! Mon Dieu !... je n'ose plus ! murmurait Robert en détresse.

Derrière la portière rabattue, la voix se fit plus douce encore :

— Monsieur, je voudrais vous dire, s'il vous plaît ?

— Dites, chérie ? fit-il... mais cette fois avec tant d'épouvante qu'il craignit qu'elle ne le questionnât !

— Je t'aime !

Une jolie frimousse rose et blanche s'encadra dans la portière écartée. On ne vit que la tête. Elle s'enveloppait, avec la lourde étoffe, les épaules et les bras.

Elle tendait des lèvres gourmandes...

Il se leva... Il crut qu'il n'aurait jamais la force de faire les quatre ou cinq pas qui le séparaient d'elle... Elle reçut le baiser qu'elle voulait... et la tête rose et blanche disparut...

Il retomba sur sa chaise, appuya la main sur front...

— Jusqu'au bout... il le faut...

Des huit lettres fausses, œuvre diabolique d'un misérable, il restait quatre lettres à lire... Celles-là n'avaient point d'enveloppes... il ne remarqua même pas qu'elles étaient sans date... mais les événements auxquels elles faisaient allusion, précisaient singulièrement l'époque où elles avaient été écrites...

Et en proie, au fur et à mesure qu'il achevait sa lecture, à l'horreur de l'infâme révélation, voici ce qu'il apprit :

Dans la première de ces lettres, Françoise faisait apparaître quelques inquiétudes, sans rien préciser encore, toutefois, à son amant :

« Claude, je n'ai plus de tranquillité, mes jours se passent
» dans la fièvre, mes nuits dans l'insomnie... J'ai peur que
» la faute que j'ai commise ne soit bientôt connue de tout le
» monde... Hâte-toi de venir à mon secours... »

Dans la seconde, elle précisait — et pour la première fois

elle faisait intervenir dans cette correspondance le nom de Bénavant :

« Aujourd'hui, l'on m'a présenté le commandant Béna-
» vant et on ne m'a pas laissé ignorer qu'il m'aime...
» Claude ! Claude ! je ne te vois plus... je n'entends plus par-
» ler de toi... Est-ce que tu m'abandonnerais ? Si tu me
» délaisses, que vais-je devenir ? Mes craintes se réalisent...
» hélas ! Je serai mère... Notre mariage me sauverait...
» Viens à mon secours !... »

Les deux dernières suivaient, à deux jours d'intervalle.
Dans cet intervalle, la malheureuse apprenait la vérité : tentative de meurtre, impostures, faux nom duquel Ville-dieu s'affublait pour faire des dupes, toutes les infamies, tout son malheur, toute la catastrophe.

« Vous m'avez trompée... Vous avez abusé de la loyauté
» d'une famille où vous aviez été reçu comme un fils...
» Demain, peut-être, je vais être livrée à la risée du
» monde... Maîtresse de Villedieu ! Femme d'un bigame !
» Ce n'est pas vulgaire et c'est un joli début dans la vie... »

Enfin, ce cri de détresse :

« Pourquoi m'avez-vous choisie ? Pourquoi m'avez-vous
» perdue ? »

Après quoi, le silence. Les lettres s'arrêtaient là, et pour cause, Villedieu était arrêté. La pauvre fille restait livrée à elle-même.
Le reste se devinait... l'affolement de Françoise... la ten-tation d'échapper à la honte... cette faute à laquelle son père malade ne survivrait pas....
Et au milieu de pareilles angoisses, l'amour de Bénavant qui lui offrait le salut.
Le mariage qui lui rendait la vie !...
Puis, la triste compromission avec elle-même : elle accep-tait !
Et de ce mariage naissait Nicole !
Voici que maintenant, vingt années après, Nicole, fille de Villedieu, venait d'épouser Robert, fils de ce même Ville-dieu...

La révélation du hasard abominable éclatait dans ces lignes terribles. Pas de doute ! Le coup tombait, brutal, comme la foudre...

Et les yeux pleins de stupeur, l'âme pleine de folie, Robert se mit à rire...

Une voix douce le supplia, derrière la portière :

— Chéri, je veux savoir pourquoi tu es si gai !

Elle ne reçut pas de réponse... Et la voix reprit, avec une pointe de menace :

— Vous ne m'avez pas entendu, monsieur ?... Je croyais qu'entre le mari et la femme, tout devait être en commun, la joie et la peine... surtout la joie... Et vous n'allez pas me mentir et prétendre que vous n'avez pas ri ?...

Le même silence... Et la voix douce, un instant, s'est tue... Peut-être que Nicole est étonnée qu'on ne lui réponde pas... Et elle attend un mot... une surprise de Robert... quelque joli et amoureux enfantillage...

Rien... Dans le salon, c'est comme la solitude, c'est comme la mort !...

Alors, Nicole s'inquiète...

— Robert ! Robert !

Elle penche la tête hors de la portière qu'elle a écartée de ses bras nus...

Et elle a un grand cri de terreur :

— Mon Dieu ! Robert ! que vous est-il arrivé ?

Le jeune homme a roulé de sa chaise sur le tapis du salon où il est étendu, immobile, les yeux fermés, pâle comme un mort.

Nicole a une minute d'affolement... Elle va appeler, elle va sonner, lorsque son regard rencontre les lettres criminelles, éparses sur une table et sur le tapis, et dont quelques-unes restent entre les mains crispées du jeune homme.

Ce sont ces lettres, sans nul doute, qui ont fait tout le mal.

Elle ne cherche pas à les lire, c'est par hasard qu'un nom : celui de sa mère, qu'un autre nom : celui de Villedieu, que des mots d'amour, que des plaintes, que des cris de passion, sautent à ses yeux... L'épouvante s'empare d'elle ; elle voudrait repousser ces choses... ces choses qui l'attirent dans un besoin de savoir pourquoi elles ont retenti si douloureusement sur le cœur de son mari, et son regard y reste obstinément, maladivement fixé...

Car elle ne ne voit pas là seulement le nom de sa mère.

Elle reconnaît son écriture...

Certes, dans son âme toute neuve, le soupçon odieux n'entre pas... mais qu'elle lise... et elle comprendra, elle verra se développer le roman diabolique si bien préparé, à toutes les pages duquel elle pourra lire l'horrible tragédie de son mariage, comparable aux fatalités antiques...

Et elle lit, sans choisir, pendant qu'un bras passé sous la tête de Robert essaye de la soulever...

Et quand elle en a fini avec la première, une force inconcevable, une force qui semble extérieure et dont elle n'est plus maîtresse lui fait tendre le bras vers une autre, puis vers une autre... jusqu'à celles que les mains de Robert retiennent, tordues d'angoisse, et qu'elle leur arrache d'un geste brusque...

Enfin, elle a tout lu... Tous les voiles se sont levés... La vérité est là !...

S'il lui fût resté un doute, il se fût envolé avec les dernières lettres...

Ce cœur vient d'être blessé mortellement, pour jamais.

Et cette vie souriante est maintenant brisée...

Elle dit, tout haut, comme si elle voulait se dédoubler et comme si elle avait besoin qu'une voix le lui fit entendre, autre que la sienne :

— J'ai épousé mon frère !

A une autre que Nicole des hésitations seraient venues.

A Nicole, des hésitations ne pouvaient venir.

Pour Nicole, c'était la certitude...

Le jour où, pour la première fois, le général Bénavant lui avait parlé de l'amour de Robert pour Nicole, Françoise avait paru effarée... Elle avait refusé, dans une première émotion où il y avait de la terreur... Nicole en avait été surprise... Et pressée de questions, la mère n'avait rien expliqué... et Nicole, en l'écoutant, avait senti se serrer son cœur... Maintenant, elle devinait le drame de cette conscience maternelle, et le crime, hélas ! qui s'y était accompli... après un affreux débat...

Pour expliquer son refus, il fallait avouer la faute de jeunesse...

Et devant une pareille alternative, devant l'obligation de tout dire à son mari ou de laisser ce frère épouser cette sœur, la mère avait été lâche... elle avait prêté les mains à l'acte abominable...

Maintenant, rassurée, couverte par son criminel silence, elle ne craignait plus rien du passé maudit...

Nicole pensait :

— Est-ce vrai, tout cela ? Est-ce bien vrai ?

Mais toutes ces lettres, envoyées par ce Tcherko... la vérité criait dans chacune de leurs phrases !... Et le mot de Tcherko, qui les accompagnait, décelait la cruauté froide de l'homme qui se venge... Comment étaient-elles en sa possession ? Mystère !... Au reste, qu'importait !

L'inceste ! L'acte irrémédiable ! Frère et sœur !... Mari et femme !... Elle se murmurait ces mots à voix toujours haute, vivant un rêve de folie...

— Que faire ?...

Vieillie, les traits creusés par une fatigue inouïe, méconnaissable, elle reposa doucement la tête de Robert, elle s'accroupit auprès de lui, mit les coudes sur les genoux, le menton dans les mains et le regarda ainsi, sans plus dire un mot... mais pensant, mais priant :

— Mon Dieu, soyez bon, faites qu'il soit mort ! qu'il ne se réveille jamais plus ! que je sois seule à savoir, seule à me souvenir !... Et reprenez-moi aussi...

Certes, un peu folle, car la voilà qui se met à étudier, sur le visage de Robert, les signes de vie, espérant y trouver les signes de la mort... Elle passe doucement la main sur ce front glacé... sur ces lèvres décolorées et froides... s'arrête sur les yeux aux paupières closes... Et l'espoir lui vient qu'il n'y a plus rien là, que le néant...

— Mon Dieu, vous avez été miséricordieux...

Elle cherche le cœur... Non, elle s'est trompée... Le cœur s'est remis à battre... Hélas ! il vit... Il n'a pas fini de souffrir... Et déjà il rouvre les yeux et se soulève...

Alors, elle se recule avec une exclamation étouffée :

— Mon frère ! Mon frère !...

Il l'a vue. Il l'a reconnue...

Ces lettres, autour de lui, font revivre la réalité...

Debout, chancelant, fantôme, il s'avance vers elle...

D'un geste éperdu, il indique ces feuilles jaunes éparses.

— Tu as lu ?... Tout ?... Tout lu ?...

Elle fait signe que oui.

— Et tu... as... compris ?...

— Oui !

— Alors, Nicole ?... Alors...

Il ne peut rien dire de plus. Il est anéanti. Sur leurs

traits une horreur — l'horreur de la fatalité, de la force
aveugle abattue sur eux — et ils ne savent même pas exprimer leur désespoir... Pensent-ils ? Non... Vivent-ils ?...
Souffrent-ils ?... Pas encore !... Et longtemps ce silence dure
entre eux. Longtemps, l'un en face de l'autre ; elle assise, le
buste affaissé, la bouche ouverte, respirant avec force ; lui
debout, une main le soutenant appuyée sur le bord d'un
meuble... longtemps ils se regardent, plongent en eux,
savourent leur anéantissement, pour ainsi dire... Et quelquefois tous les deux, dans le même moment, ont les mêmes
gestes imprécis qui trahissent leur désarroi, leur infinie et
incurable détresse, des gestes qui disent :

— Non, non... on peut rêver ces choses... elles ne sont
pas de la vie...

C'est mon frère ! C'est ma sœur ! Seul cri qui, du fond
d'eux, remontait à leurs lèvres... Et ils avaient peur... peur
de la première parole qui maintenant allait être dite... Puis,
voilà que Robert se livre à une occupation machinale... Il
ramasse ces lettres qui traînent partout, il les jette dans la
cheminée... Il va, dans la chambre, reprendre sur le lit la
lettre de Tcherko qui accompagnait cet envoi... la jette avec
les autres, y met le feu... et balbutie, la voix changée :

— Ce secret, pour nous deux, n'est-ce pas, Nicole ?

— Oui !...

Les papiers ont pris feu... se tordent dans les flammes...
en un instant d'anéantissement. Ah ! si le souvenir pouvait
s'anéantir aussi aisément dans leur cœur...

Enfin, Robert reprend un peu de sang-froid.

— Nicole, je ne sais si tu auras la force de me répondre...
Je le voudrais, car tout ce qui va être dit sera décisif...
Pourras-tu ?

Elle eut un geste vague... ses yeux restaient fixes et parfois elle portait la main à son front comme pour y apaiser
une torture.

— Tu as lu... et il ne t'est pas venu le soupçon que rien
de cela n'est vrai ?

— Non...

— Pourquoi ?

— Ces lettres m'ont fait comprendre des choses... fit-elle
avec effort... des choses que tu ignorais... Ma mère ne voulait pas de notre mariage... Mon père s'en montra surpris...
Alors, pressée de dire les raisons de son refus... obligée de
mentir ou d'avouer... n'osant pas... ma mère a consenti,

croyant sans doute que ce secret ne serait jamais connu que d'elle seule... Voilà comment je m'explique...

— C'est infâme !... si infâme que je me demande si tout cela est possible....

Il répétait, machinalement, bouleversé :

— Aucun doute, en toi ? aucun ?... Je voudrais tant douter !...

Le regard de Nicole se dirigea vers les dernières lettres qui brûlaient.

Elle murmura tout bas :

— Son écriture !

— Oui, et je me rappelle, moi aussi, dans le temps, cette histoire à laquelle on fit allusion plusieurs fois devant moi... On ne disait pas les noms... on ne les connaissait pas.... et pourtant l'on affirmait que mon père, quoique marié, avait failli épouser sous un faux nom une pauvre fille abusée...

— Maman !

Robert se tordit les mains :

— Nous sommes les victimes de quelque vengeance atroce... Ce Tcherko ? Aucun souvenir en toi, Nicole ?

— Aucun.

— Si l'on avait voulu empêcher notre mariage, on nous eût remis ces lettres hier, avant-hier... On a voulu, au contraire, que notre union fût un fait accompli... C'est monstrueux... Pourquoi ?... Je n'ai pas d'ennemis. Ton père, peut-être ?... Ton père, qu'on a frappé en nous ?

— Oui !... Mais il ne saura pas ? Dis, Robert, il ne faut pas qu'il sache ?

— Non !... Ton père est sacré pour moi comme il l'est pour la France... Il faut le défendre contre tous et malgré tout... Et c'est lui qu'on a voulu atteindre... souviens-toi... Les allusions de cette lettre de Tcherko, « un vieil ami de votre père... un homme pour lequel le monde entier, dans sa folie des armements et sa fièvre de guerre, n'éprouve que de la crainte, du respect, de l'admiration... »

— Et la dernière phrase... « Recevez le présent de noces de celui que vous n'oublierez plus, je l'espère !... »

Robert pensa :

— Ce misérable se trompait... Il n'a pas pensé que l'on peut mourir... La mort, c'est l'oubli...

Mais voyant Nicole, Nicole si jolie, Nicole tant aimée, son cœur s'abîma...

Il tomba aux genoux de la jeune femme en sanglotant, la crise enfin venue.

Et parmi ses sanglots, il ne faisait que répéter la même plainte, toujours :

— Nicole ! ma pauvre enfant, qu'allons-nous devenir ?

Nicole ne pleura pas.

Elle semblait inconsciente et prostrée...

Ses mains, pourtant, distraites, caressèrent les cheveux de Robert...

Elle présentait l'effrayante image de la douleur au paroxysme, mais de la douleur muette...

Les deux enfants sentaient que ce n'était pas seulement le bonheur qui n'était plus possible, mais que leur vie était finie...

De l'horreur l'un pour l'autre ? Non !... Ils s'aimaient, et c'était là justement l'effarante pensée... La révélation était venue trop tard... Ils continuaient de s'aimer et chacun des deux, tout en aimant l'autre, avait horreur de lui-même !... Et ils se disaient qu'à une situation aussi tragique, il n'y avait qu'une issue possible, également tragique...

Elle murmura, plaintive :

— Je voudrais bien pleurer aussi !

Elle s'éloignait de ce salon, de cette chambre voisine qui avait été témoin de tant de bonheur et de tant de rêves, et se reportait vers la villa calme du Parc des Princes... qui abritait deux êtres qu'elle avait tant aimés... Lui, consacrant sa vie à la grandeur de sa tâche, veillant, du fond de son cabinet de travail, à la défense de son pays, à lui conserver sa place au monde... étudiant sans relâche... à l'affût de tous les efforts de l'Allemagne contre nous, pour y répondre par nos efforts... Lui, vers qui se tendaient les cœurs, dans l'exaltation du devoir, dont on sentait la venue prochaine... Et elle... Françoise... la mère ! !

C'était un grand crime que cette femme avait commis.

Et cependant Nicole lui pardonnait !

Elle finissait par trouver juste qu'on eût fait deux victimes pour conserver à cet homme le calme de son foyer et la paix de son grave travail. Elle voyait plus haut et plus loin que tout ce qui se passait près d'elle... Bénavant meurtri, Bénavant diminué par la honte perdait de sa force en une heure solennelle où toute l'Europe en armes pensait à la guerre inévitable, se disant : « C'est peut-être pour demain ! », à la guere voulue, imposée par un peuple, et à laquelle il fallait préparer un autre peuple !... Le monstre aux mystérieux desseins, qui se cachait sous ce nom de Tcherko, avait manqué son coup, s'il avait voulu, en frappant deux innocents, détruire le prestige du général sur qui reposaient les destinées des armées et le sort de la France...

Elle balbutia, apitoyée, car il pleurait toujours :

— Mon frère ! Mon pauvre frère !...

Il lui répondit dans des sanglots convulsifs :

— Sœur chérie ! Mon aimée ! Ma Nicole que j'ai perdue !...

Ils entendirent des pas qui montaient l'escalier.

C'était Marie-Pierre, sans doute, qui venait leur dire que le déjeuner était servi.

Ils eurent la pudeur de leur souffrance. Puis, qu'eût-on pensé ? Qu'aurait-on dit, devant ces visages de sombre désespoir ?... Ils se hâtèrent de rentrer dans leur chambre. Et là, devant le désordre charmant de cette nuit, Nicole défaillit...

Robert l'entendit qui murmurait des mots incompréhensibles... Essayait-elle même de parler ?... Etait-ce des paroles, ces rauques plaintes inarticulées ?...

Il la déposa doucement sur son lit.

Longuement, il la contempla, immobile, aussi blanche que les draps qui l'entouraient, les yeux cerclés d'une ombre violette.

Il l'embrassa sur le front, avec une tendrese infinie...

Elle ne tressaillit pas... Elle avait perdu connaissance...

Et il lui dit :

— Nicole, je t'aime... je t'aimerai toujours comme ma femme... Je ne pourrai jamais t'aimer comme ma sœur... alors, adieu !

Il recula en regardant ce blême et délicat visage.

En chancelant, il franchit la porte et disparut...

Près de la salle à manger, au rez-de-chaussée, allant et venant, il rencontra Marie-Pierre affairée.

La bonne femme sourit et dit :

— On ne peut pas s'aimer tout le temps, il faut bien songer à vivre... Le déjeuner refroidit... Est ce que Mademoiselle... pardon, monsieur Robert, l'habitude !... Est-ce que Madame ne va pas bientôt descendre ?

— Dans quelques minutes, Marie-Pierre... Remettez votre déjeuner au chaud...

Il sortit avec lenteur, comme s'il voulait faire quelques pas dans le jardin, en attendant Nicole. Mais, dès qu'il fut dans les sapins et que de l'Herbier, il ne fut plus possible de le voir, il se mit à courir sans regarder derrière lui.

Une heure après, quand Marie-Pierre, inquiète, monta dans la chambre, elle trouva Nicole assise sur son lit, les jambes pendantes...

Et tout de suite elle devina un malheur.

Interdite, elle n'osa pas questionner... s'excusa... fit mine de se retirer... mais quand elle était au salon, une voix faible l'appela :

— Marie ! !

Elle se hâta de revenir... Tout de même, on ne vit pas d'eau fraîche et d'amour ! Et ce déjeuner si soigné, qui brûlait, se racornissait, se desséchait sur le fourneau !... Quel malheur !... Enfin, cela se comprend, n'est-ce pas ? Des jeunes mariés ! Dans les premiers jours, ça ne pense qu'à s'aimer !... Elle en avait fait autant, Marie-Pierre, quand elle avait épousé son homme...

Ses idées guillerettes de bonne vieille s'évanouirent bien vite devant l'étrange visage, devant des yeux sans regard, devant cette pâleur et l'immobilité de ces traits figés, pour ainsi dire dans une insensibilité absolue.

— Mais quoi donc qu'il y a, mademoiselle... madame ?

— Où est mon... mon mari ?

Elle prononçait difficilement les mots...

— Je n'en sais rien... Tout ça c'est bien singulier... Tout à l'heure il est descendu, et en vous attendant, il est allé faire un tour de jardin... Le temps s'est passé... Il n'est pas revenu... et le déjeuner est encore sur le feu... Et je vais dire une chose à Mademoiselle... à Madame... Le pâtissier qui vient de Blois à bicyclette et qui apportait des friandises pour ce soir, eh ! bien, ce n'est pas croyable, le pâtissier a prétendu qu'il avait aperçu M. Robert, courant comme un fou, vers la gare...

Aucune surprise chez Nicole. Elle n'eut pas un tressaillement.

Elle releva ses yeux morts... de pauvre enfant que la vie foudroyait.

— Bonté de Dieu, mademoiselle, que se passe-t-il donc ?

Nicole murmura très bas, indifférente :

— Robert est parti, Marie, ne l'attendez pas...

— Parti ?... Comme ça ?... le lendemain de... Parti, mademoiselle ?

— Et il ne reviendra plus !

IV

L'accident de Robert Villedieu.

C'était l'aube d'une matinée brumeuse. Il faisait même froid, malgré l'été. Un souffle de vent venait des plaines et des coteaux normands et apportait des menaces de pluie. Le ciel était chargé de nuages blancs pas très épais, ce qui faisait quand même que tout espoir n'était pas perdu d'une belle journée, après les craintes matinales. Le soleil était levé, mais restait invisible, marquant seulement sa place, par derrière les nuages un peu plus lumineux.

A l'aérodrome de Juvisy, il y avait peu d'animation... En dehors des gardiens et de quelques mécanos qui s'occupaient de mise au point ou de réparations, aucun aviateur ne se montrait. La journée maussade ne promettait pas d'être propice et s'il y avait quelque départ sérieux, ce serait l'après-midi, ou tard dans la matinée. Il fallait attendre que le soleil eût raison du mauvais temps prévu.

Vers sept heures, pourtant, l'aérodrome parut vouloir vivre.

Deux aviateurs-pilotes tentèrent des essais de nouveaux modèles. Des élèves firent quelques vols. Le temps restait indécis. Un avion, piloté par Roussel, s'enleva et se dirigea vers Paris, puis revint atterrir devant son hangar au bout d'une demi-heure.

Quelques gouttes de pluie tombèrent. Ce fut une fausse alerte. Le soleil brilla et le vent qui soufflait venant de la basse Seine se fit un peu plus fort.

Le train de Blois, qui s'arrête à Juvisy à huit heures

cinquante-cinq du matin, ne déposa qu'un seul voyageur à la gare... sans bagage ni valise.

L'homme traversa le quai sans se presser, remit son billet et s'engagea sur la route.

Les employés le reconnurent sans doute, car ils eurent tous le même geste stupéfait :

— Robert Villedieu !

C'était lui, en effet. Il ne parut faire attention à rien ni à personne. Il marchait indifférent, la tête un peu penchée, poursuivant une idée fixe... La pâleur de son visage avait disparu pour faire place à une brûlante rougeur de fièvre et ses yeux toujours souriants — qui étaient demeurés souriants au milieu même des plus effroyables dangers qu'il avait courus, dans les airs, par-dessus les océans et les montagnes — ses yeux étaient tristes maintenant et sans regard.

Les deux mains dans les poches, de loin il eût ressemblé à un promeneur ennuyé, musant au long de la route, plutôt qu'à l'homme qui venait de vivre des heures d'un drame inouï, des heures qui tuent.

Il eût fallu descendre jusqu'au fond de cette âme pour apercevoir ce désespoir et pour sonder cet abîme.

Pourquoi était-il revenu là, parmi les camarades témoins de son héroïsme, auprès de ses avions qu'il avait tant de fois menés à la victoire ?

Venait-il chercher simplement un dérivatif à des pensées qui l'accablaient ?

Voulait-il reprendre goût à la vie en tentant un record impossible ?

Ou bien n'y avait-il plus d'espérance en lui et son existence était-elle terminée ?

Lorsqu'il entra dans la vaste plaine où s'espaçaient les hangars, il y eut, partout, comme une sorte d'arrêt momentané de tout le travail.

Tous ceux qui étaient là, si loin de lui qu'ils fussent, le reconnurent.

Or, tous savaient qu'il s'était marié l'avant-veille... et du même coup, ils réfléchissaient que pour être à Juvisy à pareille heure matinale, Robert avait dû être obligé de partir en pleine nuit...

Et la première surprise passée, il y eut de l'inquiétude...

Les jeunes-gens se rapprochèrent, échangèrent à voix basse des réflexions :

— C'est Villedieu... Pas de doute... Je ne reconnais pourtant pas sa dégaine...

— ...Et il va vers son hangar... Mince !... Un lendemain de noces ?

— Vous ne trouvez pas ça drôle ?

— Moi, à sa place, j'en aurais eu pour quelques jours à lâcher l'aéro.

— Oui... Avec une jolie femme, on a tout de même autre chose à faire...

— D'autant plus qu'on a toujours le temps de se faire casser la gueule... Comme ça, au moins, avant, on aura rigolé...

— Pour moi, y a quelque chose... Regardez-le, je vous dis... Il ne marche pas comme d'habitude... Parole ! on dirait qu'il a bu, si on ne savait qu'il ne boit pas...

Une voix gouailleuse de jeune pilote intervint :

— Hum ! Fatigué, peut-être ? Un lendemain de noces...

Mais ils se turent.

Robert Villedieu allait passer près d'eux, s'approchait, cette fois fut bien visible.

Et il passa comme s'il ne les voyait pas, sans lever le front.

Ils murmurèrent, de plus en plus inquiets :

— Mais... qu'est-ce qu'il a donc ?

Roussel, arrivé second dans la traversée des Alpes, ami de Robert, et qui avait assisté à son mariage, s'avança, la main tendue :

— Villedieu !

Le pauvre garçon s'arrêta, réveillé d'un songe, examina comme un étranger celui qui l'interpellait, finit par le reconnaître et prit la main cordiale.

— Bonjour ! Vous ne m'attendiez pas, hein ?

— Ma foi, non ! Il s'en faut...

Roussel eût bien voulu continuer la conversation, mais déjà l'autre était loin.

Et le pilote, étonné, regardait la main que Robert venait d'étreindre.

— Il a la fièvre... dit-il tout bas... il m'a brûlé...

Du même pas nonchalent, Robert se dirigeait vers son hangar. La porte en était ouverte et ses mécaniciens y travaillaient. Là aussi, comme partout, le même effarement lorsqu'on aperçut le jeune homme.

— Ah bien ! ah bien ! si c'est vous qu'on attendait !...

Mais tous les rires s'évanouirent vite... devant ce visage sombre et ces yeux qu'on ne reconnaissait plus, d'où semblait avoir pour toujours disparu sa gaîté habituelle, sa gaminerie qui était célèbre.

Robert donna quelques ordres...

Les hommes, stupéfaits, se regardèrent, hésitèrent, puis obéirent...

— Après tout, fit l'un, il est bien libre... et il veut peut-être aller chercher sa femme dans son monoplan pour faire un voyage de noces...

On sortit l'aéro. On le fit rouler, hors du hangar, dans la plaine. Hâtivement, car l'aviateur semblait pressé, le mécano vérifia l'accumulateur, fit l'essence, vérifia l'allumage, l'empennage, la magnéto, contrôla les rivets, les tendeurs et les tirants. Il eut l'air satisfait et dit en riant :

— Tout est paré, camarade... Et, sans indiscrétion, où vas-tu ?

Robert fut longtemps sans répondre.

On eût dit que cette question l'étonnait, qu'il ne l'avait pas prévue, pourtant si simple. L'autre, bon garçon, se hâta de reprendre :

— Ça ne me regarde pas, après tout.

— Il n'y a pas de secret... J'exécute une promesse faite à ma jeune femme... une fantaisie... une simple promenade... C'est tout...

Les hommes, qui écoutaient, respirèrent, dans un brusque soulagement.

Robert, du reste, en apparence très calme, prenait les précautions d'usage, s'assurait que rien n'avait échappé à la surveillance du mécanicien, vérifiait à son tour l'aéromètre, l'anémomètre, le baromètre, glissait la carte de la route dans son cadre, réglait son altimètre...

Après quoi il entra dans le hangar et passa ses vêtements, qu'il avait en réserve dans une armoire, combinaison en toile cirée, bottes et casque.

Autour de lui, tous s'étaient mis à rire et à plaisanter.

Personne n'avait plus peur... devant l'air cependant toujours sombre de Villedieu... un air qu'on ne lui avait jamais connu.

En somme, c'était une fantaisie, ce voyage, une fantaisie que Nicole avait exigée, bien sûr, et qu'il n'avait acceptée qu'en réfléchissant. Car s'il exposait délibérément sa vie, il aurait voulu ne pas exposer celle de sa femme... Mais allez donc refuser un pareil caprice à deux beaux yeux suppliants, le lendemain d'une première nuit de noces !...

Les ouvriers ne se gênaient plus pour en parler tout haut.

— Moi, je trouve ça très chouette de la part de la petite femme... Mais je voudrais bien savoir où le patron veut la conduire.

— Pas difficile... Regarde la coupure de la carte, dans le cadre.

— La Normandie jusqu'à la mer... les côtes anglaises... Bath !...

— Il ira la chercher à l'Herbier, tranquille comme dans sa voiture, et repartira pour faire son tour des plages normandes... Voyage économique... et allez donc !

Roussel examinait Robert du coin de l'œil et à la fin murmura :

— Tout de même, il ne se déride pas... Je n'aime pas le voir comme ça...

Robert avait mis ses lunettes. Il sauta au volant, fit signe à Roussel et actionna la manivelle de mise en marche. Autour d'eux, dans l'immense plaine, le travail, un moment suspendu par l'émotion de son retour, avait repris. De tous les hangars d'immenses ailes sortaient, informes et grotesques de tout près, et qui, tout à l'heure, prendraient l'aspect de superbes et puissants oiseaux. De partout, grondaient les moteurs. Et déjà, les randonnées de monoplans et de biplans sillonnaient le ciel...

— Vous êtes prêt, Roussel ?

— Je suis prêt, mon vieux...

Tous les ouvriers se reculent. Il ne reste que Robert au volant et le pilote devant l'hélice. Le vent soufflait un peu plus fort, les nuages se bousculaient et des échappées de soleil semblaient rire à la campagne, parmi des menaces d'une pluie qui ne tombait pas.

Roussel se suspendit à l'hélice, donna un effort et bondit en arrière. Le moteur gronda brusquement, déchirant l'air, et l'hélice parut s'affoler, vibra dans une rotation si rapide qu'elle fut invisible, entraînant dans un courant d'air les fumées bleues des gaz d'échappement.

Le monoplan roula, cahota dans l'herbe avec une allure comique de gigantesque insecte blessé, puis, tout à coup, quitta le sol pour lequel il n'était pas fait, s'enleva avec des inclinaisons d'oiseau, élégantes et souples, devenu vivant soudainement, prenant possession de l'éther, qu'il parcourait avec la souveraineté d'un maître tout puissant.

Roussel murmura encore :

— Et maintenant où va-t-il ? Voilà son secret !

Le ronflement régulier du moteur s'affaiblissait au fur et à mesure que le monoplan décrivait de grands cercles au-dessus de la plaine pour prendre de la hauteur. Il montait, s'amincissait de plus en plus, pareil à un oiseau.

Brusquement, il piqua vers la Seine et prit la direction de Mantes.

— Je savais bien qu'il mentait, grommela Roussel.

— Pourquoi, vieux ?

— Il tourne le dos à Blois, où l'attend sa femme, et vole vers la Manche...

Et le front barré d'une inquiétude, il ajouta, la tête levée vers l'avion minuscule :

— Il y a quelque chose de pas ordinaire qui se cache là-dessous...

Robert Villedieu disparut. Les nuages l'absorbaient, l'anéantissaient. Pour être bien seul, parce qu'il avait besoin de solitude pour dérober sa souffrance, il avait gagné des hauteurs extrêmes... L'altimètre marqua successivement mille, quinze cents, trois mille mètres... A présent, il pouvait hurler sa douleur, crier aux nuages le nom de sa pauvre Nicole... Personne ne l'entendrait plus... Et il éprouvait une joie sauvage à se sentir le maître de l'espace, le roi de l'air, le dominateur des cieux, et à courir vers ce qu'il rêvait : la mort !...

Du reste, invisible pour la terre, la terre aussi lui était aussi invisible... Un immense voile de brumes opaques et glacées la lui dérobait... Et les heures s'écoulèrent...

Etait-il même dans le bon chemin ? Il ne savait plus... Des hameaux, des villages et des villes, au-dessus desquels il était passé, fantastique, il n'avait rien aperçu... Et cela lui importait peu... Il avait choisi son genre de mort, mais s'il le manquait, toutes les autres morts lui seraient bonnes...

Une heure, deux heures, trois heures...

— Je ne dois pas être loin, peut-être même suis-je arrivé depuis longtemps...

Il descendit :

Et tout à coup les nuages se disloquèrent et le soleil resplendit...

Il descendit encore, dans la gloire des rayons ardents, en une apothéose...

Autour de lui, aussi loin qu'il pouvait porter son regard, rien que le ciel, un horizon sans limite...

Et au-dessous de lui, la mer dont les vagues vertes clapotaient dans des remous de neige où se posaient avec des cris plaintifs des bandes de mouettes.

Un grand cinq-mâts de Norwège, chargé de bois, passa sous lui.

Il entendit de toutes petites voix lointaines qui l'acclamaient.

— Hourrah ! hourrah !...

C'était trop. Il remonta pour ne plus entendre les hommes ! Il remonta dans le silence.

Un instant, il se reporta vers la jolie maison abritée du vent froid par son bois de sapins, la maison qui avait caché son bonheur rapide, où avait éclaté la foudroyante catastrophe... Un instant il revit la vision délicate, gracieuse et blonde, et les yeux bleus qui l'avaient caressé... Toutes les paroles de tendresses entendues revécurent un instant... un instant, tous les sourires, un instant, toutes les joies et tous les rêves où vibraient deux cœurs débordant de jeunesse et d'amour...

Il se dit avec amertume :

— C'était trop beau... Aussi, quel réveil ! !

Un instant enfin ses yeux se mouillèrent au regret de la pauvre enfant qu'il jetait ainsi, toute seule, dans une vie de terribles souvenirs... Victime de la destinée tragique.

Une dernière fois, il murmura :

— Ma chère Nicole ! Ma femme ! Ma sœur ! Je t'aime.. Voilà pourquoi je meurs.

Après quoi, à trois mille mètres au-dessus de la mer calme, dans la pureté froide du ciel, à présent sans un flocon de brume, il coupa l'allumage, abandonna la direction et se croisa les bras...

. . . .

Robert ne reviendra plus !

Assise sur son lit, jambes pendantes, les mains jointes entre ses genoux, telle est la pensée constante qui torture le cerveau de la jeune femme et qu'elle se redit, de temps en temps, à haute voix, comme pour s'en convaincre :

— Robert ne reviendra plus !

Malgré l'insistance de Marie-Pierre, elle ne descendit point pour déjeuner.

La vie et ses nécessités lui étaient devenues indifférentes.

Elle n'était plus accessible qu'à la douleur.

Au courant de cet après-midi, Marie-Pierre chercha des prétextes pour monter dans la chambre de sa maîtresse.

Elle la retrouva chaque fois dans la même attitude de prostration.

— Madame n'a besoin de rien ?

Un signe de tête. Des grands yeux troubles, éperdus, fixés sur elle.

— Madame ne voudrait pas manger quelque chose ?

— Non !

La dernière fois, c'était le soir déjà, les ombres descendues...

Marie-Pierre frappa, et n'entendant pas de réponse, entra...

Nicole était toujours sur le bord du lit, mais elle avait glissé, s'était couchée sur le côté, et dormait, paisiblement... La fatigue énorme avait triomphé d'elle, et Marie-Pierre se retira sur la pointe des pieds.

Personne ne songea à se reposer, à l'Herbier, cette nuit-là.

Rien ne vint...

Dans sa chambre, vers dix heures du soir, Nicole s'éveilla, courbaturée... La fenêtre était restée ouverte, depuis le matin, depuis l'heure jolie où tout à coup des grêles de fleurs étaient venues, descendant du ciel, glisser contre les vitres et les tirer de leur rêve... La lune brillait... Nicole s'avança toute faible vers le balcon et regarda vers l'azur parsemé d'étoiles...

— Est-ce que, peut-être, il n'allait pas revenir, de par là-haut ?...

Elle secoua la tête et répéta :

— Non, non, il ne reviendra plus !

Elle le guetta pourtant toute la nuit, se mentant à elle-même. De temps en temps elle entendait des pas furtifs derrière elle... une interrogation suppliante... un soupir... C'était la pauvre Marie-Pierre, pleine d'angoisse. Nicole ne lui répondait même plus... Le matin, dans la fraîcheur du brouillard qui pénétrait dans la chambre on la retrouva étendue sur le tapis, en bas de la fenêtre et dormant. Elle n'avait pas eu la force de regagner son lit, où Marie-Pierre la porta doucement, sans la réveiller.

Ce fut la seconde nuit, après son mariage.

Du reste, il faut le dire tout de suite, elle se rendait compte de ce qui s'était passé, dans les moindres détails, et pourtant elle souffrait moins qu'à la première heure... Une torpeur s'emparait de son cerveau... et suspendait comme un voile entre elle-même et la vie... C'est ainsi qu'elle allait être désormais... Elle avait été atteinte trop durement par la révélation de leur malheur, par le départ et la mort de Robert, car elle ne doutait pas qu'il fût parti pour mourir... Elle n'était point folle, puisqu'elle se souvenait, puisqu'elle était capable de réflexions et de comparaisons, mais la secousse qui ébranlait sa raison avait été quand même trop forte. Son cerveau allait en rester affaibli, ne distinguerait plus, comme hier, le bien et le mal, le bonheur et le malheur. Il allait être frappé de stupeur devant la vie, indifférent à des choses qui la veille l'eussent mis en émoi. Maintenant à cette âme blessée, bouleversée, repliée, pour lui rendre sa délicatesse d'autrefois et sa sensation de la réalité, il lui faudrait de nouvelles tempêtes. La souffrance l'avait endormie. C'était la souffrance qui la réveillerait. Epave humaine flottant au gré de tous les remous. C'était une proie facile pour quiconque devinerait qu'en cette enfant toute volonté était brisée. Elle n'avait plus que son instinct pour la conduire.

Dans la matinée, elle consentit à manger un peu.

Marie-Pierre, timidement, insinuait :

— Il serait bon de prévenir, à Paris, par une dépêche, ou par un coup de téléphone...

Nicole tressaillit... Oui, pourtant, il le fallait... Mais se retrouver en face de sa mère, cause de toutes ces catastrophes ! En aurait-elle le courage ?

Et quand elle verrait son père, se contiendrait-elle ?

Ces réflexions, elle les fit, puis elle n'y pensa plus... La dépêche fut envoyée...

A Paris, lorsqu'elle fut remise à Françoise, le général était absent.

Il était parti la veille avec le ministre de la Guerre.

On parlait, depuis quelque temps, de doter notre artillerie d'un obusier à tir courbe. Mais des essais devaient être faits pour utiliser notre canon de 75 en se servant d'un dessertisseur inventé pour ouvrir les cartouches sur le terrain même. On diminuait la charge de poudre. L'appareil permettait de ressortir le culot de la cartouche sur l'obus et à charge ainsi réduite le 75 exécutait des tirs courbes. Des expériences comparatives allaient être faites entre le tir de l'obusier en essai et le tir du 75.

Marie-Pierre, en rédigeant le télégramme n'avait pas eu l'art des nuances.

La dépêche portait comme en un coup de massue :

« Monsieur parti depuis vingt-quatre heures... Madame » au désespoir, veut se laisser mourir de faim... Nous ne » savons que devenir... »

Telle fut la foudre qui éclata au Parc des Princes, en plein bonheur...

Françoise, hébétée, relisait ces mots sans les comprendre... L'Herbier était relié à Paris par le téléphone. Elle demanda la communication. On la fit attendre une demi-heure. Enfin, la voici... « Allô, Paris ?... Vous avez demandé l'Herbier ?... Et bien, causez ! » Là-bas, à cent quatre-vingts kilomètres, Françoise reconnut la voix de Marie-Pierre...

« C'est moi, oui, madame... Hélas, oui, tout cela est vrai... M. Robert a quitté la maison hier, dans l'après-midi... Nous ne l'avons pas revu... Ce qui s'est passé ?... On ne peut le savoir... » — « Mais ma fille... Mais Nicole ?... » — « Elle parle à peine... Elle me regarde avec des yeux qui font peur... Depuis hier matin elle n'a rien voulu prendre... Elle seule dirait pourquoi Monsieur est parti, car quand je lui ai fait une allusion à son retour prochain, elle m'a répondu : « Non, il ne reviendra plus ! » — « Où est-elle ? » — « Dans sa chambre. Elle est là, assise au bord du lit, comme à moitié folle... » — « Allez lui dire que sa mère la demande et qu'elle vienne au téléphone... » — « Oui, madame... »

Au Parc des Princes, le récepteur à l'oreille, Françoise attend... Quel drame, soudain ? Quel mystère ? Et voici qu'elle repense au vagabond couché au pied du sapin... à ce Jacques Villedieu apparu comme une menace dans ces journées si pleines de soleil... Le malheur viendrait-il donc de lui ?... Mais non !... Même s'il s'était fait reconnaître, s'il avait voulu alourdir la vie des deux jeunes gens du triste fardeau de sa présence, il n'y avait point là motif à un pareil désespoir... Autre chose, oui, autre chose... Mais quoi ?

Une voix faible, dans l'appareil :

— Allô... C'est toi, mère ?...

Le cœur de Françoise se brise... Un sanglot monte à ses lèvres. C'est à peine si elle peut articuler les mots qu'il faut pour dire...

— Est-ce donc vrai, mon enfant ?... Oui ?... Tout ?... Robert ?... Mais...

Elle reposa le récepteur. La communication était terminée.

En même temps, un taxi-auto s'arrêtait sur le quai, devant la grille de la villa. Un homme en descendit, prestement, paya le chauffeur et entra. C'était le général.

Il avait un journal à la main, froissé, haché pour ainsi dire, par des mouvements nerveux, et si calme et maître de lui d'ordinaire, il était en proie à une extrême émotion.

En arrivant à la gare de l'Est, par le train qui le ramenait de Châlons-sur-Marne, avec des généraux, le ministre, et un ingénieur du Creusot, chargé du contrôle technique des expériences, il avait entendu des camelots hurler les journaux du soir... « Le mystère de Juvisy... L'étrange disparition d'un aviateur... »

Tout en arrêtant une voiture, il avait acheté un journal et en chemin il avait lu...

Dès les premières lignes, son cœur s'était glacé... C'est que, dès les premières lignes, il avait compris qu'il était question de Robert Villedieu... Pourtant, par crainte d'une erreur, par pitié, pour ne pas inquiéter les familles peut-être sans motifs, le nom n'était pas prononcé, mais les détails étaient si précis qu'aucun doute n'était possible...

« Marié depuis deux jours... notre aviateur le plus cé-
» lèbre... les Alpes... les Pyrénées... l'Italie... Tous les
» records, durée, distances, hauteur... le héros de l'avion...
» Ce mystère, s'il ne s'explique pas, atteindra douloureuse-
» ment un chef admiré entre tous, dont le cœur va être
» brisé par le malheur immérité de sa fille... Et la France
» entière, du même élan patriotique, prendra sa part d'une
» telle douleur...»

C'était clair. Sauf le nom, tout éclatait en pleine lumière. Etait-ce vrai ?... Si invraisemblable, dans tous les cas, que le général haussait les épaules et refusait d'y croire...

C'était impossible. Pourquoi ? Quelle raison ?

La veille, lendemain de la jolie cérémonie de Saint-Nicolas, ils avaient reçu au Parc des Princes une courte dépêche, promise, venant de l'Herbier :

« Nous vous embrassons avec toute la force de notre » bonheur... »

Alors ?... Bénavant se mit à rire... puis relut la nouvelle et trembla. Et au fur et à mesure que le taxi traversait Paris, les Champs-Elysées, le bois de Boulogne, son effroi le reprenait, devenait insurmontable.

Sans réfléchir, sans rien savoir de plus, en arrivant à la villa, il se disait :

— Tout cela est vrai !

Et à Françoise, accourue, pâle et silencieuse, il tendit, sans un mot, le journal.

Elle lut et se contenta de répondre :

— On sait déjà ! Comme les malheurs se répandent vite !...

— Ainsi ?... murmurait Bénavant.

— Oui... une dépêche de Marie-Pierre... puis un coup de téléphone... C'est vrai....

— Mais pourquoi ?... Et Nicole ?... Comment explique-t-elle cet acte de folie ?

Alors Françoise conta ce qu'elle savait à Bénavant bouleversé.

Madeleine entra.

Elle avait entendu revenir son père.

De deux ans plus jeune que Nicole, elle lui ressemblait si peu que nul n'aurait pu affirmer qu'elles étaient sœurs. Nicole était le portrait de Françoise, blonde et délicate, comme sa mère, pendant qu'en Madeleine, au contraire, on retrouvait les traits paternels, les cheveux très noirs, les yeux énergiques d'un brun acajou, la ligne de la bouche, accentuée, tout à la fois la fermeté de Bénavant et sa résolution, mais tempérées par ce que pouvait recéler de douceur et de câlinerie la femme et l'enfant que Madeleine était tout ensemble.

Devant elle, le père et la mère se turent, avec un signe hâtif d'entente. Tant qu'ils n'auraient pas la preuve de leur malheur, il fallait que la jeune fille l'ignorât.

Car Nicole et Madeleine s'adoraient.

Jamais, entre elles, même pendant leur extrême enfance, la moindre querelle. Ce que voulait Madeleine, Nicole le voulait. Ce que Nicole refusait n'était jamais du goût de Madeleine. Jouets, travaux, rires, larmes, tout fut commun... Les larmes ? Elles furent tardives... Les premières avaient été versées au moment de la séparation du mariage... Crise nerveuse où la joie de l'épousée ne put lui donner l'oubli.

Des deux, pourtant, une volonté se montra bientôt supérieure à l'autre :

Celle de Madeleine.

Plus jeune, elle semblait la protectrice de Nicole et sa « petite maman ».

Si rapide qu'eût été le geste prudent de Françoise et du général, Madeleine l'avait surpris.

Puis, le trouble profond de ces deux visages la frappait... Ces traits altérés, les yeux de la mère mouillés de pleurs qu'elle essayait de refouler... et le père qui se mordait les lèvres !... Elle le connaissait bien, ce geste d'inquiétude !

Quel malheur lui cachait-on ?

Elle allait interroger, lorsqu'on frappa à la porte du salon.

Une ordonnance entrait :

— Mon général ?

— Que voulez-vous, Sylvain ?

Le capitaine de Chémery désire parler à mon général.

— Le capitaine de Chémery a-t-il donc l'habitude de se faire annoncer ?...

Didier de Chémery était officier d'ordonnance du général.

— Le capitaine savait mon général avec Madame et il a l'air tout chose, vu... vu qu'il revient de l'aérodrome de Juvisy... pour... pour ce que mon général doit bien savoir... certainement...

Bénavant fit un signe. Sylvain sortit. Chémery entra.

C'était un beau garçon à figure rêveuse, aux yeux francs, et d'une trentaine d'années environ. Il était en uniforme d'infanterie.

Il salua et attendit. Une minute d'indécision. Faut-il renvoyer Madeleine ? Non. A quoi bon ! Chémery rapporte la vérité, malheur ou bonheur. Dans ces deux cas, il est impossible de laisser Madeleine l'ignorer plus longtemps.

Le général murmura :

— Vous êtes allé faire une enquête à l'aérodrome ?

— Oui, mon général. Je suis parti ce matin à la première nouvelle téléphonée de Juvisy par Roussel, le chef pilote... qui était très anxieux...

— Vous pouvez parler... Tôt ou tard, qu'importe !... Alors, tout est vrai ?

Chémery eut un regard de compassion pour Madeleine. La jeune fille écoutait, le cœur serré, cet étrange dialogue... Chémery parla...

L'impression recueillie à Juvisy auprès de tous les camarades de Villedieu était que l'attitude de l'aviateur était restée étrange, et cette impression avait été pénible. Robert n'avait pas expliqué son retour. Il n'avait rien dit de ses projets. Il avait laissé croire qu'il volerait vers Blois, où il comptait prendre sa jeune femme comme passagère. Or, il avait menti. Il avait pris la direction contraire. Et il ne s'était pas ravisé, on le savait, puisque, à l'Herbier, il n'avait point reparu. Pas un mot n'avait laissé entrevoir ses secrets desseins. Le mystère demeurait donc complet, absolu, impénétrable.

Madeleine pleurait, silencieusement, et par deux fois elle balbutia :

— Je voudrais être auprès de Nicole... Ma sœur a besoin de moi !

Il n'y avait pas de train avant huit heures. Bénavant donna des ordres à son chauffeur. Une demi-heure après, une forte limousine emportait hors de Paris, vers la Beauce, le général, Françoise et Madeleine.

Il faisait encore jour lorsque l'auto traversa le pont de la Loire, tourna à droite, prit un chemin vicinal assez mal entretenu et se dirigea vers le bois de sapins. Dans les ornières, un pneu creva ; mais, comme l'Herbier n'était plus qu'à trois ou quatre cents mètres, on fit à pied le reste de la route.

Débouchant du bois de sapins, une troupe d'hommes venait à leur rencontre. Bénavant connaissait plusieurs d'entre eux : le procureur de la République, le juge d'instruction, des ouvriers et le contremaître des fours à chaux... Un des ouvriers portait sous son bras un paquet enveloppé d'une toile d'emballage.

Les magistrats saluèrent le général. On échangea des politesses et, tout de suite, ils voulurent expliquer leur présence auprès de l'Herbier :

Crime ou suicide, accident peut-être... On ne savait trop...

Toujours est-il que dans le courant de la journée, les fours éteints, les ouvriers avaient retiré la chaux, et qu'avec les pierres de chaux tout à coup, à leur grand émoi, ils avaient retiré des débris humains, des ossements calcinés, même une tête... Il ne restait ni vêtements, ni un lambeau de chair, ni aucun indice pouvant établir une identité quelconque... Dans le pays, on n'avait signalé aucune disparition... Sans doute quelque mendiant ou un ivrogne qui avait voulu chercher là un abri pour la nuit et qui se sera laissé tomber dans une des fosses au fond de laquelle le brasier l'avait tordu...

Un ouvrier complaisant, pour appuyer les paroles du magistrat, s'apprêtait à déplier la toile qui empaquetait les débris sinistres lorsqu'il y eut un cri étouffé :

— Non ! Non !

C'était Françoise prise de faiblesse... Françoise qui se rappelait que Villedieu avait dit à son fils, prononçant sa propre sentence : « Votre père est mort ! »

Et un peu de pitié entra dans son cœur de femme : le malheureux s'était repenti...

Ils arrivèrent à l'Herbier. Autour de la villa, solitude et silence... La nuit était venue... très douce... Des rossignols chantaient dans des massifs... et il y avait un concert bruyant de grenouilles, pas très loin, dans une mare pleine d'herbes. Toutes les fenêtres étaient closes. Une seule lumière brillait, douteuse et jaune, accentuant plutôt les ténèbres et venant de la cuisine. Mais le bruit des pas sur le gravier des allées avait été entendu, et une silhouette de femme apparut sur le seuil, dans l'ombre : c'était Marie-Pierre...

Le général, les jambes cassées, n'osait plus avancer.

Françoise s'élança vers la vieille domestique et demanda, la voix rauque :

— Nicole !

— Dans sa chambre... assise sur son lit... toujours !...

— Et... lui ?... Il n'est pas revenu ?

— Non !

Ils entrèrent. Marie-Pierre les précédait, faisait de la lumière. Tous les trois, père, mère et sœur montaient au premier étage sans échanger un mot, triste et oppressés, comme s'ils allaient vers une morte, dans une maison en deuil.

Marie-Pierre ouvrit une porte sur une chambre obscure, et elle dit :

— Elle est là !

Ni parole, ni geste. Rien ne s'entendit. Rien ne se vit. Une bougie flamba.

Assise sur le bord de son lit, les mains jointes entre les genoux, ainsi qu'elle était depuis la veille, Nicole releva la tête et regarda les nouveaux venus... La mère et la sœur étaient à ses genoux en pleurant. Le général, la figure crispée par une souffrance intense, prit sa fille dans ses bras, et la retint longuement contre son cœur. Et cette scène silencieuse était plus poignante que tous les sanglots, que tous les cris...

Puis, longtemps après, et sans être interrogée, ce fut Nicole qui parla :

— Il est parti. Et qu'on ne me demande pas pourquoi il est parti... ni ce qui s'est passé... Nous étions infiniment heureux... voilà ce qu'il faut que vous sachiez seulement... Quant au reste, il vous le dira, lui, s'il revient... mais il ne reviendra plus... Et moi, que vais-je faire dans la vie ?...

Françoise lui embrassait les mains qu'elle mouillait de ses larmes, Nicole les retira avec un geste brusque, presque brutal.

Elle se tourna vers Bénavant et murmura, pitoyable pour cet homme :

— Oh ! mon père ! mon père chéri ! !

Et enveloppant Madeleine d'une longue caresse profonde et passionnée :

— Ne te marie jamais, jamais ! Tu vois comme cela fait souffrir...

Puis elle retomba dans son mutisme. On n'en tira rien, aucun détail qui pût faire deviner ce douloureux mystère. Le matin, un peu après leur réveil, un homme était venu apporter un présent de noces... Ce coffret luxueux, enrichi de pierreries, et une lettre accompagnait l'envoi, signée : « Tcherko ». C'était tout. De qui venait ce royal cadeau ? Tcherko se disait l'ami du général Bénavant. Etait-ce vrai ?

Le général examinait le coffret dont les joyaux resplendissaient à la lumière de la bougie, avec des étincellements de bleu, de rouge, de jaune et de vert.

— Tcherko ! murmurait-il... Ce nom n'éveille chez moi aucun souvenir...

Cependant, il ne pouvait venir d'un inconnu, un pareil et aussi magnifique cadeau !...

Le coffret était oriental... Tcherko ? Nom bizarre qu'on pouvait rencontrer sans doute le long du Rhin ou du Danube, dans les Balkans, ou sur les rives de l'Oural et de la Volga ?... à la consonnance rude, qui frappait comme une menace !

— Rien ! réfléchissait Bénavant, cela ne me rappelle rien !

Quant aux lettres, Nicole n'y pouvait faire allusion. Son cœur était une tombe où ce secret de honte était pour l'éternité enfermé.

Au père, elle ne pouvait rien dire sans le briser.

A la sœur, non plus... Pouvait-elle ouvrir cette âme à tant d'horreur ?

Quant à sa mère, qui continuait de pleurer à ses genoux, sa mère, qui avait commis la faute d'autrefois ! Sa mère, qui, pour sauver sa fille, n'avait pas eu le courage de se perdre, et dont le silence avait condamné Nicole à l'inceste, sa mère l'épouvantait !

Bénavant attira Nicole sur ses genoux, la retint étroitement enlacée :

— Ma fille chérie... nous souffrons autant que toi, plus que toi, mais, tu ne nous dis pas toute la vérité, et cette vérité, il nous la faut... dans l'intérêt de ton avenir, pour ton bonheur et celui de Villedieu... Réponds-moi, mon enfant... sans crainte... sans réticence... Pour qu'un drame aussi affreux ait suivi votre mariage, ait rompu votre amour, nous sommes obligés de penser que quelque chose d'effroyable, d'affolant, vous a été révélé ? Oui, n'est-ce pas ? C'est bien cela ?... Quoi donc ?... Qu'avez-vous pu apprendre ?... La malheureuse histoire du père de ton mari était connue de toi... C'était une raison de plus pour aimer Robert davantage... Ce n'est donc pas cela... Parle ! Fugue ? Caprice ? Malentendu ? Non, Robert n'en était pas capable... C'était la loyauté et la droiture... Tout en lui était douceur et franchise... Et, en l'admettant, même, déjà, depuis longtemps, il serait de retour.

Elle dit, hochant la tête :

— Et il ne reviendra plus...

— Pourquoi ? Pourquoi ? Car, ce qu'il a fait en te quittant, tu l'ignores... Et il faut que tu le saches... Il est allé à Juvisy... il est monté dans un de ses avions.. sans dire quel était le but de son envolée... Et on l'a vu disparaître vers l'ouest.

Elle écoutait sans donner aucun signe d'émotion et se contenta d'ajouter :

— Pour ne plus jamais revenir ! !

Bénavant, Françoise, Madeleine, échangèrent un regard de terreur...

— Nicole, répète-nous seulement les derniers mots qui furent dits entre vous...

Les beaux yeux bleus de la malheureuse semblèrent enfin s'illuminer.

— Il m'a dit : « Adieu, Nicole... Adieu, ma pauvre et chère Nicole... Adieu, mon rêve... »

— C'est tout ?

— Oui.

— Mais avant... Que s'est-il passé ?... Pourquoi a-t-il voulu te quitter ?... Pourquoi l'a-t-il voulu, puisqu'il t'aimait ?

— Il vous le dira, s'il revient... C'est son secret... Mais il ne reviendra pas...

Ensuite, ils eurent beau la supplier. Elle ne parut plus les entendre.

Il fallait arracher Nicole à ce milieu, à ces souvenirs immédiats. Ils l'emmenèrent le soir même. Elle se laissa conduire, sans réflexion, sans résistance. Tout lui était indifférent. Ce voyage dans la nuit, dans le silence, fut d'une tristesse infinie. La pluie s'était mise à tomber, giclait avec violence contre les vitres de la limousine, et les phares projetaient leur faisceau de lumière sur une route luisante comme les eaux d'une rivière.

Au Parc des Princes, Madeleine ne quitta point sa sœur, coucha avec elle, ne dormit pas... Nicole s'assoupit presque tout de suite...

Le lendemain, tous les journaux racontaient le mystère de Juvisy. En outre, le capitaine Jacobson, du cinq-mâts norvégien la *Ville-de-Bergen*, avait fait au commandant du port du Havre le rapport suivant sur un drame, dont l'équipage prétendait avoir été témoin.

« *17 juin, midi 35* : Aperçu aéroplane venant des côtes de
» France, direction Dieppe, et volant vers l'Angleterre.
» Brouillard. — *1 heure* : Le brouillard se dissipe. L'aéro-
» plane un instant descendu à moins de deux cents mètres...

» Aviateur visible... Andersen, le second du bord, braque
» la longue-vue et prétend le reconnaître, d'après des pho-
» tographies publiées par des journaux de Christiania : ce
» serait le fameux Robert Villedieu, pilote français. —
» *1 h. 27, après-midi :* L'aéro remonte si haut dans le ciel
» qu'il devient impossible de le distinguer, même à la lu-
» nette. — *2 heures :* Le matelot Draner, dans les haubans
» de misaine, le signale de nouveau... Nous regardons et
» nous avons l'impression que l'aviateur court un danger.
» L'aéroplane va à la dérive, ne se gouverne plus, pique en
» avant, tournoie, file dans un courant, se redresse, s'éloi-
» gne de nous, puis, tout à coup, se renverse... Distincte-
» ment, on aperçoit un point noir qui se détache du mono-
» plan, comme projeté par une secousse... Etait-ce l'avia-
» teur ? ?... Puis, le point noir et l'aéroplane se rejoignent,
» s'entremêlent, s'abattent avec une vitesse effrayante, tom-
» bent dans la mer et s'engloutissent... J'avais fait mettre
» en panne... La *Ville-de-Bergen* était impuissante à sauver
» le malheureux. — *2 h. 28 :* Nous n'avons pu recueillir que
» quelques débris de l'avion... »

— C'est un suicide ! murmura le général en achevant
cette lecture. Mais pourquoi ?

Et il regardait Françoise, comme si d'elle il eût attendu
l'explication du mystère.

Mais, comme lui, la pauvre mère, affolée, se perdait dans
toutes les conjectures.

Nicole s'était levée. Elle paraissait calme, mais restait
silencieuse. Son visage n'exprima une sensation violente,
accusant une brusque souffranec, que lorsque Françoise entra dans la chambre des deux sœurs.

Déjà, et du premier jour la présence de sa mère lui devenait intolérable.

Devant elle, la pauvre enfant, abusée par le terrible mensonge, se disait :

— La cause de tout ! C'est elle qui est la cause de tout !...

On lui cacha la nouvelle de la mort de Robert. Ce ne fut,
du reste, pas pour longtemps. Jamais, en ce coin retiré du
Parc des Princes, sur le quai de la Seine, hors de Paris et
du bois de Boulogne, les camelots ne venaient hurler leurs
feuilles du soir ou les éditions extraordinaires. Ce soir-là,
au contraire, sans doute obéissant à un mot d'ordre, toute
une bande passa le long du quai avec des cris étourdissants,

et l'un d'eux, avec une insistance qui fut remarquée, s'arrêta, en agitant un journal déplié, devant la villa du général.

Le mystère de Juvisy !... Terrible accident !... Mort en mer du fameux aviateur Villedieu !... Les derniers détails !...

C'était un homme de très haute taille, dont la maigre figure aux pommettes saillantes, peau collée sur les os, aux yeux profondément enfoncés dans la cavité de l'orbite, ressemblait à une tête de mort... Ces yeux brûlaient...

Les fenêtres de la villa, ouvertes sur la douceur du soleil, se fermèrent brusquement devant ces cris sinistres qui remuaient de pauvres cœurs en souffrance.

Mais il était trop tard... Nicole avait entendu... Elle avait fait un signe...

L'homme, par-dessus la grille, jeta un journal, qui tomba dans le jardin.

Il n'attendit pas qu'on le payât et s'enfuit...

— Le terrible mystère de Juvisy... Emouvants détails !...

Dès lors, on ne pouvait plus rien cacher à Nicole.

Elle écouta... baissa la tête et son éternelle plainte remonta à ses lèvres :

— J'avais bien dit qu'il ne reviendrait plus...

Toute la nuit suivante, pour assoupir sa douleur, Bénavant travailla. De temps en temps, il se levait, faisait quelques pas et venait se rasseoir dans l'étroit rayon de lumière de sa lampe électrique... penché sur des documents, des rapports et des cartes...

Le matin le trouva ainsi. Il éteignit sa lampe, alla s'accouder à la fenêtre. Sur le quai encore désert, une auto s'arrêta. La grille s'ouvrit... Un homme entrait et le général, en le reconnaissant, s'empressait de descendre à sa rencontre.

C'était le ministre de la Guerre... Les deux hommes se serrèrent longuement la main :

— Je viens vous apporter mes condoléances, mais vous êtes homme et vous êtes un vaillant. La France a tressailli de votre malheur. Sachez-le !

Sur la large face puissante du ministre, un frisson passait. Il reprit :

— Il y a autre chose. J'ai été averti par le préfet de

police : un homme redoutable, au service d'un pays voisin, a été vu à l'Herbier, lors du mariage de votre fille... Il a été revu hier, ici même, déguisé en camelot et vendant des journaux... cette nuit, il s'est accoudé à un des platanes du quai et a surveillé votre villa...

— Son nom ?

— Tcherko... Nos agents l'ont surnommé : « Tête-de-Mort ». Il leur échappe sans cesse. Connaissez-vous cet homme ?...

— Oui, peut-être... un souvenir d'Afrique, fit Bénavant pensif.

— Général, tous les moyens sont bons pour vous atteindre, parce qu'en vous frappant, c'est au cœur de la Patrie, à sa confiance, à son enthousiasme que l'on vise... et le parti qui veut la guerre, dans le pays que vous savez, n'en est pas à hésiter devant les plus extraordinaires et les plus déconcertants. Aujourd'hui, on détruit votre bonheur. Demain sera fait d'autre chose... Prenez garde, général, veillez sans cesse !...

Le général eut un fier sourire :

— Ils peuvent faire de moi ce qu'ils veulent... mais la France, ils ne l'auront pas ! !

V

Le supplice d'une fille.

Nicole dès les premières heures, se sentit entourée, dans sa famille, d'une surveillance étroite et affectueuse. On ne renonçait pas à deviner le mystère des événements étranges qui avaient à l'Herbier, déterminé le drame.

La pauvre enfant vivait dans une contrainte perpétuelle...

Contrainte devant son père, devant Françoise et devant Madeleine.

La plus malheureuse était Françoise.

L'instinct maternel lui disait qu'entre elle et sa fille s'était levée une formidable barrière. Elle se heurtait à un cœur où elle ne sentait plus rien pour elle. Nicole l'évitait. Cela était visible. Elle passait sa vie, enfermée dans sa chambre. Lorsque Bénavant ou Madeleine venait chez elle, elle leur ouvrait ; si elle reconnaissait sa mère, elle s'étendait sur son lit, et de son lit, se prétendant fatiguée, elle demandait qu'on la laissât se reposer. Et douloureuse, Françoise n'insistait pas.

Ce qu'elle n'osait dire elle-même, elle le fit dire par Madeleine.

— Ta sœur ne m'aime plus... Que s'est-il passé ?... Comment a-t-elle pu être changée ainsi ? Elle ne peut rien me reprocher... Je n'ai rien à me reprocher vis-à-vis d'elle... Tâche, Madeleine, tâche de savoir la vérité !

Et Madeleine s'y employa, un soir qu'elle voyait Nicole plus calme.

— Nicole, notre mère est triste... parce que tu n'as plus confiance en elle...

La jeune femme prit les mains de sa sœur et les serra nerveusement.

— Ecoute bien, Madeleine ! Tu vas me faire une promesse... Tu ne m'interrogeras plus jamais... Dis-toi, dites-vous, qu'il ne s'est rien passé... puisque ce qui s'est passé, vous ne le saurez jamais, ni l'un ni l'autre... Si vous voulez que la vie soit possible entre nous, il faut donc éviter toute allusion et nous conduire comme si nous avions perdu la mémoire... Ma mère a tort de se faire, à mon sujet, des imaginations... Elle exagère... Elle t'a dit qu'elle n'avait rien à se reprocher en ce qui me concerne... c'est parfait... Puisqu'elle te l'a dit, c'est la vérité, sans doute... Et puisque c'est la vérité, je n'ai aucune raison de ne pas l'aimer comme autrefois...

Sa voix s'assourdit. Des larmes y passèrent.

— Et Dieu sait si je l'ai aimée !

— Comme tu parles d'elle, Nicole ! fit Madeleine, douloureusement.

— Ainsi, reprenait-elle fiévreusement, plus rien entre nous, plus un mot, l'oubli complet, si vous voulez que je continue de vivre auprès de vous...

— Songerais-tu ?... Ma pauvre Nicole, tu m'effrayes !

— Je ne songe à rien, pour le moment... Mais je traverse parfois de courts moments de repos pendant lesquels j'essaye de me reprendre et de réfléchir... Je ne le peux plus... Je ne vois plus, je ne comprends plus certaines choses comme autrefois... Ma pauvre tête est affaiblie... Je suis même, souvent, effrayée de ce qui s'y passe... Vois-tu, sœur, le coup a été trop rude pour moi... et si je ne suis pas tout à fait folle, je n'en vaux guère mieux... Je te dis cela parce que je suis, justement, dans une de ces rapides minutes où je peux raisonner... Tout à l'heure, je ne le pourrai plus et je redeviendrai comme un jouet, sans défense et à la merci des impulsions qui m'entraînent vers des actes que je n'aurais pas cru possibles.

— Que veux-tu dire ?

— Toi que j'aime tant et qui m'aimes tant, protège-moi contre moi-même !

— Nicole ! Nicole ! que veux-tu faire ?

— Est-ce que je sais ? Est-ce que j'ai seulement la volonté de faire quelque chose ? Pourtant, je te le répète, j'ai peur

de moi, parce que je me sens à l'abandon ! parce qu'il me
vient de mauvaises pensées, que je voudrais vivre loin de
vous, seule, pour tâcher que rien n'éveille mes souvenirs...

— Tu nous quitterais ? dit Madeleine dans un cri
d'alarme.

— Ce ne serait pas ma faute, je te le jure... Ce serait
poussée par une force plus puissante que tout, contre laquelle je ne peux raisonner... Je me dis souvent que je ne
retrouverai un peu de tranquillité que lorsque je ne verrai
plus autour de moi ceux qui m'ont connue heureuse... Tu
vois que je suis honnête et franche, puisque je t'avertis.
C'est qu'en cet instant je raisonne... Et puis, voilà que mes
idées s'en vont... Je ne me souviens déjà plus de ce que je
t'ai dit... C'est le vide... C'est la nuit... J'ai peur... Défends-
moi, Madeleine !

Elle cacha son visage dans ses mains.

Et ce soir-là, Madeleine ne put rien en tirer de plus.

Mais, toute la nuit, elle fut poursuivie par des rêves où
elle la voyait s'enfuyant de la maison paternelle, livrée à
tous les hasards, à tous les dangers, à toutes les misères
redoutables. Elle se leva plusieurs fois pour aller écouter à
la porte de sa sœur. Une fois même elle ouvrit, prise d'une
terreur soudaine, comme si déjà Nicole était partie...

Nicole dormait, paisiblement.

Madeleine rendit compte à Françoise. La mère se désespérait.

Et, malgré l'éloignement ressenti par Nicole, ou plutôt
même parce qu'elle devinait cet éloignement et qu'elle
avait le droit d'en apprendre la raison, elle se hasarda, la
pauvre timorée, à s'en ouvrir à sa fille.

Dans le bois de sapins, devant l'Herbier, le vagabond, en
lui faisant l'aveu de son infamie, n'avait-il pas mis Françoise en garde contre un danger possible ?... Confusément
la mère se disait que ce danger s'était abattu sur elle, et
qu'il était venu des lettres vendues dans un odieux marché... N'avait-on pas abusé de ces lettres ? Comment ? Et
qu'avait-on pu faire croire ?

— Ma fille ?

Nicole leva sur sa mère ses yeux fatigués, son regard
vacillant. Elle était dans sa chambre, assise au fond d'un
large fauteuil qu'elle avait approché de la fenêtre. Les
pieds sur un tabouret un peu haut, elle avait les genoux
surélevés, contre ses genoux elle appuyait un buvard et

sur des feuilles volantes elle écrivait au crayon... Des pages étaient pleines d'une écriture ferme et serrée...

— A qui écris-tu ?

— A lui, mère, bien qu'il ne reviendra jamais plus. Je lui écris les choses que je lui aurais dites, mais que je n'ai pas eu le temps de lui dire... Il est parti si vite !... Et quand j'ai causé ainsi longtemps, longtemps, je déchire... et le lendemain la conversation reprend... Seulement, je suis seule à parler... Lui, ne pourra plus jamais répondre...

Françoise retira le tabouret, et s'assit, aux pieds de Nicole.

— Mon enfant, dit-elle, il me faut ton aveu... l'aveu complet... et pour te le faciliter, je vais m'humilier devant toi et te confier un secret de ma vie qui n'est connu de personne... pas même...

Elle ajouta plus bas, le front rouge :

— Pas même de ton père...

Chez Nicole, un long tressaillement... Sa voix s'altéra profondément :

— Non, mère, je ne veux rien savoir... Et si vous avez à faire certaines confidences, ce n'est pas à moi, à votre fille, qui a peut-être le droit de se plaindre, mais qui n'a pas le droit de vous juger... C'est à mon père, à mon père, le seul juge !

— A toi ! dit Françoise, je l'ai résolu... Et quand tu m'auras entendue, peut-être alors ton cœur reviendra-t-il à la tendresse et à la confiance.

Nicole fit un geste las qui trahissait son accablement.

— A quoi bon ? Le malheur est venu ! Robert est parti pour toujours.

La mère commençait la voix bien tremblante.

Elle disait ce qu'avait été Jacques Villedieu, et ce qu'il avait tenté sous le nom de Claude Bertonnier...

Nicole l'interrompit :

— Je la savais, cette histoire... Est-ce tout mère ?

— Non, de ceci, nous t'avons mise au courant, avant ton mariage et nous t'avons conseillé d'oublier... Mais il y a plus...

Nicole ferma les yeux.

— Voici l'aveu que j'ai à te faire... Sous son nom de Claude Bertonnier, Jacques Villedieu avait jeté les yeux sur moi. J'étais jeune, livrée à moi-même, sans défense... Il était séduisant et dangereux... Je croyais qu'il m'aimait, et moi, je me laissais aller à la caresse de sa parole et de son regard... Il voulait demander ma main... Comment aurais-je pu me douter qu'il songeait à moi alors qu'il était marié et qu'il abandonnait sa femme à la misère ? Comment aurais-je deviné qu'il avait conçu l'abominable projet d'abuser ainsi de mon innocence et de ma crédulité ? Nous échangions une correspondance... Mes parents l'ignoraient... Ce fut ma faute... Et lorsqu'éclata le scandale de son infamie, je ne pus rentrer en possession de mes lettres, qui lui restèrent...

— Est-ce tout ?

— Non... Jacques Villedieu, tu le sais, disparut.

— Il est mort.

— Il n'était pas mort... Il revint... pauvre, misérable, mendiant son pain.

— Vous l'avez revu ?

— La veille de ton mariage.

— Et Robert ?

— Robert lui a parlé et ne l'a pas reconnu... Et le père n'a pas voulu, dans son indignité, se faire reconnaître de son fils...

— Que vous a-t-il dit ? Que voulait-il ?

— Il se repentait, et, aujourd'hui qu'il est mort, je lui ai pardonné...

— Mort ! dites-vous ?

— Oui... La rencontre que nous avons faite en arrivant à l'Herbier... les restes lugubres que l'on transportait... c'était Jacques Villedieu...

— Comment le savez-vous ?

— Il m'avait dit : « Je me suis posé le problème ainsi : Un souvenir tendre chez Robert, et je me remets à vivre... Si je ne trouve rien, la mort... »

— Est-ce tout, ma mère ?

— Non ! Il m'avait dit encore : « Je ne mourrai pas sans vous avoir prévenue d'un danger qui vous menace... Ainsi, j'aurai réparé un peu du mal que j'ai commis. »

— Ce danger ?

— Dans ses jours de détresse, et peut-être de crimes, il avait vendu mes lettres à un misérable comme lui, plus riche...

Et la mère, en balbutiant, hachant ses phrases, continuait :

— L'homme voulait se venger, à cette époque...

— Se venger de qui ?

— De ton père... Et en le rendant maître de ces lettres, le hasard le servait admirablement... N'est-ce pas lui qui te les a envoyées ?... Croyant sans doute et avec raison que ce secret de sa jeunesse inexpérimentée, ta mère l'avait gardé pour elle seule, sans rien confier à l'homme qu'elle aimait et qu'elle craignait ?...

— Peut-être... dit Nicole d'une voix blanche... Est-ce tout, mère ?

— Et alors, ma pauvre enfant, au lieu de venir trouver ta mère... au lieu de venir lui ouvrir ton cœur, qu'avez-vous fait et qu'avez-vous pensé ? Car c'est bien cela, n'est-ce pas ? le drame de votre vie... cette tragédie qui a brisé votre joie ? J'ai deviné, n'est-il pas vrai ? Et ces lettres vous ont bien été remises ? Vous les avez lues ? Vous avez cru votre mère coupable ? Et vous avez mieux aimé...

La même voix blanche l'interrompit :

— Est-ce bien tout, ma mère ?

— Oui. Mais, réponds, réponds, je le veux.

— C'est bien tout, n'est-ce pas, ma mère ?

— Encore une fois, je veux que tu me répondes ! As-tu reçu ces lettres ?...

Elle murmura, avec un regard étrange sur la pauvre femme :

— Ce ne sont pas ces lettres-là... ces lettres dont vous venez de me parler, qui ont causé notre malheur...

— Alors, quoi ? Parle ! Je finirai par croire que tu ne m'aimes plus, et que tu ne m'as jamais aimée.

Françoise, affolée, pleurait : Nicole, au contraire, paraissait indifférente.

— Mère, est-ce bien tout ?

— Que te dirais-je de plus, méchante enfant !

Nicole resta longtemps silencieuse. Son même regard singulier ne quittait pas Françoise et semblait guetter, mais redouter aussi, sur la bouche maternelle, l'aveu terrible, la révélation abominable de la lâcheté commise, du crime sans rémission, de l'inceste qu'elle n'avait pas empêché...

Et lentement, très lentement :

— Je comprends que vous n'avez plus rien à me dire...

— Ainsi, tu refuses...

— Je vous ai répondu... Ce ne sont pas ces lettres-là !...

Ensuite, elle se renferma dans un silence obstiné. Sa mère eut beau la supplier. Elle n'en obtint rien de plus.

Le général ne soupçonnait pas le drame douloureux qui se passait auprès de lui ; quand il était là, les figures voulaient être souriantes.

Françoise avait interrogé Marie-Pierre. Les plus infimes détails, elle se les était fait raconter. Elle savait que le lendemain du mariage, Robert, en attendant le déjeuner, était sorti, qu'il s'était éloigné vers le bois de sapins.

Alors, voici ce que s'imagina la pauvre femme :

Elle se dit que, contrairement à sa promesse, Jacques Villedieu avait voulu revoir son fils, qu'il s'était fait reconnaître... Qu'était-il résulté de cette scène, sinon l'horreur de Robert, en écoutant sans doute l'aveu d'une existence de bassesses, d'ignominies ?...

— Oui, oui, pensait Françoise... C'est bien cela. Je ne me trompe pas. Cette lettre, apportée par un inconnu... elle était de Villedieu... et l'inconnu, c'était Villedieu, lui-même !... La lettre demandait à Robert un rendez-vous. Il y est allé. Et il n'en est plus revenu ! !... Il n'a plus osé reparaître devant Nicole... Il a mieux aimé mourir...

Les événements de cette matinée semblaient si bien coïncider avec l'explication qu'elle se forgeait ainsi, qu'elle fut convaincue d'avoir enfin trouvé la vérité...

Pendant ce temps, Nicole poursuivait une idée fixe : S'enfuir ! !

. . . .

Ce fut vers la fin de juillet... un peu avant le départ du général et de Françoise pour l'Herbier, où Françoise se proposait de passer le reste de l'été jusqu'au retour de Bénavant, qui allait diriger les grandes manœuvres des armées de l'Est, celles-ci devant être accompagnées de manœuvres de siège autour de Toul.

Ce fut le soir d'un jeudi de cette fin de juillet.

Françoise, avec ses deux filles, était allée à Paris, dans la matinée. Elles avaient rejoint le général au ministère de la Guerre et, ensemble, avaient déjeuné au restaurant, après quoi les trois femmes avaient fait des courses dans les magasins.

Vers cinq heures, elles prirent le thé au *Printemps*.

Leurs achats terminés, elles allaient regagné leur voiture, qu'elles avaient laissée boulevard Haussmann, pour rentrer au Parc des Princes, lentement, par les avenues du bois de Boulogne, afin de se reposer, dans la fraîcheur, de l'étouffante chaleur de cette journée d'été.

Depuis quelques jours, un peu de calme semblait revenu dans la famille si éprouvée.

Etait-ce l'influence de Madeleine ?

On eût dit que, sans cesser d'être triste — et pouvait-on lui demander d'oublier son grand chagrin ? — Nicole paraissait pourtant se rattacher à la vie. Sa figure, si sombre, parfois s'éclairait. Certes, elle était toujours silencieuse, mais, en ces derniers temps, l'avant-veille et la veille, elle avait prodigué à sa sœur et à son père des marques de tendresse dont elle les avait déshabitués.

Et ils renaissaient à l'espérance.

Seule, Françoise se sentait exclue de ce cœur d'enfant... entre elles, la barrière grandissait, et elle s'en désespérait jusqu'aux larmes.

Madeleine, en voyant le calme factice, revenu chez Nicole, avait fini par oublier la menace échappée un jour à la jeune femme. Menace où elle avait cru comprendre que Nicole nourrissait des projets de fuite.

Depuis lors, elles étaient sorties ensemble, bien souvent, et Madeleine et Françoise l'avaient surveillée, craignant que la moindre imprudence ne lui permît d'exécuter son projet funeste.

Si affaibli et malade que fût son cerveau, Nicole n'avait pas été sans remarquer cette surveillance... Nous avons dit que l'instinct, seul, parlait en elle... mais cet instinct suffit à la vie animale... et la pauvre enfant s'en allait maintenant au hasard de ses idées en désordre, toute désemparée.

En descendant du thé, les trois femmes traversèrent une foule compacte dans les grands salons du rez-de-chaussée et se frayèrent difficilement un chemin... un peu bousculées, comme c'est la coutume, en passant devant les rayons où stationnaient des clientes.

Madeleine marchait la première, se dirigeant vers une des portes du boulevard Haussmann... Un instant, Françoise et Nicole s'étaient tenues côte à côte... Une femme qui traînait une fillette accrochée à sa jupe, et qui portait dans ses bras un bébé, les sépara tout à coup, sans que Françoise y prît garde...

Françoise ne fit pas plus de cinq ou six pas...

Elle se retourna tout à coup, pour chercher Nicole.

Nicole avait disparu...

Elle appela... le cœur étreint par une soudaine, par une atroce angoisse.

Madeleine, qui avait rejoint sa mère... appela également.

Elles avaient beau appeler... par-dessus toutes les têtes...

Elles avaient beau appeler... et leur voix devenait plaintive...

Nicole ne répondit pas.

Elles revinrent sur leurs pas, jusqu'à l'escalier qui conduisait au salon de thé, s'élancèrent parmi la foule, où elles s'imaginaient reconnaître le chapeau noir, le chapeau de grand deuil de la jeune veuve, puis rebroussèrent chemin en s'apercevant qu'elles se trompaient... Elles parcouraient les rayons, affolées, et déjà la curiosité les entourait... On chuchotait autour d'elles :

— Un enlèvement ! Un roman d'amour, sans doute !

Mais les deux femmes avaient des visages de si terrible douleur qu'elles excitaient la pitié. Des gens demandaient le signalement de Nicole : « Comment est-elle ? Grande, brune ou blonde ? L'âge ? Et comment est-elle habillée ? » Les inspecteurs s'étaient mis à leur disposition. Il y en avait à toutes les portes. Dehors, Madeleine et Françoise elles-mêmes parcouraient la foule attardée aux étalages... Dix fois, elles firent le tour des magasins à l'extérieur, dix fois elles rentrèrent... L'heure de la fermeture approchait... Rien !... Oui, quelques femmes avaient bien cru remarquer une jolie blonde, vêtue de deuil, toute jeune... Elle était sortie par la porte de la rue du Havre... C'était tout... On n'y avait pas autrement prêté d'attention.

Mère et fille n'osaient échanger une parole...

Pas même un regard...

Elles entendaient seulement les soupirs étouffés qui gonflaient leur poitrine.

Puis, les magasins fermèrent... La foule se dispersa... Elles furent bientôt toutes seules devant les chaises et les tables empilées à vide sur le trottoir.

Elles n'avaient pas le courage de partir.

Rentrer au Parc des Princes, faire savoir à Bénavant qu'elles ne lui ramenaient pas sa fille !... Où trouver pareil courage !...

Madeleine hasarda :

— Peut-être qu'elle nous a perdues et qu'elle nous a cherchées, elle aussi. Alors, ne nous retrouvant pas, elle aura regagné la villa... Nous allons la voir, à notre retour, tout inquiète et désolée...

Françoise demandait, timide :

— Le crois-tu, vraiment ?

Madeleine, pâle, retenant ses sanglots, baissa les yeux.

Et, la nuit venue, — car elles restèrent aux abords du magasin jusqu'à la nuit — lorsqu'elles rentrèrent au Parc des Princes, leur première question fut :

— Nicole ?

Nicole n'était pas revenue.

Dans sa chambre, où Madeleine courut tout de suite, ni lettre, ni indice, rien qui fît prévoir sa résolution...

Elle était bien disparue !... Disparue ainsi qu'elle le voulait !...

VI

Dans la forêt de Paris.

Lorsque Bénavant apprit ce malheur, malgré sa fermeté d'âme, ses yeux se mouillèrent et son visage se crispa d'une douleur accablante. Depuis le retour de Nicole, au Parc des Princes, il n'avait pas été sans remarquer le changement survenu en elle. Il ne reconnaissait plus cette vivacité d'intelligence, cette franchise et cette loyauté du regard... Il ne voyait plus que des yeux troublés parce que l'âme avait été trop profondément remuée, et ce voile tendu sur la clarté habituelle de cet esprit. Il avait deviné, dans ce cerveau affaibli, une idée fixe et il avait dit à Madeleine :

— Prends bien garde. Elle m'effraye !

Il avait eu raison d'avoir peur. Incapable de raisonner sur la valeur de ses actes, Nicole s'était jetée dans tous les hasards de la vie parisienne...

A moins que ! !... Et ils n'osaient y penser !... A moins que la pauvre enfant, en un accès de neurasthénie désespérée, n'eût voulu se tuer pour échapper au souvenir.

Puis, le général se rappela tout à coup les paroles du ministre :

— Aujourd'hui on détruit votre bonheur... Demain sera fait d'autre chose... Tous les moyens sont bons pour vous atteindre.

Et une figure surgissait dans sa mémoire, celle de ce légionnaire, de ce déserteur et de cet espion qui allait échapper au juste châtiment du conseil de guerre d'Oran, lorsque lui, Bénavant, était intervenu pour le démasquer et le faire condamner...

— Tête-de-Mort ?...

Ce surnom caractéristique éveillait en lui une sinistre image d'aventurier. Etait-ce l'homme qui s'acharnait contre lui maintenant ? Poursuivait-il seulement la satisfaction d'une vengeance particulière ? Ou bien, n'était-il pas, d'après la grave révélation du ministre de la Guerre, l'agent d'un parti qui accomplissait, en même temps, en France, une mission délicate et terrible, préparant le bouleversement national que l'on escompterait, à la veille d'une guerre ?

Tcherko ? Ce nom ne lui disait rien. A la Légion, les engagés se présentent comme ils veulent... Tcherko avait dû changer souvent d'état civil... Tcherko et Tête-de-Mort, était-ce le même homme ? Qu'importait, après tout...

Mais Bénavant tremblait... Non pour lui.

Il avait deux filles... Déjà, en voici une qu'on lui enlevait... Restait l'autre !

Quel piège allait-on préparer contre celle-là !... Et pourquoi ? Pourquoi frapper ces enfants innocentes ? On atteignait Bénavant au cœur, soit... mais Bénavant demeurerait debout, quand même ! Inébranlable devant la douleur... Dès lors, on rêvait autre chose... Quoi ?...

Déjà, il avait téléphoné au préfet de police en lui signalant la disparition de Nicole, et en lui recommandant de garder sur cette aventure le secret.

Si Nicole n'était point retrouvée, on ferait le silence autour d'elle, on dirait seulement que la jeune veuve, malade, était allée chercher un peu de repos et le retour à la santé, soit à la campagne, soit à l'étranger, chez des amis... Il fallait ménager l'avenir pour le jour où elle reviendrait, hélas ! Mais reviendrait-elle jamais ?

Une enquête prudente, mais énergique, commença dans Paris ; dès le soir même et le lendemain, vers cinq heures après-midi, le chef de cabinet du préfet venait rendre compte à Bénavant des premiers résultats...

— Mademoiselle Nicole est sortie du Printemps par la porte de la rue du Havre. Elle a été vue là par un vieux marchand de lacets qui remontait vers le boulevard Haussmann. *Deux-sous-de-Brie*, c'est le nom du bonhomme, l'a suivie quelque temps et il a été frappé par son allure inquiète... « C'était, a-t-il dit, comme si elle avait fait un mauvais coup... » Même, le vieux s'attendait à la voir poursuivie par des inspecteurs du magasin. Il l'a perdue au moment où elle tournait à gauche, passant devant l'annexe, à

travers la foule qu'elle bousculait et se dirigeant du côté de
la rue Charras... Entre la rue Charras et la rue Mogador,
elle a été aperçue par un camelot, Lafistole, qui vendait des
rideaux, étalés sur le trottoir... Elle a marché sur les
rideaux en courant et il allait l'attraper, quand il l'a vue si
pâle et si singulière qu'il s'est tu... Elle a pris la rue Mogador, remontant vers la Trinité... Dans le square, des nour-
rices et des bonnes d'enfants l'ont remarquée. Elle semblait
à bout de forces. L'émotion, sans doute... Puis, elle est
entrée à l'église... peut-être pour se cacher, peut-être pour
prier... Là aussi des femmes ont observé ce qu'elle faisait...
Un mendiant a reçu d'elle une pièce d'argent... Ce même
mendiant, une heure après, en faisant sa tournée vers le
square d'Anvers, pendant le concert militaire du soir, l'a
reconnue... Elle avait l'air de dormir, la tête vacillante, sur
un banc de l'avenue Trudaine... Licou, c'est le nom du
mendiant, s'est approché... s'est assis près d'elle... pris de
curiosité... Il a dit : « Vous êtes malade ? — Non ! — Vous
avez besoin de quelque chose ? — Oh ! oui, dormir ! dormir ! ! — Vous n'avez pas l'air de connaître Paris ?... Si
vous voulez, je peux vous indiquer une maison de famille
convenable ?... C'est là, à deux pas, rue de Dunkerque ?... »
Elle a fait signe qu'elle acceptait. Elle a remercié le père
Licou avec un regard triste et il l'a conduite rue de Dunkerque. Mlle Nicole y a passé la nuit, mais ce matin, de
bonne heure, elle en est partie...

— Et depuis ? demandait Bénavant, éperdu.

— Depuis, rien ! !...

Le général mordait son mouchoir et retenait un sanglot.

Huit jours se passèrent. En quelle détresse ! Tous les
jours, le général téléphonait ou passait ou envoyait Didier
de Chémery à la préfecture de police. Et tous les jours
c'était le néant. C'était le même désespérant silence. Pas de
nouvelles de Nicole. Elle vivait, cependant... Du moins on
pouvait le croire... On n'avait signalé aucun suicide d'inconnue... A moins que la Seine ne roulât ce pauvre corps
et ne voulût garder au fond d'elle son secret ?... Des photographies avaient été envoyées à tous les postes.

Puis, des nouvelles, enfin ! Un espoir ! On l'avait revue !
Elle n'était pas morte !

Le préfet lui-même le racontait à Bénavant, un soir, dans
son cabinet.

— Hier, oui, vers neuf heures du matin... Elle traversait

le Parc Monceau, par la grande allée qui va de l'avenue de Messine au boulevard de Courcelles... Il n'y avait personne dans le parc, en dehors des gardiens. Il avait fait de l'orage toute la nuit et il pleuvait encore. Les gardiens firent attention à la pauvre fille parce qu'elle se laissait mouiller, indifférente à l'averse qui abattait et collait autour de son visage très pâle et de ses épaules frissonnantes, des grands voiles de deuil... Elle balançait au bout de son bras, par le cordon, son sac à main... Comme elle passait près d'eux, le garde Picard lui dit, en riant : « On n'est pas du sucre, n'est-ce pas, mademoiselle ? On ne craint pas de fondre ? » Elle n'a rien répondu... Mais tout à coup, elle n'avait pas fait cent pas que les gardes entendirent un cri : « Au voleur ! » Ils s'élancèrent... La jeune femme venait d'être renversée dans un massif de fleurs... On lui avait arraché son sac à main, si brutalement, que deux doigts étaient profondément déchirés et le voleur s'enfuyait... Pendant que son collègue prenait soin de Mlle Nicole, Picard se mettait à la poursuite du voyou... par la rue de Prony, l'avenue de Villiers, la place Malesherbes, et il eut la chance de l'arrêter juste au moment où l'autre dégringolait quatre à quatre l'escalier du Métro... Mais dans sa fuite, il avait eu le temps de jeter le sac dans une ouverture d'égout... On le fouilla... Il n'avait pas un sou... Au poste du boulevard Malesherbes, les agents soignaient Mlle Nicole, qui venait de s'évanouir, pendant que l'apache était interrogé au commissariat... Le sac contenait douze cents francs, à peu près, tout ce qu'elle avait emporté... Lorsqu'elle eût compris son malheur, elle parut y rester indifférente... Elle est bien telle que vous me l'avez dépeinte, général... Les choses n'arrivent plus jusqu'à son cerveau qu'en passant au travers de brumes qui les défigurent... Elle n'a plus la notion exacte de la vie... Elle va au hasard... Assurément, elle n'est pas folle... Mais elle est plus à plaindre qu'une folle et plus en danger surtout....

— Nous la surveillerons... Nous la guérirons... Ah ! je vous le jure, nous ferons tout pour qu'elle soit heureuse encore, plus tard, plus tard...

Le préfet de police regarda Bénavant avec surprise :

— Je n'ai pas le bonheur de pouvoir vous rendre votre fille, général...

— Que dites-vous ?

— Voici, en effet, ce qui s'est passé... Interrogée avec douceur par le maréchal des logis, Mlle Nicole a refusé de répondre, de dire son nom, son adresse, ni révéler sur elle quoi que ce soit. Le seul renseignement qu'elle donna fut sur le montant de la somme qu'on lui avait volée... Son attitude était si étrange que des soupçons venaient aux hommes... Certes, ils ne pensaient point à une voleuse, elle-même volée... Mais ses yeux hagards, ses effrois, ses tremblements... Puis, ce mutisme... Tout les étonnait... lorsque tout à coup l'officier de paix entra... Devant Nicole et, au premier coup d'œil, il s'arrêtait... Du reste, déjà, autour de lui, les hommes chuchotaient, confrontaient la jeune femme avec une photographie qui passait de main en main... Nul doute... Ils la reconnaissent... Et une grande joie, je vous assure, parmi ces braves gens, général !... La joie de savoir qu'une famille dans l'angoisse va être enfin consolée... L'officier de paix était le seul à connaître son nom... Il la fit entrer dans son bureau, la questionna... Se voyant reconnue, elle n'en eut aucun trouble... Cette indifférence pour tout est bien la marque de l'affaiblissement du cerveau... L'officier de paix me téléphona... J'accourus... Lorsque j'entrai au poste, je ne trouvai plus que des visages consternés... Nicole s'était enfuie de nouveau... Oh ! ce fut très simple... Elle avait voulu se rendre chez un pharmacien, refusant tout ce qu'on lui donnait au poste... Il y a une pharmacie tout près, au coin de la place Malesherbes, mais il faut traverser le boulevard et l'avenue de Villiers. Un gardien de la paix l'accompagnait, pour plus de sécurité... Près de la place, un tramway stoppa, séparant le gardien et Nicole restée en arrière... Lorsque le tramway repartit, Nicole avait disparu. Le gardien s'imagina qu'elle avait grimpé dans le tramway, courut, fit des signes, obligea le conducteur à l'arrêt. Personne ! Nicole a dû se jeter dans un taxi — il y avait une station en face — et c'est ainsi que nous avons, depuis lors, perdu sa piste...

Une semaine se passa... d'autres semaines... d'autres semaines encore...

. . . .

Nicole ne connaissait rien de Paris, ni de ses dangers, ni de ses ressources. Ainsi livrée à toutes les misères comme à toutes les embûches, sa vie devait aboutir fatalement à la mort, par le suicide, à moins, dénouement plus redouté, qu'elle ne tombât entre les mains de misérables qui profiteraient de sa faiblesse et du désordre de son esprit pour faire d'elle quelque chose comme une esclave, dominée par la peur, anéantie dans l'épouvante.

Elle avait fui. Elle voulait s'éloigner de sa mère, cause de tant de désastres.

Au *Printemps*, elle s'était jetée dans la foule, sans savoir si sa tentative réussirait. Elle alla au hasard, parcourut les salles, se trouva devant une porte, sortit, marcha, aperçut l'église de la Trinité, entra, parce qu'elle était à bout de forces et que les battements de son cœur lui donnaient des vertiges. Elle s'y reposa longtemps, puis par les rues qui montaient vers Montmartre, et qu'elle prenait sans regarder, poussée seulement par l'instinct d'échapper à toute poursuite, elle s'arrêta près du square d'Anvers. Le mendiant Licou la conduisit dans un Family-Hôtel de la rue de Dunkerque où elle se coucha, après avoir demandé une tasse de lait avec un peu de pain. Le lendemain, à la première heure, elle était repartie. On ne la revit point rue de Dunkerque. Elle passa trois nuits rue Lemercier, trois autres rue de Naples.

Un soir, rue Rodier, elle vit une inscription à la main sur un bout de carton qui se balançait à la fenêtre d'une loge de concierge : « Chambre meublée à louer, au mois, dans famille, avec pension... » Elle s'informa. On la fit monter au quatrième, sur la cour. Là, habitait un ménage modeste, les Verdelot ; lui, ouvrier tailleur, giletier chez Pighini, elle, couturière à façon. Ils n'avaient point d'enfant. Une chambre de leur logement était libre. Ils la louaient. Avec le locataire, on vivait en commun. Sophie Verdelot accueillit Nicole, prise de pitié tout de suite pour ce qu'elle devinait de misère en la pauvre enfant. Nicole paya son mois d'avance. C'était de braves gens, travailleurs et doux. Les grondements des tempêtes parisiennes n'arrivaient pas jusqu'à cet intérieur retiré et paisible.

Nicole s'y reposerait et tâcherait de ne plus penser à rien.

Elle avait dit à Sophie :

— Je suis adroite... je connais tous les points de dentelle... il me semble que je pourrai gagner ma vie, si vous voulez vous intéresser à moi...

— D'où venez-vous donc, ma chère petite ? interrogeait l'ouvrière.

Mais Nicole secouait la tête.

— Je ne le dirai pas. Je suis très malheureuse...

— Et votre nom ?

— Ce sera celui que vous voudrez !

Malgré ce mystère, peut-être à cause de ce mystère, ils se prirent d'affection pour elle. Verdelot, sentencieux, avait déclaré :

— Que veux-u, Fifi, dans ce Paris, plein de romans, faut s'étonner de rien...

En attendant du travail, elle s'employait à faire les courses du ménage. Et il n'y avait pas deux jours qu'elle était chez les Verdelot, lorsqu'arriva l'aventure du parc Monceau. Elle n'en dit rien. Elle conta seulement qu'elle avait perdu son sac, en autobus... Il contenait peu de choses, affirma-t-elle, son mouchoir, sa clef, un petit calepin... Des douze cents francs volés, rien... Il lui restait une centaine de francs dans un tiroir, venant d'un billet changé la veille. En attendant qu'on lui trouvât de l'ouvrage, c'était toute sa fortune, mais elle était tranquille pour un mois, loyer et pension payés.

Elle ne fut pas tranquille bien longtemps. Le destin la poursuivait...

Un soir, qu'elle rentrait, en passant devant la loge de la concierge, elle aperçut un soldat qui causait gaiement... Le soldat l'aperçut... Il fumait, et il éprouva une telle émotion qu'il faillit en avaler sa cigarette...

Elle venait d'être reconnue.

Et elle-même, profondément troublée, avait reconnu Sylvain, ordonnance du général Bénavant... Sylvain, qui, sans nul doute, était au courant de sa disparition... Sylvain qui, tout à l'heure — le temps d'aller au Parc des Princes — préviendrait son père et sa mère, leur dénoncerait sa retraite... la perdrait !...

Elle s'arrêta au premier étage pour écouter, se pencha sur la cage de l'escalier.

Sylvain était sorti de la loge, précipitamment, avec la concierge, qui était sa tante. Et c'était de Nicole qu'il parlait :

— Je vous assure, ma tante... C'est elle, ça ne fait pas de doute... Y en a pas deux pour être aussi jolie et aussi mignonne... Disparue... On la croyait morte. Si vous saviez comme elle a été malheureuse !... Au revoir !... Tâchez qu'elle ne s'en aille pas... Elle en est capable, si elle m'a vu... Et il m'a semblé qu'elle faisait un geste de recul et de frayeur en m'apercevant... Ce que le général va être heureux !... Je file !

Nicole entendit les gros souliers claquer sur le trottoir ; un froid la saisit :

— Si je reste, tout à l'heure, ils seront là. Ils m'emmèneront... Je me retrouverai devant ma mère... Jamais ! Jamais ! ...

Elle grimpa les étages. Sophie et Verdelot n'étaient pas chez eux. Elle réunit un ballot des pauvres choses qui lui appartenaient. Quand elle redescendit, elle profita d'une seconde où la tante de Sylvain tournait le dos pour traverser rapidement, à pas feutrés, devant la loge.

Elle se retrouva dans la rue, livrée à tous les hasards.

Quand, sous la conduite de Sylvain, le général arriva, deux heures plus tard, pour la reprendre, personne ne put dire ce qu'elle était devenue...

. . . .

Et ce fut la nuit autour d'elle, le silence, l'inconnu...

DEUXIÈME PARTIE

LA BATAILLE D'AVANT LA GUERRE

I

Une soirée à Berlin.

Il y avait fête chez le prince Gütrow, dans son palais, sur le Thiergarten, à Berlin. Depuis dix heures du soir, les équipages avaient défilé sans une minute de répit devant l'immense perron de granit où se tenaient les laquais en livrée. A onze heures, l'empereur Guillaume apparut, souriant, s'entretint avec le prince, avec les hauts dignitaires, les généraux qui se pressaient sur son passage, demeura une heure dans les salons et disparut comme un météore.

On remarqua que pendant sa visite, il avait eu quelques minutes de conversation secrète avec le général von Schweiber, chef du service des cartes, et que le général, malgré son entière possession de lui-même, avait paru vivement ému. Cependant, rien, sur le visage de l'empereur, ne sembla indiquer qu'il eût quelque souci. Il fut aimable et gai, comme à son habitude.

Vers minuit, la fête était dans tout son éclat, traversée de brillants officiers parmi lesquels on remarquait surtout les dragons de la garde, sanglés dans les redingotes bleu de myosotis... Les uniformes étaient en si grande majorité que les habits se faisaient forcément remarquer et apportaient au milieu de ces couleurs et de ces chamarrures une note discordante.

Le général Schweiber était resté un instant pensif, après le départ de son souverain. Puis, recueilli, sans adresser la parole à personne, il avait déambulé parmi les salons, sous l'accablante lumière crue qui tombait des lustres à bougies de porcelaine, rendue plus vive et plus éblouissante encore par son reflet sur les murs stuqués de blanc.

Il aborda tout à coup la princesse Gütrow, lui glissa quelques mots.

On vit aussitôt la princesse faire signe à des laquais et leur donner à voix basse des ordres brefs.

Les laquais se retirèrent. Presque aussitôt après on ne vit plus Schweiber.

Parmi les rares, très rares civils qui faisaient tache dans l'assistance, il y en avait un dont on avait l'air de s'écarter avec défiance. Cependant, les invitations chez le prince Gütrow étaient choisies, sélectionnées, contrôlées avec soin. Il fallait montrer patte blanche pour franchir la porte du luxueux palais. L'éloignement qu'on éprouvait en voyant cet homme ne venait donc point de ce qu'on supposât qu'il s'était infiltré dans les salons comme un intrus. Non. Mais personne ne pouvait le regarder sans frissonner.

Il avait un visage qui offrait l'image exacte de la mort... On eût dit que la nature s'était plu, dans un affreux caprice, à vouloir faire peur aux vivants en jetant parmi eux une sorte de cadavre galvanisé. Toute chair était fondue de sa figure évidée et desséchée, et la vie seule vivait en rayons de flamme, sous la voûte accentuée des sourcils.

Nous avons vu cet homme se mouvant à l'aise dans l'intrigue de notre drame.

A Paris, certains agents secrets lui avaient donné un surnom sous lequel ils le reconnaissaient : ce surnom, c'était Tête-de-Mort.

Assurément, il se rendait compte de l'effet de répulsion qu'il produisait, car il avait pour la foule qu'il traversait avec insouciance un hautain sourire de mépris.

Parfois, il s'arrêtait devant quelque fenêtre ouverte, pour respirer un peu l'air qui venait du Thiergarten, puis, de là suivait d'un regard distrait quelque couple... et il lui arrivait parfois sans doute de deviner un secret sous de blanches épaules, une bassesse sous d'étincelants uniformes, une honte derrière de beaux yeux bleus candides, car alors son sourire s'accentuait.

A l'arrivée de l'empereur, il s'était retiré, effacé pour ainsi dire.

Il n'avait pas été sans remarquer le rapide colloque du souverain et du général. A partir de cet instant, il ne bougea plus de la place qu'il avait choisie près de la fenêtre et il guetta la promenade silencieuse et préoccupée de Schweiber.

Tout à coup le regard des deux hommes s'était croisé.

Le général avait fait à Tcherko un signe imperceptible. Tcherko ne parut point s'en apercevoir. Schweiber sortit. Un quart d'heure s'écoula. Tête-de-Mort, lentement, sortit à son tour.

Mais ni l'un ni l'autre ne passa au vestiaire.

Donc ils n'avaient pas quitté le Palais.

Le général s'était réfugié dans un petit salon dont les colifichets et les franfreluches indiquaient assez qu'il était le boudoir de la princesse. Deux laquais se mirent devant la porte fermée, avec la raideur de deux soldats. Schweiber se pencha au balcon, parut admirer un instant les jeux de lumière douce de la lune dans les longues avenues du parc, sur les larges pièces d'eau, sur le défilé des statues jalonnant comme un cimetière l'allée de la Victoire, sur les vieux hêtres comme sur tous les massifs où restaient encore des fleurs d'automne.

Un léger bruit lui fit tourner la tête.

— Général ?...

C'était Tcherko.

Schweiber inclina le cou, d'une saccade, en manière de salut. Ce fut tout. Il ne tendit pas la main et s'assit dans un fauteuil.

— Fermez la fenêtre... Renvoyez les laquais... Abaissez la tapisserie sur la porte... Il ne faut pas qu'on puisse nous entendre... Ce que nous avons à dire est très grave... de la plus extrême gravité...

Et après un silence, pour mieux accentuer sa parole, il ajouta :

— Demain... c'est la guerre !

Tcherko ne tressaillit point. Seulement, son mufle

4

s'avança, d'un mouvement de fauve, vers la proie convoitée. Des flammes jaillirent de ses orbites.

La musique du bal n'arrivait pas jusqu'à eux. Les bruits s'étouffaient contre les doubles portes feutrées et les portières rabattues. C'était un petit salon de mystère et de silence et l'on chuchotait dans Berlin que la princesse Elsa Gütrow, imposante et blonde, aux yeux chargés de langueurs — de ces langueurs qui demandent et qui offrent — y recevait volontiers ceux qu'elle aimait.

Le général Schweiber reprenait, bas, lentement :

— Une dépêche vient d'être déchiffrée à la chancellerie. C'est l'incident attendu et il nous vient du Maroc. Avant-hier, à Fez, le consul allemand Walter Lenz, au moment où il rentrait au consulat, vers neuf heures, a été assailli à la faveur des ténèbres, frappé, meurtri ; on laisse même entendre odieusement mutilé. En même temps, on brisait la hampe de notre drapeau, on lacérait nos couleurs, on les flétrissait de choses immondes, on les traînait dans le ruisseau...

— Les coupables ? Des Français ? des indigènes ? des juifs ?

— Des soldats.

— Marocains ?

— Des soldats qui combattent et se font tuer pour la gloire française et qui, pour la plupart, ne sont même pas Français...

Tcherko se mit à rire. Il avait un rire terrible, rictus d'une tête de mort.

— Je vois ce que c'est... Encore un coup des légionnaires en goguette.

— Oui... peut-être.

— La nouvelle est grave. Elle peut mettre le feu aux quatre coins de l'Europe.

Et brutalement, presque avec insolence, traitant d'égal à égal :

— A présent, général, voulez-vous me dire si elle est vraie ?... Si, comme je le pense, elle est fausse, ou du moins très exagérée, voulez-vous me faire la grâce de me renseigner sur la vérité ?

Le général Schweiber ne fut pas interloqué.

Ces deux hommes se connaissaient. Ils savaient que, pour l'un comme pour l'autre, il était inutile de jouer au plus fin.

— Pourquoi ne vous contentez-vous pas de la version officielle ?

— Parce que j'ai besoin de tout savoir... Vous ne m'avez pas habitué, général, à vous défier de moi, pas plus vous que le parti de la guerre dont vous êtes le chef... Et jusqu'à présent vous ne vous en êtes pas repenti...

— La vérité, la voici : le consul Walter Lenz, en rentrant chez lui, seul, a rencontré en face du consulat une troupe d'indigènes surexcités les uns contre les autres que des légionnaires tentaient de mettre à la raison. Il reçut quelques horions dans une bousculade et rentra chez lui les vêtements déchirés. La même nuit, un violent orage éclata, un de ces cyclones communs à la région de Fez. Le drapeau fut brisé, tordu par une tornade et on retrouva les couleurs au bas de la maison, noyées dans une trombe d'eau.

— Dans tout cela, donc, rien que de très naturel, en somme ?

— Que de très naturel... mais en l'arrangeant un peu...

Le général Schweiber tira un papier de sa redingote :

— Je l'ai arrangé... dans le sens que je vous ai indiqué...

Tête-de-Mort sourit de nouveau :

— Il y a des précédents... La fameuse dépêche d'Ems, par exemple, faussée par Bismarck, et qui causa la guerre de 1870...

— Oui, ce fut un coup de génie...

— Une infamie géniale !... Et je le vois, l'histoire se recommence sans cesse. Puis-je savoir si votre... petit papier... a été communiqué aux journaux ?

— Pas encore ?

Tcherko parut soulagé. Le général s'en aperçut.

— Vous semblez content... me direz-vous pourquoi ?

— Oui, général, je vous le dirai tout à l'heure... En attendant, et si j'ai bien compris, l'affaire de Fez n'ayant aucune gravité, les journaux français n'en parleront même pas... De telle sorte que demain se produira ceci : ou vous adressez à la presse, à vos reptiles surtout, mais également à la *Gazette de Cologne*, dont vous connaissez la haine pour tout ce qui porte un nom français, la version vraie de l'incident... Après quoi nulle émotion n'est à craindre.

— Juste... ou bien j'envoie la version que voici...

— L'histoire fausse...

— **Exagérée, exagérée seulement... Alors, demain la nou-**

velle se répand sur le monde entier... C'est un coup de foudre... Une insulte à notre drapeau... Il faudra des excuses... immédiates... complètes.

— Et comme rien de tout cela ne sera vrai, comme il n'y
aura pas eu d'insultes, partant comme il ne peut y avoir
d'excuses...

— La France refusera... j'y compte... Et c'est la
guerre !

Le général se leva brusquement et fit quelques pas dans
le petit salon.

— Oui, la guerre enfin que nous voulons, nous autres,
les pangermanistes, depuis si longtemps... la grande
guerre, après laquelle il n'y aura plus de France !... En
deux jours, nous jetons sur elle 400.000 hommes, six jours
après 400.000 autres, nos meilleurs soldats. Elle en oppose
150.000 au premier choc, 450.000 au second. Les forts de
l'Est ne la défendront pas. Nous entrerons chez elle en
un coup de bélier et le même élan qui désorganisera ses
armées en formation, qui n'auront même pas le temps de
combattre, nous portera sur Paris. Inférieure en nombre,
en matériel, en cavalerie, en mitrailleuses, en artillerie,
c'est le désastre. Nous n'aurons même pas devant nos
armées la belle vaillance désespérée de 1870. Oui, l'heure
solennelle a sonné. Il ne faut pas attendre que la France
réfléchisse et qu'elle ait peur, qu'elle se réorganise et qu'elle
s'enfièvre. Demain, ce sera la foudre ! Et jamais plus belle
occasion ne nous sera offerte d'en finir avec elle ! Nous
étouffons dans nos frontières. Nous avons besoin de colonies. L'Allemagne sent contre elle l'animadversion du
monde, la haine même de ses amis... La force triomphera
de tout... Il nous importe peu qu'on nous aime... Il suffit
qu'on nous craigne... La journée de demain sera grande,
grande entre toutes...

Il vint se planter devant Tête-de-Mort et lui dit :

— Vous ?... êtes-vous prêt ?...

— Il y a trois ans, vous m'avez rappelé une parole de
Bismarck devant la Chambre prussienne, le 18 décembre
1863. Bismarck disait : « Nous pouvons avoir la guerre si
nous la voulons. La guerre rompt tous les traités... » J'ai
compris que vous attaqueriez un jour la France par la
Lorraine et par la Belgique... J'ai travaillé depuis lors
dans ce sens, en vue de cette double éventualité.

— Rendez-moi compte...

Schweiber tira de sa redingote une carte de la frontière, de Belfort à Givet et il l'étala sur une petite table.

Mais il sursauta, Tête-de-Mort répondait nettement :

— Non !... Je ne suis pas prêt !...

Sur la large face du général, soudain congestionnée, une fureur concentrée, terrible.

— N'avez-vous donc pas compris il y a trois ans ?... Une nuit, nos corps franchissent la frontière. C'est l'attaque brusquée, sans déclaration... Les Français essayent de parer le coup par leur mobilisation et leur concentration... C'est ici que votre rôle apparaît capital... votre rôle qui pourra nous donner la victoire.

Et il secouait Tcherko, brutalement, par le revers de soie de son habit.

— Qu'ont-elles à redouter ces masses de trains bondés de troupes circulant sur les réseaux français, sinon que nos émissaires ne détériorent les voies ferrées ? Qu'un pont saute, qu'un tunnel soit obstrué, que les aiguilles soient sabotées, les disques retournés, et ce sont des milliers et des milliers d'hommes en désarroi, arrêtés, cantonnant dans une région éloignée de leur centre d'appel... C'est leur absence dans les premiers combats des corps de couverture... C'est la concentration, d'après le plan prévu, rendue impossible, reportée en arrière, et pour ce peuple impressionnable et nerveux, un désastre, le sort de la guerre compromis...

— Tout cela, vous me l'avez dit. Rien de tout cela, je ne l'ai oublié... Ne vous ai-je pas envoyé Schwarz, Stiébel et Zerinki pour vous mettre au courant ?... Aujourd'hui, ça va chauffer, et je comprends que vous ayez voulu causer avec moi... Causons !

Schweiber considéra un instant cet homme dont l'assurance l'étonnait.

— Ne vous ai-je pas montré autrefois que la France et l'Allemagne — si nous sommes supérieurs comme effectifs et comme entraînement des hommes, — sont égales en ce qui concerne les tranports stratégiques et la rapidité de concentration ?

— Vous m'avez dit que votre espoir de vaincre consistait à retarder la mobilisation française et que, pendant que nos dirigeables détruiraient les stations importantes, j'agirais de mon côté sur des points précis, arrêtés par nous...

— Et pour la seconde fois, je vous demande : « Etes-vous prêt ? »

— Pour la seconde fois, je vous réponds : « Non ! » Pour tout ce que vous m'avez commandé, oui, je suis prêt... Tout mes agents sont à leur poste et n'attendent qu'un signal. Et mes mesures sont si bien prises que cette nuit même, demain matin au plus tard, ils peuvent être prévenus... Pendant que vous déclancherez votre mobilisation à la frontière, je déclancherai la mienne... La mienne vaut la vôtre, je m'en vante... et vous en connaîtrez les effets...

— Eh bien, expliquez-vous, sans plus tarder...

— Si la guerre est déclarée demain, ou, ce qui revient au même, si vous faites publier, dans les journaux allemands et autrichiens, le petit papier que je vois rouler entre vos doigts, ce petit papier innocent, qui est un mensonge, et qui va décider de la mort de deux cent mille hommes... si vous faites cela, vous ne prendrez pas la France au dépourvu, comme vous semblez le croire, et... et vous serez battus ! !

— Vous êtes un imbécile !

— Merci, général, dit paisiblement Tête-de-Mort, sans sourciller, mais vous n'en serez pas moins battus !

— Que savez-vous donc ?... Auraient-ils trouvé quelque explosif ?...

— Non. Vous savez bien que je vous envoie tout ce qu'ils trouvent le lendemain du jour où ils l'ont inventé...

— Alors ?

— Alors, il y a en ce moment, dans l'armée comme dans la nation française, un enthousiasme singulier, un « moral » énorme... Ces gens-là ne veulent pas mourir. Et on leur a dit que la prochaine guerre ce serait pour eux une question de vie et de mort...

— C'est la vérité.

— Ils s'en sont bien rendu compte. Un peuple qui ne veut pas mourir, quand c'est le peuple de 92, de la République et de l'Empire, quand c'est le peuple de 1870... est sûr de la victoire... Il faudra le tuer deux fois... Et encore ! ! Donc, je dis : les voies ferrées seront sabotées, les trains bondés de soldats se heurteront, et rentreront les uns dans les autres, les ponts sauteront sous la dynamite, les tunnels s'effondreront et seront comblés, les dirigeables, d'autre part, feront merveille... Et tout cela ne

servira de rien... Et malgré tout cela, vous serez vaincus !...
Vaincus, si avant de les attaquer comme vous voulez le
faire, vous n'avez pas abattu le moral des Français... Il
faut qu'un ouragan souffle sur leurs cœurs, ruine leur enthousiasme... Il faut qu'ils n'aient plus confiance dans leur
armée... que les soldats n'aient plus foi en leurs chefs...
Oh ! alors, c'est la honte, c'est la catastrophe... Et ceci peut
arriver avant que le premier coup de fusil soit tiré, c'est
ma bataille, à moi, c'est ma bataille d'avant la guerre...
Elle sera décisive...

— Que rêvez-vous ?

— Quelque chose de grandiose, général... Je veux tuer
l'âme de l'armée française.

— Vous en avez le moyen ?

— Peut-être !... L'homme seul me fait défaut... Je le
cherche et si j'ai tardé c'est que je ne l'ai pas trouvé encore...

— Nous le chercherons ensemble... Votre projet ?

— Vous savez quelle confiance enthousiaste inspire celui
qu'on appelle, à juste titre, de l'autre côté des Vosges, un
entraîneur d'hommes, de quelle admiration et de quel respect il est entouré ?...

— Vous parlez du général Bénavant ?

— Oui.

Les yeux de Schweiber se firent très durs, mais singulièrement attentifs.

— Que penseriez-vous de l'homme qui viendrait vous
dire : « Le nom de Bénavant est populaire parmi les soldats. Les armées de France tournent vers lui leur regard et
incarnent en lui le chef qui peut exiger d'elles les plus
extrêmes sacrifices, certaines que la victoire est au bout.
Eh bien ! ce nom, je puis, si je le veux, le traîner dans la
honte d'un scandale immense, d'un scandale qui aura son
contre-coup sur la patrie elle-même. Je puis forger, si je
le veux, son déshonneur, non pas le déshonneur du citoyen,
mais celui du patriote et du soldat... car on murmurera le
mot de trahison, ce mot qui fait naître les redoutables
paniques. Et le scandale retentira si douloureusement sur
la France entière qu'elle se soulèvera de dégoût contre le
chef à qui elle avait donné son cœur, ainsi qu'elle était
prête à donner ses enfants...

— Je penserais que celui-là tenterait l'impossible. S'attaquer à Bénavant et le jeter comme un traître aux yeux

du monde, c'est le rêve d'un fou... et c'est aussi aisé que le forcer Dieu à remplacer le diable !

Et Schweiber haussa ses larges épaules. Tête-de-Mort reprenait âprement :

— Je réussirai parce que je n'hésiterai pas devant les moyens... Et que penserez-vous encore de cet homme s'il fait éclater ce scandale et ce déshonneur en coup de tonnerre, juste à l'heure où, de nouveau — mais cette fois serait la dernière — la tension est dangereuse et grave dans les rapports de la France et de l'Allemagne, à l'heure où le moindre incident faux ou vrai, exagéré ou non, peut faire partir les fusils de chaque côté de la frontière ? Ne voyez-vous pas la prodigieuse émotion qui s'empare de la France ? le terrible désarroi des esprits ? le découragement parmi les chefs ? l'indignation parmi les soldats ? N'entendez-vous pas le cri de réprobation et de révolte des consciences affolées ?

Tcherko élevait la voix peu à peu :

— Alors, général, alors vous aurez comme aujourd'hui le papier qui tremblera dans vos mains et dont la publication déchaînera la grande guerre. Mais ce jour-là, n'hésitez pas !... Il ne vous manquera plus un atout pour jouer la tragique partie... Pendant que, grâce à moi, les ponts, les tunnels, les stations des chemins de fer, les voies de raccordement sauteront de toutes parts, franchissez les Vosges et, cette fois, je vous le prédis, vous ne vous arrêterez plus... L'armée de la France sera morte, frappée au cœur.

— Oui, fit Schweiber pensif — après un long silence — c'est un projet grandiose...

— Je ne puis entrer dans les détails qui différeront selon les circonstances. Le succès dépendra beaucoup de l'homme que je trouverai... et, quand je l'aurai trouvé, des événements... Mais les événements, on les fait naître... Quant au général Bénavant, j'ai voulu l'affaiblir et déjà le malheur vient de l'atteindre, à son foyer... Il souffre et se désespère... Il ne doit plus être que l'ombre de lui-même...

— Ne croyez pas cela, Tcherko... Je connais ce chef... Je l'ai vu à plusieurs reprises... J'ai pu l'apprécier... C'est un homme... La souffrance l'aura grandi !

Nouveau silence, après quoi Schweiber :

— Ainsi, vous ne pouvez m'expliquer votre projet ?

— Les détails vous importeraient peu, général... Le ré-

sultat vous remplira d'allégresse. Attendez !... Du reste
frapper Bénavant et par Bénavant atteindre l'armée, c'es
bien, mais ce n'est pas tout !... Je vous l'ai dit, pour réus
sir, il me faudrait un homme...

— Dans cinq minutes, je vous le donne... Auparavant
je veux vous remercier...

Tête-de-Mort fit un geste et secoua la tête :

— Ne me remerciez pas, tant que je n'aurai pas réussi..

— Que désirez-vous comme récompense ? Le poste de
notre conseiller de police internationale va être vacant à
Bruxelles. Il avait été donné en 1891, après un concour
entre les candidats, à l'agent qui, dans l'année courante
avait accompli le plus beau coup d'audace. C'est Richards
Cuers qui fit le coup... Vous savez ?... L'une des condition
du concours était que l'agent deviendrait le professeur d'al
lemand du fils du général en chef commandant un corp
d'armée du centre... Il resta six mois à son poste, juste l
temps qu'il lui fallait pour nous procurer les renseigne
ments dont nous avions besoin. Vous irez à Bruxelles, aprè
la guerre prochaine... avec 50.000 marks d'indemnité parti
culière, par an...

Tcherko releva la tête avec orgueil... Ses yeux avaient u
éclat insoutenable.

— J'accepte... et pourtant, ce ne sont ni l'ambition n
l'intérêt qui m'inspirent...

— Alors, quoi ?

Tcherko prit un air indifférent.

— Une petite affaire à régler entre Bénavant et moi..
sans importance... Notez simplement que je travaille pou
moi et ma propre satisfaction... L'Allemagne y trouve so
profit, et c'est tant mieux... mais si Bénavant avait ét
Allemand, Anglais ou Russe, j'aurais tout aussi bien tra
vaillé pour la France contre vous, l'Angleterre ou la Rus
sie... Je me glorifie de n'être d'aucun pays... Vous me paye
rez plus tard, mais je ne vous demanderai pas de me gar
der de la reconnaissance...

— Je m'en souviendrai, fit Schweiber avec hauteur.

Tête-de-Mort sourit et montra du doigt la feuille de pa
pier souillée, roulée en boule, dans la main fiévreuse di
général :

— En attendant, qu'allez-vous faire de ceci ?... Le publie
ou le détruire ?... Est-ce la guerre dans deux jours ? Est-c
la guerre retardée ?

— Je verrai le chancelier cette nuit... Et maintenant, vous avez besoin, m'avez-vous dit, d'un homme dévoué ?

Schweiber chercha contre le mur, dans l'angle de la cheminée, un bouton de sonnette électrique. Presque aussitôt la porte s'ouvrit, les draperies se soulevèrent, un laquais apparut, raide, automatique.

— Vous trouverez dans les salons le lieutenant Ulrich von Falker, officier aux grenadiers de la garde... Vous lui direz que je l'attends, sur l'heure... Vous l'amènerez ici. Faites vite...

Le laquais à l'allure militaire tourna sur les talons et disparut.

— Monsieur Tcherko, vous connaissez le lieutenant Falker ?

— Nullement, général...

— Ne vous troublez pas de ce qui va se passer... Finalement, l'homme acceptera et entrera dans nos vues...

— Depuis longtemps, général, rien ne m'émeut...

Et, relevant sa tête odieuse, il ajouta :

— Depuis longtemps, c'est moi qui épouvante !... Un mot, cependant ?

— Dites.

— Vous êtes sûr qu'il acceptera, prétendez-vous ?

— Oui.

— Alors, vous le tenez donc ?

— Je le tiens...

La porte s'ouvrait de nouveau. La draperie s'écartait.

Le lieutenant Ulrich von Falker pénétra dans le boudoir, sanglé dans son uniforme des grenadiers de la garde qui lui seyait à ravir, le visage rose et frais, animé par l'ardeur du bal, la moustache pas trop fournie, blonde, relevée de chaque pointe, et ses yeux, bleu de ciel, un peu surpris... Un léger froncement des sourcils fit tomber son monocle qu'il passa d'un geste habituel entre deux boutons de sa tunique...

Il s'avança vers Schweiber, fit trois saluts, le buste penché, les jambes raides et la main au front :

— A vos ordres, général...

Schweiber fit un signe à Tcherko :

— Assurez-vous que nous pouvons causer sans craindre d'indiscrétions.

Après quoi, se frottant les mains :

— Asseyons-nous... Je regrette que nous soyons dans ce

coin d'appartement tout intime de la princesse... car je vous aurais offert un cigare... et ma foi, je l'avoue, j'aurais fumé volontiers...

— Ne le regrettez pas pour moi, général.

Une très légère nuance d'inquiétude, manifestée sur le visage du joli garçon, venait de se dissiper aux paroles du général qui semblait de bonne humeur et sans arrière-pensée. Tcherko le remarqua.

— Lieutenant, je vais vous faire la confidence de choses graves sur lesquelles je demande que vous vous engagiez, sur l'honneur, à garder la discrétion la plus absolue...

— Sur l'honneur, général ! fit le jeune homme.

— Je sais qu'on peut compter sur vous...

Et le regard de Schweiber pesa si étrange et si cruel, que les couleurs roses du visage du lieutenant disparurent sous une pâleur terreuse...

— Toutefois, avant de vous faire ces confidences, il faut que je vous conte une histoire toute récente, à laquelle, pour être complète, il ne manque que le dénouement... Or, c'est vous, vous seul et non un autre, que j'ai besoin de consulter sur le dénouement possible de cette histoire, vous seul qui pouvez me le donner...

— Général, je ne comprends pas très bien !

Déjà dans cette réponse il y avait une nuance marquée d'inquiétude.

— Histoire navrante, lieutenant, écoutez plutôt... Je vous cacherai seulement les noms, pour commencer, quitte à vous les révéler pour finir... L'homme dont j'ai à vous parler appartient à une de nos vieilles familles du Brandebourg et son grand-père s'est illustré à plusieurs reprises pendant la guerre de France, en 1870... Il fut comblé d'honneurs, de gloire et de richesses. Son fils dissipa la fortune... et son petit-fils, Fritz Wurmser, appelons-le ainsi. Fritz Wurmser, aujourd'hui lieutenant dans les grenadiers de la garde, comme vous, monsieur de Falker, se trouvait au régiment dans une situation très embarrassée, qui n'était pas sans le faire souffrir, dans son amour-propre, dans son besoin de dépenses et de plaisirs, et aussi dans son orgueil... Ses camarades remarquaient bien souvent ses airs préoccupés, parfois même ses tristesses, dont ils ne pénétraient pas bien les causes. Or, ces tristesses coïncidaient avec des demandes d'argent que le lieutenant adressait à sa mère — car le père venait de mourir — et ces demandes d'argent restaient maintenant sans réponse. Fritz Wurmser était joueur. Les officiers, ses amis, étaient riches et jouaient sans compter. Ce fut par miracle qu'il échappa au saut final. Comme il était très bien noté dans son service, personne ne soupçonnait cette vie coupable et l'abîme qu'il côtoyait. Il venait souvent chez le général Hortmutz, un ami de sa famille, qui devina qu'un drame se passait dans ce cœur et un jour, l'interrogea, le pressa de questions harcelantes, auxquelles Wurmser répondit par un mensonge. Il attribua sa tristesse aux embarras dans lesquels la mort de son père avait plongé sa famille... Mais, et c'est ici que mon histoire commence à devenir intéressante... cette conversation eut lieu entre le général et le lieutenant, en présence de Dimitri Petrovitch, professeur de langue russe des enfants du général... Ce Dimitri Petrovitch, j'aime autant le dire tout de suite, était un espion, de son véritable nom Bassilief, attaché par le service du tzar auprès d'un des grands chefs de l'armée allemande. Depuis lors, et sans qu'il le soupçonnât, toutes les actions du lieutenant Wurmser furent surveillées. Pas une minute de sa vie qui ne fût l'objet d'un examen. Et le moment que l'on attendait arriva... Ce fut une forte perte au jeu qui endettait le lieutenant de cent mille marks... Il n'en avait pas le premier... Et, il faut lui rendre cette justice, il songeait au suicide lorsqu'une lettre singulière lui arriva juste à point pour le tirer de peine... Cette lettre demandait un rendez-vous urgent, annonçant une visite prochaine, et la visite suivait de très peu la lettre... Lorsque le visiteur partit, il avait laissé sur la table de l'officier deux cent mille marks... Wurmser pouvait payer sa dette de jeu... mais l'autre avait emporté son honneur, car le lieutenant aux grenadiers de la garde était devenu espion aux gages de la Russie, avec mission spéciale de renseigner le gouvernement russe sur les travaux secrets auxquels se livrait le général Hortmutz, pour le compte de notre empereur... Vous m'écoutez attentivement, monsieur ?

— Oui, général ! souffla le lieutenant, les lèvres blanches.

— Ceci semble vous intéresser ?

— Beaucoup, général...

— Cet événement se passait il y a deux ans... Et pendant deux ans, auprès du général Hortmutz, il y eut deux yeux ouverts, deux yeux infâmes, sans que personne pût se douter que l'homme accueilli dans cette famille comme un fils n'était qu'un misérable espion vendu à l'ennemi de son pays... Puis, le jour se leva où tout fut découvert enfin... Oh ! ce ne fut pas brusquement qu'éclata la vérité... L'homme était sur ses gardes et se défendait trop bien... Mais on connaissait la pauvreté de sa famille et son manque absolu de ressources... D'autre part, il dépensait beaucoup, menait un train de prince... gagnait et perdait au jeu sans que la différence en gain pût lui permettre de faire face à un pareil train de vie... Les défiances furent éveillées... D'où venait cet argent ?... Cette simple question, dans cette affaire, comme dans beaucoup d'autres, fut le point de départ de toutes les découvertes... Il y a quinze jours, on acquit une première preuve... il y a huit jours, une seconde... hier, une troisième... Il y a quinze jours, le général Hortmutz constatait la disparition momentanée de plusieurs feuillets de rapport qui furent retrouvés deux jours après... Nul autre que Fritz Wurmser ne pouvait les avoir volés et les avoir rapportés... Il y a huit jours, le lieutenant Wurmser était surpris, à Wilhelmshaven, relevant le plan des écluses du port de guerre, le plan de canalisation d'eau douce de ce même port, et copiant le livre secret des signaux de la marine de guerre allemande... On le laissa libre et se croyant hors d'atteinte... Seulement, le lendemain, la flotte de nos sept dreadnoughts quittait le port de Wilhelmshaven pour manœuvrer autour de l'île d'Héligoland, afin de ne pas être embouteillée par la flotte anglaise qui, en quelques secondes, aurait pu faire sauter toutes les écluses du port de guerre et immobiliser nos vaisseaux... Quant au livre des signaux secrets, il a été changé... Enfin, hier, ce fut un de nos agents, un Allemand, se disant envoyé par le service russe, qui vint payer à Fritz Wurmser la mensualité de cinq mille marks qui lui parvenait régulièrement... Ce paiement fut effectué cher Wertheim, dans la Leipzigerstrasse, devant le *Buffet des Sandwiches*... A côté de leur petite table, seul à une autre petite table, un second agent du service allemand les photographiait... J'ai sur moi les photographies....

Après un léger silence, Schweiber demandait :

— Ces preuves vous paraissent-elles suffisantes ?

Le lieutenant von Falker fit un geste vague.

Ses dents nerveusement serrées se refusèrent à toute parole...

— Pourquoi avons-nous attendu pour livrer cet homme

au châtiment qu'il mérite ? Parce qu'un espion brûlé n'est
plus à craindre, au contraire... Oui, au contraire, un espion
brûlé peut rendre inconsciemment des services, puisqu'il
peut servir de canal pour faire passer à l'ennemi de faux
renseignements qui égarent... En outre, dans les circonstances particulières, et devant la personnalité de Wurmser,
c'était là une réserve pour l'avenir lorsque nous voudrions
le mettre en face de son infamie... Nous pourrions tout
demander à cet homme, puisque cet homme était perdu...
Nous n'avons rien voulu faire jusqu'à présent, mais l'heure
est venue d'agir... Et c'est ici, monsieur de Falker, que nous
avons besoin de vos lumières pour le dénouement dont nous
vous avons parlé... Selon vous, si vous aviez à le juger,
quelle peine mérite ce traître ?...

Raide, blême, les yeux clos, Falker se taisait...

— Vous ne trouvez pas ?... fit Schweiber, ironique... Ré-
fléchissez !...

Mais la contraction nerveuse des dents persistait, dans
un coup d'épouvante incoercible.

Le joli lieutenant gardait le silence...

Schweiber continuait :

Chassé du régiment, d'abord, n'est-ce pas ? C'est assez
naturel... Et si le garçon a du cœur, après une pareille
ignominie, c'est le suicide...

Les dents se desserrèrent et quelque chose de rauque
s'entendit :

— Oui... le suicide...

— Bon ! Vous êtes, je le vois, de mon avis, mais permettez-moi de vous dire que ce dénouement viendrait à l'esprit
de tout le monde... Moi, monsieur, j'ai mieux à vous offrir...
car je suppose que vous vous êtes reconnu dans le personnage de Fritz Wurmser ?

— Je me suis reconnu... Je suis prêt à mourir...

— Ce serait trop commode et votre mort ne servirait à
personne. J'ai mieux à vous proposer... Vous aurez, dès
demain, un congé régulier, illimité, pour mission secrète à l'étranger... ce qui vous permettra de quitter votre régiment la tête haute... et d'y rentrer, plus tard,
votre mission terminée... glorieux et riche... De tout ce que
vous avez fait, de votre infamie, rien ne sera connu... En
acceptant, vous vous rachetez...

— J'accepte...

— En acceptant, vous vous donnez corps et âme... En

acceptant, vous ne vous appartiendrez plus... Voici l'homme qui aura sur vous droit de vie et de mort...

— Ce sera le rachat de mon crime... Cela me suffit... J'obéirai...

— Quoi qu'il vous commande ?...

— Je suis tombé si bas que je n'ai plus le pouvoir de réfléchir.

— Tcherko vous dira ce qu'il attend de vous... Allez, lieutenant... je ne vous retiens plus... Du reste, j'aurais scrupule de priver ces dames d'un de leurs meilleurs danseurs...

Ulrich von Falker salua, fit demi-tour.

Mais sa démarche n'avait pas la raideur automatique réglementaire...

Elle était toute chancelante... C'était celle d'un homme ivre....

Ivre de terreur et de honte !...

Il était à peine sorti que le général Schweiber demandait à Tcherko :

— Est-ce l'homme dont vous aviez besoin ?

— Oui, général. Vous ne pouviez mieux servir mon dessein... Mais tout ce que je rêve devient inutile si demain ou après-demain vous brusquez l'attaque contre la France... Comment saurai-je ?...

— Lisez les journaux demain.

— Bien, général... Général, je désire vous adresser une prière... Je voudrais, pour le cas où rien ne serait décidé encore, que vous vous rendiez compte par vous-même de l'état de perfection dans lequel se trouvent mes préparatifs. J'ai réunion, dans huit jours, à la ferme de Bernicourt, dans la Woëwre, en France, avec les chefs de mes sections... Venez, général... Vous entendrez, vous verrez, et vous nous jugerez...

— L'heure du rendez-vous ?

— Dix heures, le soir...

— Que Dieu vous garde, Tcherko... Je vais chez le chancelier.

Tout à coup, se ravisant, il revint à Tête-de-Mort :

— Vous avez dit la ferme de Bernicourt...

— Oui, général...

— N'appartenait-elle pas, autrefois, à un Lorrain, nommé...

— César Sanguinède... Oui, général...

— Eh bien, Tcherko, prenez garde à ce Français... Il m'est signalé comme dangereux.

— Je me rappellerai votre conseil, général...

Une demi-heure après, lorsque le lieutenant von Falker sortit du bal, encore bouleversé, il sentit qu'on lui passait familièrement la main sous le bras. Il tressaillit, se retourna et reconnut Tête-de-Mort.

— Il fait une nuit superbe, lieutenant... Une promenade vous déplairait-elle ? Nous avons beaucoup, beaucoup de choses à nous dire...

. . . . [m]

Cette nuit-là, Tête-de-Mort ne se coucha pas.

Il attendit, anxieusement, les nouvelles que donneraient les journaux du matin.

Dès leur apparition, il en acheta cinq ou six, remonta chez lui, les lut...

Il eut une exclamation de joie...

L'incident du consul de Fez s'y étalait tout au long... Mais c'était l'incident vrai, sans les exagérations redoutables et fausses...

Aucun commentaire, du reste... Le mot d'ordre avait été donné partout !

La nouvelle allait passer inaperçue.

La guerre, la grande guerre était retardée...

Une expression de haine farouche rendit plus hideuse encore la tête de Tcherko.

Et il murmura :

— A nous deux, Bénavant !

II

La ferme mystérieuse.

Pendant la guerre de sept ans, Frédéric-le-Grand disait du maréchal Soubise qu'il allait battre peu de temps après à Rossbach : « Soubise a cent cuisiniers et un espion . moi, j'ai un cuisinier et cent espions... » Et avant 1870, les officiers du grand état-major prussien, accompagnés de Moltke, ne se gênaient pas pour venir faire des reconnaissances chez nous.

De nos jours, on peut dire que ce jeu continue.

Tout récemment encore, une enquête démontrait ceci, et ces faits ont été rendus publics en leur temps : « Le service de l'espionnage allemand a pour chef un des quartiers-maîtres généraux du grand état-major. Les agents immédiats sont habituellement des officiers supérieurs installés dans des garnisons voisines de la frontière. Ces officiers, auxquels sont assignés des secteurs déterminés, ont à leurs ordres des contremaîtres chargés de recruter le personnel, de le guider dans ses recherches, de contrôler sa fidélité et de le payer, soit directement, soit par l'intermédiaire des femmes. Il y a des agents fixes et des agents mobiles. Les premiers ont toujours un petit commerce ou un débit de boissons. Le service de l'espionnage leur a donné, pour cela, les fonds nécessaires. Les agents mobiles sont chargés de battre le pays en tous sens, et depuis quelques années, on doit le dire, hélas ! ils se recrutent plus particulièrement parmi les déserteurs français. Notre service de renseignements n'existant plus, pour ainsi dire, toute liberté est

laissée à ces traîtres à leur pays. En outre, les espions allemands entrent chez nous comme ils l'entendent. Nos agents
n'ignorent pas que certains officiers passent notre frontière
en automobile ou à motocyclette. Les commissaires spéciaux connaissent les numéros de ces véhicules. Mais douaniers et gendarmes les ignorent. Aussi les autres opèrent-
ils tout à leur aise. Ils entrent en France par un des très
nombreux bureaux où ils sont assurés de ne pas se heurter
à un commissaire, et le tour est joué. Autrefois, avec le système des embuscades, les voies principales étaient surveillées de nuit et de jour par des préposés dissimulés dans des
endroits propices... Aucune voiture ne passait sans avoir
été arrêtée et fouillée. Aujourd'hui, les douaniers ne
devant plus que neuf heures de service par jour, il en est
résulté que les embuscades sont supprimées et remplacées
par le système des patrouilles, dont le principal inconvé-
nient est que, toujours en mouvement, les préposés se trouvent rarement là où leur présence serait utile... »

La ferme de Bernicourt est située sur l'extrême frontière
de l'Est, au bout du plateau de la Woëwre et non loin d'Au-
dun-le-Roman.

Cette plaine de la Woëwre, qui va jusqu'aux champs de
bataille, glorieux et douloureux, de Gravelotte et de Saint-
Privat, est étendue, conventionnellement, à toute la région
délimitée par la frontière de Belgique, le cours de la Meuse
jusqu'à Saint-Mihiel, le cours de la Moselle de Toul à Pagny et la frontière.

C'est, sauf dans la partie nord, un pays de grande culture et de grand élevage. Si, de la pointe d'Hattonchâtel,
qui domine les Hauts de Meuse, vous regardez le paysage
qui se déroule à vos pieds, par une belle journée sereine,
sans brume, vous apercevez un vaste et merveilleux pano-
rama de villages et de fermes innombrables, de forêts aux
sombres verdures, d'étangs, de plaines merveilleusement
fertiles. Mais pendant la mauvaise saison, le pays devient
impraticable et l'on ne peut accéder d'un village à un autre
que par les routes. Les rivières ont des cours marécageux,
les étangs sont nombreux, les forêts profondes. En Woëwre,
qui est maître des routes est maître du pays.

Tout le nord du plateau est maintenant couvert d'usines
ou creusé par les exploitations des gisements de fer d'une
richesse incalculable qui y furent découverts il n'y a guère
qu'une quinzaine d'années. Ces exploitations ont du reste

amené dans le pays tout un exode d'Allemands et l'immigration des Italiens, ce qui forme en cette région, jadis si paisible de la Lorraine, un centre où s'allument souvent des querelles, où les couteaux brillent au soleil, dans des altercations sans motifs et d'où l'antique tranquillité rustique des champs est à jamais bannie.

C'est là que le sang français a coulé il y a quarante-trois ans...

Et c'est là encore, que se jouera, dans la prochaine guerre, le sort des premières batailles qui décideront de la liberté ou de l'esclavage de la France.

La ferme de Bernicourt a été bâtie il y a quelque cent ans dans les ruines d'un vieux manoir, détruit au temps de la Révolution. Il reste encore toute une partie de murailles qui s'effritent selon les besoins des paysans qui ne se gênent pas pour venir y chercher des pierres, des douves profondes alimentées par des sources souterraines, et un donjon qui sert de pigeonnier.

Placée sur une élévation de terrain, Bernicourt commande ainsi à tout le système des routes qui relient les villages, les usines et les mines des environs. Entre la frontière et la ferme, un massif de bois est coupé de chemins mal entretenus et ces bois, ainsi disposés, semblent relier Bernicourt à l'Allemagne, sans solution de continuité. Jadis, c'était un domaine prospère qui appartenait à un riche Lorrain, Sanguinède. Pour des raisons inconnues, les terres avaient été vendues lots par lots, et la culture autour des bâtiments avait été réduite à presque rien. Puis, les bâtiments eux-mêmes furent achetés à Sanguinède par un étranger, du nom de Gaspard Muller, se disant Alsacien, originaire de Colmar.

D'étranges bruits couraient.

Il restait, certes, autour de l'ancien manoir, assez de terres et de prés pour nourrir une famille. Cependant c'est à peine si des essais de culture y avaient été tentés. De temps à autre, quelques sillons de charrues, quelques grains de blé jetés au vent et que l'on récoltait, à la moisson, comme à regret.

Gaspard Muller faisait des absences fréquentes. Interrogé parfois, par des voisins, il entrait en détails précis sur son existence, ce qui montrait qu'on ne le surprendrait jamais par des questions imprévues. Quant à ses absences, brusques et parfois prolongées, n'étaient-elles pas toutes naturelles, étant donné la famille qu'il laissait en Alsace et les liens qui le rattachaient à sa chère patrie ?

Le mot d'espion avait été prononcé. Aucune preuve n'était venue. Toute cette région, en effet, en est infestée. Plusieurs grandes fermes du pays, au su de tout le monde, sont occupées par des familles allemandes qui n'ont, de cultivateurs que le nom. Et toutes ces fermes, chacun a pu s'en rendre compte, sont situées sur des points admirablement choisis, embranchements de routes ou de lignes de chemins de fer, voisinage de tunnels, de dépôts, de forts ou, comme celui de Bernicourt, plateau élevé dominant tout le pays.

Or, cette ferme de Bernicourt, quel motif secret, puissant, avait pu amener le bon Lorrain et l'excellent Français qu'était le jeune César Sanguinède, riche à millions, à la céder à des gens notoirement suspects ?

Personne n'aurait pu le dire. César passait pour une tête fantasque, pas comme tout le monde. Aux questions posées, il avait refusé de répondre, se contentant de dire :

— Etait-ce mon droit de vendre ? Oui ou non ?

C'était son droit. Mais de ce jour il avait été pris en haine par la population des environs. Retiré dans son magnifique château d'Herbemont, sur une des côtes de Meuse, au milieu des trois mille hectares d'un des plus beaux domaines de France, César Sanguinède fréquentait peu, sortait peu, ou, s'il sortait, on l'ignorait. Peu à peu s'étaient accumulés contre lui les soupçons, les accusations, les racontars, les légendes. Il avait été souvent insulté. Des attentats, même, avaient été commis contre sa propriété, le feu mis à ses bois, ses chiens et ses chevaux empoisonnés, ses automobiles sabotées. Il ne se plaignait pas. Il savait bien ce qu'on lui reprochait. Lui, qui avait quatre à cinq cent mille francs à dépenser par an, pourquoi avait-il vendu sa ferme de Bernicourt à l'Allemagne ? Il restait impassible devant la révolte de l'opinion.

Depuis quelques jours, les gens du pays, qui passaient auprès de la ferme mystérieuse, avaient cru remarquer qu'il ne s'y trouvait plus d'habitants. Même plusieurs s'étaient aventurés à cogner aux portes. Les portes étaient fermées. Les écuries étaient vides. On eût dit qu'elle était abandonnée. Mais pareils faits s'étaient présentés plusieurs fois déjà, depuis l'arrivée de Gaspard Muller. Il en serait cette fois-ci comme des autres.

Tout à coup, un soir de novembre, la vie y réapparut. Les

volets s'ouvrirent. De la lumière filtra par les fenêtres de la vaste cuisine.

Gaspard Muller était revenu. — C'était une nuit froide. Un vent violent soufflait du nord-est, âpre, aigu, « le vent des Ardennes » comme on dit là-bas, et une pluie, par rafales glacées, s'était mise à tomber, depuis midi. La nuit, d'un noir d'encre, favorisait toutes les entreprises, les bonnes et les mauvaises, les trahisons comme les dévouements.

Et c'était cette nuit-là que Tête-de-Mort avait choisie pour donner rendez-vous au général Schweiber, et au Joli lieutenant Ulrich von Falker.

Gaspard Muller venait de rentrer chez lui.

Il avait fait, dans toute cette après-midi et pendant la soirée, des tournées prudentes aux environs, passant même la frontière, inspectant les alentours des postes, parcourant les chemins des bois de Beuvillers, de Bazonville, des Triches, partout où il savait que passeraient tout à l'heure les hommes de Tcherko, afin de s'assurer qu'aucune surveillance extraordinaire n'y était établie, aucun piège tendu. Et il avait réintégré la ferme de Bernicourt avec l'assurance que rien ne menaçait les affiliés de la bande qui devaient se réunir cette nuit-là.

Il avait eu cependant une alerte, non loin des vastes carrières qui s'étendent à la sortie des bois de Malavillers.

Là, il lui avait semblé qu'on le filait. A plusieurs reprises, il avait cru apercevoir — c'était à la nuit tombante — une ombre qui s'attachait à lui, qui se dérobait parfois et disparaissait.

Il s'était rasé le long d'un mur de clôture, avant de pénétrer à Audun, et déjà il voyait s'approcher l'inconnu, déjà il allait le reconnaître sans doute, déjà même, pour en avoir le fin mot, il s'apprêtait à lui chercher querelle, et s'élançait, lorsqu'il avait été presque bousculé par le passage en trombe d'une auto... et quand l'auto eut disparu au tournant de la route qui traverse le village, il chercha vainement l'ombre menaçante, elle s'était évanouie.

Dans l'auto, au volant, César Sanguinède conduisait. Muller l'aperçut.

Gaspard attendit un long moment, mais rien ne se montra.

— Un hasard !

Pourtant il se disait qu'il s'était déjà trouvé en face de

cette tête broussailleuse, presque entièrement couverte de poils, aux yeux noirs très vifs.

Il se défiait. Mais vers dix heures, tous ses soupçons s'étaient envolés !

Il était rentré à Bernicourt, percé jusqu'aux os. Un chien de temps ! Des trombes d'eau dégringolaient d'un ciel noir et sur les terres argileuses des plaines plates, déjà saturées par les pluies de la saison, des ruisseaux jaunes coulaient dans les chemins transformés en torrents.

A la ferme, Gaspard Muller était seul : ni femmes, ni serviteurs.

— Ils seront en retard ! murmura-t-il... Avec un temps pareil !

Au même moment, on cogna deux fois à la porte. Muller ouvrit. Un homme entra, casquette rabattue sur le front, collet d'une limousine sur le visage et entourant le cou invisible.

Il jeta son nom, brièvement, en entrant :
— Schopffer !...

Et sans autre cérémonie, sans se préoccuper autrement de Muller, il laissa tomber sa limousine dans un coin et alla tendre ses bottes mouillées devant un grand feu qui brûlait dans le foyer de la cuisine. Au dehors, la pluie faisait rage.

— Tout va bien ? interrogea Muller en allemand.

— A peu près ! fit l'homme avec un haussement d'épaules. Tout de même, voilà des années qu'on trime, au risque d'être pincé... et rien n'arrive ! C'est énervant !

— Puisqu'on te paye ? De quoi te plains-tu ?

L'homme ne répondit rien et se chauffa. Il avait une tête de brute et le poil grisonnant.

De nouveau, on frappait, on entrait... Une troisième fois, puis une quatrième... Les gens de la bande étaient exacts, malgré cette nuit de bouleversement... Et toutes les entrées se faisaient de la même façon brève, laconique, indifférente... L'homme disait son nom :
— Toujat !
— Dacier !
— Wolloch !
— Werner !
— Tourane !

Tous les six, avec Schopffer, étaient les chefs des sections du Nord, du Nord-Est et de l'Est... la région exposée à la guerre immédiate, et qui déjà depuis longtemps serait ruinée, incendiée, et meurtrie, avant qu'aucune dévastation n'eût désolé le centre de la France, si pour la seconde fois la victoire nous trahissait.

Ils n'échangèrent aucune parole. Ils sortirent seulement de leur mutisme lorsque Gaspard Muller demanda :

— Avez-vous soif ? Avez-vous faim ?

Une voix dit, près du feu qui crépitait :

— Dame ! on croûterait volontiers ! Moi, je viens de loin !....

— Et si on offrait une lampée d'eau-de-vie, ça ne serait pas de refus....

Ils avaient à peine commencé de boire et de manger, qu'un violent coup de vent, par la porte brusquement ouverte, faisait fumer la lampe à pétrole et rabattait le feu et la cendre autour de l'âtre.

Les hommes se levèrent, sans inquiétude, mais avec un empressement servile.

Dans l'entre-bâillement se profilaient trois ombres. Elles entrèrent. La porte se referma. Des manteaux d'automobile tombèrent. Des têtes apparurent, découvertes... Ce fut Tcherko, tout d'abord, qu'ils reconnurent aussitôt, car avec celui-là leurs relations étaient fréquentes... Puis, un garçon, au visage caché par un capuchon, et enfin le troisième, dont Tcherko prononça le nom à voix basse :

— Monsieur le général Schweiber, grand maître du service des renseignements...

Une grosse surprise. De l'émotion. Les visages se tendent. Les yeux s'allument. Jamais celui-ci n'a daigné se déranger. Il planait au loin comme un dieu dans les nuages. On savait que c'était à lui que tout aboutissait, que de lui venaient tous les ordres, et de ses mains tombaient les prébendes, les gratifications, l'or !... l'or convoité, l'or honteux qui avait fait de tous ces gens des misérables... Mais, pour la première fois, ils le voyaient en face. Il fallait donc que l'heure fût bien grave ?... Puis, ils étaient émus de voir se soulever, pour eux, en cette nuit, un coin du voile mystérieux qui les enveloppait tous. Ils vivaient dans l'ombre, s'agitaient dans les ténèbres, accomplissaient pour ainsi dire à tâtons leur œuvre d'infamie... Ils ne se connaissaient pas... ne correspondaient que par des intermédiaires... vivant dans de continuelles défiances, parmi des précautions et des angoisses à chaque heure renouvelées. Ces gens qui espionnaient les autres se savaient espionnés eux-mêmes. Pour leur faire passer de l'argent, c'était des ruses d'apaches. Point de chèques dans les établissements financiers. Moyen trop dangereux, qui les eût indiqués aux agents de contre-espionnage. Parfois, des contrôleurs volants remettaient la paye directement dans leurs voyages et d'avance, à des périodes irrégulières. Le contrôleur volant se présente chez l'agent à poste fixe en qualité de fournisseur si celui-ci tient boutique, ou d'un correspondant ou d'un client s'il s'agit d'un espion tenant un bureau de contentieux ou une agence de vente, d'achat ou de location de terrains ou de propriétés. Il arrive également que les mensualités parviennent par lettres recommandées, envoyées de Belgique ou de Suisse — jamais d'Allemagne. Enfin, les agents sont mis en rapport, le long des lignes de chemin de fer, avec les contrôleurs qui les attendent en des gares déterminées. Ici, l'argent est remis directement, comme aussi la correspondance, échappant ainsi à la surveillance de l'administration française. Et des instructions verbales sont transmises, de la même façon, aux agents locaux sur les hommes à surveiller et les événements à suivre. La plupart du temps, pour ce service de contrôle, ce sont des femmes qui sont employées. Pièges tendus qu'il faut déjouer, soupçons qu'il faut détruire, mensonges toujours en éveil, terreur de tous les instants, menaces allemandes si les renseignements demandés tardent à venir, enfin, parfois, la catastrophe et la prison, telle est la vie de ces agents de trahison.

Les six qui se trouvaient là commandaient à une cinquantaine d'autres, éparpillés sur des points déterminés de la frontièère du Nord, du Nord-Est et de l'Est.

Telle est, rapidement résumée, l'organisation de l'espionnage allemand.

Tcherko était venu s'adosser à la cheminée, les mains derrière le dos et il contempla un instant, en silence, les six hommes qui étaient ses lieutenants.

Puis il parla lentement, et d'une voix contenue :

— Il y a un an, jour pour jour, lors de notre dernière réunion, j'ai cru devoir vous expliquer quelles devaient être les bases de votre préparation. Ainsi instruits, vous deviez mieux me seconder. L'ordre général, en cas de guerre, était : Combats d'attente... Combats d'usure en Lorraine sur le front Verdun-Toul... Décision par la Belgi-

que... » C'est donc vers le Nord, l'Est et le Nord-Est qu'ont
dû se concentrer vos efforts et je vous ai indiqué les points
stratégiques de ces efforts... Schopffer ?

L'homme interpellé cracha un bout de cigarette et mit les
mains dans ses poches :

— Patron, il y a un an jour pour jour, vous m'avez dit :
Vous établirez des postes en avant de Paris, vers la vallée
de l'Oise, l'Aisne, le Nord et la Marne. » Il ne m'a pas été
difficile de comprendre que vos ordres correspondaient au
projet d'envahissement par la Belgique. Alors, c'est dans ce
sens que j'ai marché. J'ai établi un poste à Corbeil rayonnant sur les lignes ferrées des alentours et pouvant para-
lyser, en une seule nuit, la gare de Juvisy, où serait dé-
truite la jonction du P.-L.-M. avec Orléans et la Grande-
Ceinture ; celle de Villeneuve-Saint-Georges, commandant
la jonction du P.-L.-M. et de la Grande-Ceinture ; celle de
Melun, avec ses voies de grande ligne, ses quatre voies
entre Montereau et Paris ; celle de Moret, isolant le Bour-
bonnais ; celle de Montereau commandant la liaison
P.-L.-M. et l'Est par Montereau-Flamboin. De Melun,
l'usine Walter est reliée à la voie ferrée et l'usine ne
compte guère que des ouvriers allemands. Quand j'aurai
reçu l'ordre, en une nuit, je ferai sauter la voie Flamboin,
les aiguilles de toutes les gares que j'ai citées, et les écluses
de Montereau et de Moret. Le pont de Moscou, sur l'Yonne,
sautera. Vous savez s'il a son importance. En 1905,
quand on crut à la guerre, il est passé sur ce pont,
en quelques heures, plus de cent trains de munitions. Près
de Paris, le pont de Bezons sautera. J'ai un poste qui le
commande. Et le pont est sur la voie principale des chemins de fer venant de Normandie à Paris-Saint-Lazare.
J'ai, sous prétexte de fabrique de fils de laiton, un poste
non loin de Noisy-le-Sec, à l'embranchement des lignes
d'Avricourt et de Strasbourg, à trois kilomètres du fort de
Rosny-sous-Bois et du fort de Romainville.

— Bien ! fit Schweiber.

L'espion eut un sourire d'orgueil.

— Ce n'est pas tout. J'ai également travaillé la vallée de
l'Oise. J'ai plus de cent hommes dévoués à Creil et aux environs, ingénieurs allemands, contremaîtres allemands,
ouvriers allemands. Vous savez l'importance extrême de la
gare de Creil, qui est un véritable nœud du réseau. Vers
l'Ouest, le Nord et le Nord-Est, elle commande, en outre,

la route franco-anglaise et les communications avec le
pays de nos mines les plus riches, avec la Belgique... en
outre, c'est une des voies d'invasion de l'Allemagne en
France. J'ai également un poste le long de la ligne stratégique de Paris à Vitry-le-François par Coulommiers, Ferté-
Gaucher et Sézanne... Enfin, et ici, je crois que c'est un
coup de maître, je suis en train d'acheter des terrains près
de Châlons-sur-Marne, à proximité de la ligne de Metz par
Verdun... Or, vous connaissez la carte du pays... il y a là
trois ponts, sur la Marne, sur le canal... Et le terrain est à
peine à quinze cents mètres du quai militaire... Voilà où
j'en suis pour le moment. Quand les autres auront parlé, je
redemanderai la parole pour autre chose...

— Cet homme est un agent précieux ! articula Schweiber.
— Les autres le valent ! fit Tête-de-Mort... Vous en jugerez... Toujat ?
— Présent ! fit un petit maigre, vif et brun. Région de
Nancy, de Verdun, de la Meuse et des Ardennes... Il y a
dix ans que je travaille dans le pays et je n'ai que peu de
chose à ajouter à mes rapports précédents... J'ai étendu
ma toile partout le long de ma section, et je peux me vanter qu'il n'est pas un coin où je n'ai logé une araignée...
Du reste, Tcherko avait déterminé lui-même, sur la carte,
tous les points stratégiques à surveiller... garages, embranchements, dépôts de charbon à incendier, aqueducs,
viaducs... docks... champs d'aviation, magasins de four-
rages militaires... réseau télégraphique, téléphonique et
télégraphie sans fil... Il y a cinq ans que je suis prêt...
Tcherko a visité deux fois mes postes... Depuis lors, j'ai
acheté un moulin non loin de la Batterie de l'Eperon...
près de Toul... une ferme à Pagny-la-Blanche-Côte... une
autre près des forts de Blénod et de Domgermain... J'ai
également des fermes, acquisition de ces derniers temps,
aux environs de la redoute d'Uruffe, du fort de Pagny et
Vaucouleurs... Je travaille en ce moment les Ardennes, la
ligne de Charleville sur le Nord, par Hirson, dont je suis
le maître... Le coup se fera à Charleville et j'empêcherai le
6e et le 20e corps de rejoindre la frontière de Belgique, s'il
le faut, ou les troupes venant du Nord de rejoindre la frontière de l'Est, selon que se prononcerait l'attaque allemande... De même la ligne Charleville-Longwy vers
Nancy... Enfin, sous prétexte d'exploiter d'importantes carrières, j'ai amassé en trois points, du Nord, des Ardennes

et de la Meuse, des dépôts de poudres et d'explosifs dont
je n'ai pas besoin de démontrer l'utilité en cas d'alerte...

Schweiber murmura quelques mots d'approbation... Toujat grommelait :

— Oh ! moi, pas d'orgueil... Je travaille pour la galette...

— Dacier ? appelait Tête-de-Mort...

L'homme parla rapidement, d'une voix bredouillante et
sourde :

— Toute la région arrière de l'Argonne est prise. Vous
avez mes rapports. Il ne me restait que le tunnel des Islettes, sur la ligne de Verdun, dont je n'étais pas sûr... Je
viens justement d'obtenir une coupe de bois dans la forêt...
J'ai deux ans devant moi pour les travaux... Or, avant
deux ans !... Parmi les bûcherons que j'ai embauchés, les
deux tiers sont Allemands... Le tunnel sautera au jour
fixé...

— Wollock !

L'homme dit — un roux, à stature puissante :

— C'est à moi que vous devez le débouchoir de leur mitrailleuse... et j'ai réussi à vous faire copier, pièce par
pièce, à Bourges, leur fusil automatique. Vous pourrez le
reconstituer avec mes copies et mes photos et grâce à moi
vous en savez autant qu'eux. C'est moi qui vous ai cons-
titué les fiches sur tous les officiers généraux du Centre,
de l'Est et du Nord-Est. Elles n'étaient pas complètes. Il
faut du temps et de la patience pour un travail aussi méticuleux. Celles que je vous apporte aujourd'hui les com-
pléteront... Les voici...

Schweiber dit :

— C'est un travail fait malgré des difficultés inouïes,
au milieu de tous les dangers, et poursuivi et achevé avec
une âpreté extraordinaire...

Les yeux de l'espion brillèrent.

— Vous me payez bien et vous pourriez vous dispenser
de me complimenter. C'est égal, ça fait plaisir tout de
même.

Tcherko appela :

— Werner !

L'homme s'avança, salua militairement.

— Vous m'avez signalé que la frontière du Nord avait
pris, depuis quelque temps, une importance exception-
nelle. Les 1er et 2e corps faisant partie des troupes de première ligne, il y avait intérêt pour l'armée allemande à

connaître la marche stratégique de ces corps, leurs centres
de ravitaillement, leurs bases d'opération et l'importance
de leurs subsistances. Mes hommes ont réussi à cambrioler
un bureau d'un directeur de service, et le bureau spécial de
la citadelle de Lille. Ces Français se gardent bien mal.
Voici les papiers qui furent pris.

— Est-ce tout ?

— Non. J'ai relevé le plan des fortifications prévues pour
Maubeuge, en vue d'une attaque par la Belgique... Enfin,
j'ai pu, après bien des démarches, acheter 200 hectares de
terrain entre Maubeuge et Feignies pour y établir une
fabrique de locomotives et cela, sans cacher le moins du
monde que j'agissais pour le compte de l'usine Hofmann !
C'est un comble, n'est-ce pas ? Ces Français sont d'une
insouciance ! Ils s'imaginent, sans doute, que les ingénieurs de Hofmann qui vont s'installer là ne songeront
guère à étudier les abords de la nouvelle place forte et
passeront leur temps à faire des épures de chaudières...
Vraiment, c'est trop facile de travailler contre eux. On
vous vole votre argent.

Tcherko fit un signe vers le dernier chef de section :

— Tourane !

Tête-de-Mort se pencha à l'oreille du général Schweiber,
en le désignant :

— L'homme qui a la mission la plus difficile, la plus
grave aussi... pour laquelle il fallait un esprit souple, de
l'éloquence, une hardiesse à toute épreuve...

Tourane s'exprimait avec une sorte de nonchaloir, d'une
voix douce qui n'était pas sans charme, et sans jamais
chercher ses mots :

— C'est moi que vous avez chargé de surveiller les chemins de fer français... Je fais de la propagande orale autant que je peux... Jusqu'à présent, et voici cinq ans que
j'opère, nul ne se doute que je suis officier bavarois... Mes
papiers et mon faux livret militaire proviennent, comme
vous le savez, de Berlin. Ils m'ont été remis par la police
secrète allemande, à la onzième section qui a pour service spécial la fabrication des papiers d'identité et de toutes
références à l'usage des espions qui opèrent au delà des
Vosges... J'ai jugé bientôt lorsque je fis partie des équipes
de la compagnie de l'Est, que la propagande verbale serait
lente dans ses effets ; ces ouvriers de France sont bruyants
et frondeurs, mais prêts à se faire tuer, le jour qu'il fau-

dra. C'est alors que j'eus l'idée d'écrire mes idées et de répandre partout la brochure qui devint aussitôt très connue sous le nom de « Brochure Tourane » dans laquelle je démontre aux agents des chemins français la nécessité de la menace constante de la grève internationale générale en cas de tension diplomatique afin d'empêcher la guerre... En 1905, vous le savez, j'ai échoué. Je m'y étais pris trop tard. Je n'étais pas prêt... Ma brochure ne parut que l'année suivante. D'autre part, je suis prêt à aider, par mes agents, aux efforts de Schopffer, de Toujat, Dacier, Wolloch et des autres... Déboulonnement de rails, sabotage des locomotives, enlèvement de coussinets, faux aiguillages, tout est prévu. Que ces craquements se fassent seulement sentir sur cinq ou six points principaux de la concentration française et c'en serait fait de la mobilisation. Il en résulterait un inextricable désarroi... Leurs troupes de couverture seraient culbutées... En dix-huit heures au plus l'épouvante serait partout... car dans la prochaine guerre, la victoire restera à celui des deux peuples qui pourra, dans le moindre délai, et l'on comptera par secondes, concentrer le plus grand nombre d'hommes sur le point jugé le plus propice pour un immense champ de bataille...

Schweiber approuvait. Depuis quelques minutes il feuilletait, examinait les fiches remises par Wolloch. Aptitudes, mérites, relations mondaines, familiales ou autres, caractère, tempérament, habitudes, défauts et passions, tout y était noté sur nos principaux officiers. Ces fiches seraient transmises au directeur général de la police, qui établirait la carte affectée à l'officier. Celle-ci sera alors remise à l'état-major général de l'armée où elle sera classée, à sa place hiérarchique, brigade, division, corps d'armée ou service spécial. Ladite carte prendra ensuite un numéro matricule dans les archives et sera tenue à jour, chaque année, par le commissaire divisionnaire de la région espionnée...

Le silence s'était fait dans la vaste salle de la cuisine.

Les espions n'osaient interrompre la méditation du chef. Tcherko lui-même se taisait.

Ce silence était si profond que les moindres bruits pouvaient être perçus, et deux fois de suite Tête-de-Mort avait tressailli... Son regard, brusquement, s'était porté autour de lui, comme si l'instinct l'avait prévenu d'un danger par quelque signal invisible.

Une fois même il se pencha à l'oreille de Falker :

— N'avez-vous rien entendu ?

— Quoi donc ?

— Un bruit singulier... tantôt celui d'un moulin à café qui tournerait, assourdi, tantôt une sorte de déclic assez pareil à celui d'une boîte que l'on ferme... Cela s'est reproduit, à plusieurs reprises... Cela ne vient pas de l'horloge... Elle est arrêtée... Et j'ai beau chercher dans tous les coins...

Il s'interrompit, serrant à le briser le bras du lieutenant.

— Cette fois, avez-vous entendu ?

— Oui... un grincement, comme un rire étouffé... Et cela part de là-bas, près de la cheminée... de là-bas où il n'y a personne... vous voyez bien ?... Où il n'y a que le mur nu et jaune...

Tête-de-Mort répéta :

— Il n'y a que le mur nu et jaune... soit... mais, derrière ce mur, il y a autre chose... Le bruit parvenu jusqu'à nous n'est pas naturel...

Falker se mit à rire :

— Un rat qui ronge une planche... Je ne vous savais pas si peureux... Croyez-vous que les Français se doutent de ce qui se passe ?

— Non ! Ils ont la confiance des enfants... Pourtant, je veux m'assurer...

Il fit le tour de la grande salle et cogna partout contre les murailles de l'ancien manoir des comtes de Bernicourt. Ces murailles, par endroits, avaient jusqu'à deux mètres et deux mètres et demi d'épaisseur. Impossible de leur faire sonner le creux. Tcherko sortit avec Falker, tous deux portant des lanternes. Le vent redoublait de violence et la pluie faisait rage, dans une tempête déchaînée. Ils firent le tour des bâtiments de la ferme, entrèrent dans les écuries, les remises et les étables, descendirent dans les caves, inspectèrent tous les recoins avec une précision minutieuse. Il restait aussi, de l'autre côté du potager et touchant à une ancienne bergerie, des pans de fortifications. Ils les visitèrent soigneusement. Nulle part, quelque indice que ce fût. Ils revinrent à peu près rassurés.

Au moment même où ils allaient rentrer dans la salle, ils s'arrêtèrent.

Une courte accalmie dans la tempête... Le nuage qui crevait en trombe s'est éloigné sous la poussée du vent, le vent lui-même se repose, dans un répit qui ne durera que quelques minutes...

Mais, dans l'accalmie, un bruit monte jusqu'à la ferme, venant de la route qui est en bas, de tous les chemins creux et inondés qui l'entourent.

Piétinement d'une marche solide et rapide dans la nuit...

Marche rythmée... pas nombreux... quelque chose de menaçant... une force non point aveugle, mais conduite, au contraire, par une intelligence résolue...

La même pensée leur vient à tous deux.

Et cette pensée, Falker en officier, habitué, l'exprime :

— Des soldats... Exercice de nuit... Un bataillon de chasseurs...

Puis, la même crainte, la même angoisse :

— Serions-nous trahis ? Ne serait-ce pas contre nous ?... Le général Schweiber...

Tcherko lui serre le bras à le briser :

— Taisez-vous !... Ils ne se doutent de rien... Ils passent !...

En effet, le bruit s'éloignait vers le bois qui s'étend le long de la frontière. On entendit seulement quelques coups de sifflet. Ce fut tout.

Ils rentrèrent. En cet instant, l'un des chefs de section, Schopffer, parlait :

— Maintenant, général, que vous avez applaudi aux résultats de nos travaux, il y a autre chose à vous dire, de plus important peut-être... Et ce que nous avons à dire, moi et les camarades, c'est que nous sommes brûlés... On nous connaît...

Le général Schweiber eut un sursaut de colère...

— Expliquez-vous, nettement, et vite !...

— En ce qui me concerne, voici : comme je sortais de Verdun, j'ai senti que l'on me suivait... Un quart d'heure après j'en étais sûr... Le *Rendez-vous des voyageurs*, un estaminet près de la gare, où j'entrai, était vide de clients. Je demandai à boire, et l'homme qui me suivait entra derrière moi. Cinq minutes après, nous causions. Une demi-heure après, j'étais endormi, lui laissant croire qu'il m'avait grisé avec je ne sais quelle drogue que je lui avais vu verser dans ma chope. Alors, il me fouilla. Je n'avais rien. Et il partit. Je ne l'ai pas revu. L'homme a pu

croire qu'il s'était trompé. Il reviendra... Voilà, pour moi...
Les camarades, à leur tour, vont nous raconter leur aventure...

Toujat parla :

— Schopffer a raison. Il y a de la teigne française atta-
chée après nos vêtements... Hier, comme je rentrais, la nuit,
à Nancy, ma voiture a culbuté sur la route, dans le fossé.
Ma tête a cogné contre un caillou et je suis resté sans connaissance. Pourtant, rien que des contusions. Pas de blessures. En revenant à moi, j'ai dégagé mon cheval, j'ai
laissé ma voiture, mais je me suis aperçu que ma valise
avait été fouillée, comme j'ai dû l'être moi-même... Dans
ma valise et sur moi, il n'y avait rien de suspect...

Dacier parla :

— Moi aussi j'ai été filé... Je m'en suis douté presque aussitôt après avoir quitté Sainte-Menehould... Je suis entré
près des Islettes dans une épicerie qui est tenue par un des
nôtre. Une demi-heure après, l'homme qui me suivait a
vu sortir un colporteur vieux et infirme qu'il a laissé
passer... C'était moi.

Ce fut le tour de Wolloch :

— C'est à peu près mon aventure... Mais je m'échappai
sous un uniforme de gendarme... et je fus salué poliment
par l'homme qui, depuis deux jours, me filait.

Et Tourane :

— Moi, c'est en brigadier des douanes que j'ai pu passer.

Le dernier se taisait... l'espion attaché à la frontière du
Nord :

— Et vous, Werner ?... Personne ne vous a soupçonné,
je suppose ?

Werner secoua la tête et dit, lentement :

— Personne... aujourd'hui !... Hier, il y avait quelqu'un... Mais celui-là est mort !

Une stupeur. Ces crimes étaient rares. Ils étaient surtout
défendus, car il fallait, à tout prix, écarter des agissements
d'espionnage toute intervention de la justice... Simple question de prudence... Werner s'expliqua :

— J'ai été attaqué... J'ai été surpris... Il a fallu en venir
là... Autrement, j'étais pris, et si j'avais été pris, vous n'en
meniez pas large ni les uns ni les autres... Vous savez
qu'en France, quand un espion en livre d'autres, on en
tient compte... Et dam ! vous n'allez pas supposer que je
n'aurais pas mangé le morceau... Nous ne valons pas cher,

ni les uns ni les autres, pas plus que ceux qui nous emploient... Voici la chose... Je suis venu du Nord en chemin de fer jusqu'à Villerupt, dans ce pays de mines et de forges, où mon train omnibus s'en allait cahin-caha... J'avais pris place dans un wagon de seconde classe en partant de Maubeuge où, la veille, j'avais passé la nuit... Le compartiment, pendant le trajet, s'était empli et vidé à plusieurs reprises... Et, ce soir-là, vers quatre heures, je m'étais endormi, étendu sur la banquette, en profitant de ce que je me trouvais seul... Comment cela se fait-il ? Où monta mon agresseur ? N'était-il pas dans le train depuis mon départ ? Toujours est-il que je fus réveillé, suffoquant, à moitié étranglé. Un homme, penché sur moi, les lampes éteintes, serrait ses mains autour de mon cou... Je fis le mort. Il me crut passé... Alors, il visita mes poches... Comme il était à portée, je lui envoyai un coup de poing si bien appuyé sur la tempe, qu'il dégringola net, et ne bougea plus... J'ouvris la portière et je le fis glisser sur la voie. En avançant la tête, je constatai qu'il avait glissé sur les rails et que les derniers wagons, en roulant dessus, le réduisaient en bouillie... Impossible de soupçonner le meurtre. On croira à un accident... Si je ne m'étais pas défendu, je n'aurais pu vous remettre mon relevé des fortifications de Maubeuge, pas plus que les papiers volés au bureau militaire spécial de la citadelle de Lille...

Ainsi, il apparaissait évident que les six hommes avaient été l'objet de différents attentats !... Tous les six !... C'était grave !

Qui donc pouvait les connaître et s'acharner ainsi contre eux ?

Le dur regard de Schweiber interrogeait Tcherko.

— Je n'ai aucun soupçon, fit le misérable, embarrassé... et même je crois...

Et peut-être allait-il expliquer que, sauf en ce qui concernait Werner, les autres avaient été tout simplement suivis et attaqués par quelques-uns de ces coureurs d'aventures comme il y en a tant sur les frontières, lorsqu'il se passa, dans la cuisine, quelque chose d'inouï, d'invraisemblable.

Bouche béante, Tête-de-Mort s'était interrompu.

Tout d'abord, ils avaient perçu le bruit singulier entendu déjà... dont Tcherko et Falker avaient vainement recherché la cause... puis, aussitôt après, une sorte de petit rire étouffé... D'où cela partait-il ? Impossible de s'en rendre compte... Du mur... Oui !... Mais comment ?... Chose hallucinante !

Or, ceci ne fut rien...

Ce qui suivit tenait du rêve et du fantastique...

Distinctement, ils entendaient un chant... dans le mur...

Et le chant qu'ils entendaient, c'était la *Marseillaise !* Oui, l'hymne célèbre... Il y avait là, dans ces murailles, un mystère, narquois, audacieux, une provocation méprisante et joyeuse... et voulue, non point inopinée... car ce n'était pas un chant d'homme que l'on entendait... mais le susurrement discret, nasillard, déconcertant, de quelque chose de mécanique...

Il y avait une boîte à musique dans le mur !

Mais la mécanique ne pouvait se déclancher sans qu'une main d'homme s'entremît pour la remonter, pour la faire vivre, vibrer et chanter...

Donc, il y avait un homme dans la muraille ! !...

Des minutes d'effarement... Ils se regardent, blêmes, comme si une intervention surnaturelle venait de passer sur leurs esprits et sur leurs projets de pauvres fourmis humaines !...

> Allons, enfants de la Patrie,
> Le jour de gloire est arrivé...

C'est un petit son tout menu et tout grêle, presque comique à l'entendre proférer ces choses terribles de guerre et de carnage.

> Contre nous de la tyrannie,
> L'étendard sanglant est levé...

Un accent sautillant, guilleret, qui vraiment ne rappelle guère le fameux entrain des soldats de la grande époque... un air, enfin, qui semble plaisanter ceux qui sont là... se jeter, en défi primesautier et prodigieusement gamin, contre leurs trahisons... L'appel aux armes a je ne sais quoi de railleur en passant par cette mécanique invisible, étouffé par l'épaisseur des murs... et qui a l'air de s'abattre de partout, tantôt près des fenêtres, tantôt près de l'alcôve ou près de la cheminée, tantôt près de la porte. On dirait que la boîte à musique se promène librement sur un chemin dans l'épaisseur des pierres, pendant qu'elle poursuit impitoyable :

Aux armes, citoyens... Formez vos bataillons !

Des yeux de détresse, mais aussi de colère farouche, se tournent vers Tcherko.

Tcherko est aussi troublé que les autres.

Tcherko interroge Gaspard Muller, le maître de Bernicourt :

— Eh bien ? Eh bien ? Vous n'entendez pas ? M'expliquerez-vous ?

Le fermier balbutie, la sueur au front, les yeux égarés...

— Je ne sais pas du tout... Je ne m'explique rien !...

Quelqu'un jeta le cri de panique. L'on ne sut jamais qui l'avait prononcé :

— Nous sommes trahis !

Alors, ce furent des minutes d'affolement... Il y eut une ruée vers la porte, qui fut bousculée... Sur les dix hommes qui se trouvaient là, sept disparurent en un clin d'œil dans la nuit, gagnèrent les bois, les fondrières, sous la pluie battante qui s'était remise à tomber !... Trois seulement restèrent, Tcherko, Schweiber et Falker, mais apeurés et essayant de se rendre compte de ce qui se passait... Tous les trois, par-ci, par-là, l'oreille contre le mur, écoutaient et tâchaient de situer d'où partait le chant inlassable, insolent, narquois... Impossible ! Tantôt en arrière, tantôt en avant, tantôt au-dessus d'eux, tantôt au-dessous... Il s'entendait partout...

— C'est à devenir fou ! murmurait Tête-de-Mort...

Et les poings fermés, ses ongles s'enfonçaient dans sa chair, en une crise nerveuse.

Il balbutiait :

— Général, je ne comprends pas... Je croyais cette maison sûre... Si j'avais pu me douter, je ne vous aurais pas laissé commettre l'imprudence de vous hasarder... Général, vous n'êtes plus en sûreté ici... J'éclaircirai ce mystère, dussè-je bouleverser Bernicourt et n'en pas laisser une seule pierre... Mais en attendant, il faut vous retirer... J'ai peur de quelque piège... Heureusement la frontière est à quelques minutes.

> Marchons, qu'un sang impur abreuve nos sillons !

susurrait la boîte mécanique.

Les dents de Tcherko grinçaient.

— Je vais vous accompagner jusque sur l'autre rive du bois où vous avez laissé votre auto... Monsieur de Falker, je suppose que vous n'avez plus rien qui vous appelle à Berlin et que vous avez pris toutes vos dispositions pour n'y point retourner ?

— A vos ordres, monsieur.

— Vous resterez donc auprès de moi. J'ai besoin de vous... Général... Général... ceci est évidemment une plaisanterie... Mais nous sommes découverts... Ces dangers courus par nos hommes... ce chant... tout nous le prouve...

> Entendez-vous, dans ces campagnes,
> Mugir ces féroces soldats !

Il y avait là, près d'eux, un cerveau qui leur faisait comprendre, en une héroïque gaminerie, que le temps des confiances illimitées était mort, et qu'on veillait, par ici de la frontière...

C'était une bravade inouïe, contre laquelle ils étaient impuissants...

Et Tcherko se tordit les mains dans un geste de rage insensée :

— Ah ! si je pouvais ! si je pouvais !

Oui, cela se voyait !... S'il avait pu tenir entre ses dix doigts l'invisible gouailleur qui sans doute avait pénétré leurs secrets et qui se moquait d'eux ! !...

> ...Qui viennent jusque dans nos bras...

Mais, pourtant, la mécanique finit par se taire. La muraille redevint silencieuse... Et ce silence leur parut plus redoutable que la provocation elle-même. Il leur sembla maintenant que des yeux s'ouvraient pour les narguer... Et ils ne purent y tenir... Ils s'enfuirent comme avaient fait les autres, en un accès de terreur.

Aux alentours, sous la pluie diluvienne, le calme, la solitude, nul danger.

Ils se regardèrent, déconcertés.

Est-ce qu'ils n'étaient pas le jouet de quelque hallucination ? En vérité, ils auraient pu le croire, s'ils n'avaient pas eu encore dans les oreilles la résonnance aigrelette, sautillante, de la boîte à musique...

De l'autre côté du bois, une limousine attendait, les phares éteints.

Schweiber, jusqu'à présent, avait gardé un silence gros de tempêtes.

Au moment où le chauffeur ouvrait la portière et où le général mettait la pointe de sa botte sur le marchepied, il se retourna vers Tête-de-Mort.

Et, d'une voix sèche, implacable :

— Monsieur, si avant six mois vous ne m'avez pas fait oublier par un coup d'éclat, l'aventure humiliante de cette nuit, je vous casse aux gages...

Tcherko, la gorge contractée :

— Général, je répondrai par un coup d'éclat, puisque vous l'ordonnez... Mais vous me fixez six mois ! Dans six mois, vous serez à Paris ! Et l'armée allemande sera maîtresse de la France...

Entre deux rafales, ils crurent entendre un rire bref, plein de sarcasmes... qui partait d'un tas de broussailles épaisses, à l'orée du bois...

Et leur imagination était tellement surexcitée, leur désarroi si complet, qu'ils crurent percevoir également le susurrement de la boîte à musique qui les avait poursuivis jusque-là :

...L'étendard sanglant est levé !...

Schweiber, blême, fait un signe au chauffeur, qui allumait ses phares. Un tour de manivelle. L'homme saute au volant, embraye, et l'auto démarre, lentement d'abord, dans un ruissellement de pluie, puis plus vite, puis à toute allure, sur la route détrempée où de l'eau jaune gicle au passage le long des garde-crotte et retombe en lourde pluie de boue.

C'était une déroute.

Longtemps Falker et Tcherko marchèrent côte à côte dans le chemin, en n'osant parler, ni l'un, ni l'autre. Peut-être se croyaient-ils poursuivis dans l'ombre... Cependant ils étaient à l'abri de tout danger désormais. Ils avaient laissé derrière eux la frontière française et foulaient la terre annexée. Ils auraient pu échanger leurs impressions et leur silence à tous deux était farouche.

Ils longèrent la ferme du Bois-l'Abbé : des chiens hurlèrent.

Tcherko hésita s'il entrerait pour emprunter un cheval et une voiture qui les conduiraient jusqu'à la station de Fontoy.

Mais il était tard. Il eût fallu réveiller maîtres et domestiques.

Les deux hommes passèrent sans s'arrêter.

A Fontoy, où ils arrivèrent aux premières heures du jour, ils furent obligés d'attendre le train de Thionville. Enfin, ils partirent. Jusqu'à présent, pas une parole. Tcherko semblait muet, même il évitait le regard du lieutenant. A deux reprises Falker tenta de le questionner. Tcherko répondit rudement :

— Lorsque nous serons chez moi !

Il continuait d'être en proie à une sorte de crise nerveuse. Certes, cet homme était inaccessible à la peur, mais cependant ses dents claquaient, des frissons le secouaient, ses yeux se révulsaient de rage impuissante.

Tête-de-Mort avait trois habitations.

L'une à Strasbourg, la seconde à Bruxelles, toutes deux officielles, connues, où lui étaient transmises par exprès les correspondances du nombreux personnel sous ses ordres ; la troisième, plus intime, à Thionville, sur le bord de la Moselle.

C'était là qu'il venait passer ses rares moments de liberté, essayer d'oublier peut-être les lourdes trahisons auxquelles il prêtait la main et qu'il sollicitait, les lâchetés et les infamies, les ardentes convoitises, les effrénés désirs, et, parfois aussi, les remords et les révoltes de certains parmi les hommes qu'il employait, si bas qu'ils fussent tombés. Inexorable aux faiblesses, du reste. Quand un malheureux s'était laissé prendre le doigt dans l'engrenage, le corps y venait tout entier. Tcherko ne lui rendait jamais sa liberté.

Sa maison du bord de l'eau s'appelait la Villa-Fleurie.

Le petit jour commençait à poindre lorsqu'ils y entrèrent.

III

Cœur-qui-Tremble.

Maintenant, autour de Bernicourt, et dans l'intérieur de la mystérieuse ferme, le calme était absolu. Le vent s'était subitement apaisé : seule, une petite pluie fine, de plus en plus glacée, persistait, droite, incessante, tombant comme à la muette. Dans la vaste salle de la cuisine, même silence. Et là, dans leur fuite éperdue, les espions avait laissé allumée la lampe à pétrole qui répandait, du haut de l'entablement de la cheminée, sa clarté triste et fumeuse sur les murs salis, jaunis, piquetés de taches de mouches. Plus de *Marseillaise*. Aucun bruit suspect. Aucun son. Aucun chant. Dans les bâtiments de la ferme la même solitude régnait. Gaspard Muller avait fui, précipitamment, de même que les autres et il ne reviendrait sûrement que dans la clarté du jour, le lendemain, lorsqu'il ne craindrait plus la hantise de cette énigme singulière.

Or, à peine la limousine de Schweiber venait-elle de disparaître, que l'amas de broussailles du bord de la route, auprès desquelles elle avait stoppé, s'entr'ouvrit et livra passage à un corps souple qui bondit à l'air libre en écartant brusquement les bras, comme s'il venait de subir, en un endroit trop resserré, une longue et pénible contrainte.

En même temps qu'une voix rieuse et jeune disait :

— Ouf ! Jamais je ne me suis tant amusé !

Celui-là était le riche châtelain d'Herbemont, honni de tous, l'archimillionnaire que le pays tout entier méprisait, César Sanguinède... l'ancien propriétaire de Bernicourt, vendu par lui aux espions de l'Allemagne... On le surnommait, en ce coin de Lorraine : *Cœur-qui-Tremble*, et là-dessus, comme sur beaucoup d'autres choses, s'était établie une légende... Il avait été réformé au service pour maladie de cœur, après une année passée au régiment. Ceci était la vérité, mais la légende voulut qu'il eût fait agir des influences pour être reconnu malade et ajourné, par veulerie et lâcheté, parce que le service militaire répugnait à sa paresse et à ses habitudes de confortable et de luxe... De là : *Cœur-qui-Tremble*. Et le surnom qui le flétrissait devint vite et si formidablement populaire qu'on semblait oublier l'autre et que César Sanguinède devenait un inconnu...

Dans la légende, une part de vérité : il était atteint d'une affection cardiaque qui troublait sa vie profondément ; mais une part, aussi, de douloureux mensonge : son renvoi de l'armée l'avait plongé dans un véritable désespoir... Puis, ce désespoir s'était évanoui brusquement... César était réapparu comme on l'avait toujours vu, insouciant et gai, d'une gaieté de gamin, bon enfant et farceur, car de sa maladie qu'une imprudence pouvait rendre mortelle, il ne s'inquiétait jamais !... On eût dit qu'à la tristesse d'avoir quitté l'armée, il avait trouvé une consolation subite, complète, lui donnant un réconfort absolu... Qu'à sa vie, désormais, il avait découvert un but... à son immense fortune, une utilité... Et peut-être était-ce ce but, et le mystère de cette vie, qui lui faisait accepter avec tant de hautain mépris et une si parfaite philosophie, insultes, révoltes, mensonges qui s'accumulaient contre lui...

Les vêtements de César, maculés de sable et de boue blanchâtre, disaient clairement qu'il sortait de sous terre, car ils n'avaient pas reçu la pluie. C'était seulement au contact de l'ondée extérieure, celle qui tombait du ciel, et celle qui dégringolait des branches secouées par des frissons du vent, que le sable s'était changé en boue. Le jeune homme, en effet, venait de faire un assez long trajet souterrain. Bernicourt, nous l'avons dit, avait été élevé sur les ruines d'un vieux manoir. Du temps que la ferme lui appartenait, César l'avait explorée maintes fois, avait découvert des passages secrets fuyants entre les planchers et entre les épaisses murailles, se soudant à des souterrains, tournant autour des anciennes caves. Il en avait bouché et dissimulé l'entrée par un système ingénieux de pierres aisément déplaçables. Et ce fut lorsqu'il s'était senti maître de se promener invisible dans les murs de la ferme, qu'il l'avait vendue ! Dès lors, en effet, rien ne lui échapperait, de ce qui se passerait là. La grande salle de la cuisine avait été truquée par lui depuis longtemps, des trous perforés dans les murs, juste de quoi glisser un œil curieux, y appliquer une oreille attentive.

Collé dans l'étroit chemin, il avait entendu tout à l'heure un peu de tout ce qui s'était dit...

Et il avait, de même, essayé de voir.

Ici le succès n'avait pas été complet. Une seule lampe éclairait la cuisine et des coins restèrent dans l'ombre. Puis, il y avait là des hommes qui s'ingéniaient à cacher leur figure... deux surtout, qu'il ne connaissait pas... l'un qu'on semblait redouter et que l'on appelait général... l'autre qui, tout le temps que dura cette étrange séance, se tint immobile dans l'obscurité et ne proféra pas un mot.

C'est en vain que César fit le tour de ce cercueil de pierres dans lequel il s'était enmuré... cet homme resta une énigme...

Quant aux autres, des deux il y en avait un dont le sinistre visage lui était familier, celui-là était Tcherko.

Et le second, il l'entendit nommer... C'était Schweiber, le général, directeur du service cartographique du grand état-major à Berlin.

A l'énoncé de son nom, César avait tressailli :

— Diable, pour qu'il se dérange, celui-là, il faut que ce soit grave ! Mais le troisième ? Qui représente-t-il ? Que vient-il faire ? Et pourquoi s'obstine-t-il à se cacher avec tant de soin ?

La curiosité de César était vivement surexcitée. Elle ne fut pas satisfaite. Le capuchon rabattu ne se releva point et le manteau noir, très ample, qui s'enroulait autour du corps en dérobait l'allure, les attitudes : jeunesse, âge mûr ou vieillesse, que se cachait-il là-dessous ?

Un instinct de chasseur, aux prises avec des fauves, l'avertissait que cet homme à l'immobilité et au mutisme inquiétants, représentait un danger. Lequel ? Cela éclatait par toutes les précautions même qu'il prenait pour se cacher, afin de ne rien rappeler sans doute à ceux qui pourraient le rencontrer dans l'avenir... Mais comme, dans les **circonstances les plus périlleuses et parmi les événements** les plus graves, sa gaieté ne l'abandonnait jamais, il ne résista pas au désir de jouer un tour à sa façon à ces traîtres dont la confiance en eux-mêmes et le mépris qu'ils professaient pour la France plongeaient César dans une crise de colère ! C'était un tour rêvé depuis longtemps et qu'il ne différa plus. Il avait apporté une boîte à musique, du reste achetée en Allemagne. Il la remonta, fut pris d'un fou rire en l'approchant d'un des trous pratiqués dans le mur, et déclancha le ressort...

Allons, enfants de la Patrie !...

L'effet fut prodigieux. On le sait. Alors Cœur-qui-Tremble se mit à ramper dans son chemin de ronde, aux quatre coins de la cuisine, passa entre les feuilles du plancher, promenant partout l'hymne guerrière...

Quand il reparut à l'un de ses aguets de la muraille et qu'il jeta un regard dans la salle, celle-ci était vide : tous les hommes avaient disparu.

César commençait à étouffer, faute d'air... Il se hâta de sortir... Près des broussailles, où se dissimulait l'entrée du couloir, stationnait l'auto de Schweiber... Près de l'auto, les trois hommes... Les phares s'allumèrent et les éclairèrent vivement, mais cette figure qu'il aurait voulu voir resta dans l'ombre du capuchon avec une obstination telle que César en concevait une irritation extrême...

— Je le verrai, celui-là, je veux le voir à tout prix...

Et il allait commettre quelque imprudence, lorsque l'auto partit, laissant les deux hommes près du bois. Il les suivit, faisant corps avec la nuit, jusqu'à la gare de Fontoy. Au guichet, ils prirent un billet pour Thionville. Et, lorsqu'ils pénétrèrent dans la salle d'attente, César entendit l'inconnu qui, d'une voix qu'il ne déguisait même pas, prononçait distinctement :

— Mon sort est lié au vôtre... Pour moi, c'est une question de vie ou de mort... Mais en croyant que vous aurez raison de la France dans six mois, vous ne faites pas aux Français l'honneur qu'ils méritent...

Bien entendu, ceci fut dit en allemand. Mais Cœur-qui-Tremble parlait l'allemand comme sa langue maternelle...

Les deux hommes traversaient le quai. Le train entrait en gare. Ils montèrent.

Alors, César resta longtemps pensif, après quoi il murmura :

— Je n'ai pas vu le visage, c'est vrai, mais j'ai entendu la voix... Il est possible que ce détail me serve à quelque chose, un jour ou l'autre...

A Audun, deux heures plus tard, César retrouvait son auto, garée à l'auberge.

Une demi-heure après, il traversait une superbe forêt de chênes et de hêtres qui grimpait à flanc de côteau de chaque côté d'une avenue admirable. Au bout, la masse sévère d'un château moderne semblait clore l'avenue avec des bâtiments rectilignes où l'on avait recherché, et, du reste, rendu avec bonheur le style Louis XIV. C'était Herbemont. Depuis longtemps, l'auto de Cœur-qui-Tremble roulait dans son domaine, au centre duquel était situé le château, et de quelque côté qu'il l'abordât, en traversant les bois, les champs et les cultures, en longeant les fermes, les moulins et les forges, César pouvait s'écrier comme le marquis de Carabas : « Ceci est mon bien, ceci est à moi. »

Le tout lui venait de son père, et son père, Onésime Sanguinède, avait gagné sa fortune le plus simplement et le plus facilement du monde. Il s'était réveillé un matin avec l'idée de lancer un cirage nouveau. Et comme la poudre de riz à la « Maréchale » était encore, en ce temps-là, célèbre, Onésime Sanguinède avait conçu l'audacieux projet d'appeler son invention : « Le cirage à la Maréchale ». Il eut un succès fou, et de monstrueuses affiches l'y aidèrent. Onésime était mort en plein triomphe, et César avait hérité du cirage et de la fortune ; quant à sa mère, il ne l'avait jamais connue. Ce garçon aurait pu mener grande vie partout et être accueilli dans tous les mondes à bras ouverts. Il essaya de vivre à Paris et le prit en horreur. A Herbemont, il dirigea lui-même l'exploitation de ses forêts, la culture de ses champs, les travaux de ses usines, jusqu'au moment où il partit pour le régiment. Il en revint, nous l'avons dit, frappé en plein cœur, humilié vis-à-vis de lui-même, dans une déchéance, pour parler comme il faisait.

Alors, un jour, il se dit :

— Ils n'ont plus voulu de moi comme soldat... Eh bien ! ils m'auront quand même.

On va voir comment il tint parole.

Ce même jour, dans l'après-midi, alors qu'il dormait paisiblement, dans son cabinet de travail, les pieds au feu, pour regagner la nuit qu'il venait de perdre, il fut réveillé brusquement par la cloche de la grille qui sonna coup sur coup trois fois... Il se leva, courut à la vérandah... Le soir descendait... mais il faisait encore assez clair... Et il murmura :

— Ce sont eux ! Ils sont exacts !... Voilà mes douze apôtres !

Une douzaine d'hommes s'avançaient vers le château. Il les compta... un... deux... trois.. neuf, dix, onze... Il en manquait un. Et, tout à coup, le visage de Cœur-qui-Tremble se couvrit d'une grande tristesse...

— C'est vrai, pourtant... ils ne sont plus que onze... Ils m'ont tué Galbache ! J'ai entendu un misérable se vanter de son crime, la nuit dernière.

Il descendit à leur rencontre et les fit entrer, à l'aile droite d'Herbemont, dans un pavillon-bibliothèque où il y avait, au rez-de-chaussée, un atelier de mécanique et de chimie, particulier à César, au premier étage des entassements de livres de toute sorte, dix mille volumes des plus frivoles et des plus graves, et au second étage deux grands salons avec des billards. Les hommes restèrent en bas, dans l'atelier. C'étaient, tous les onze, de robustes gars aux membres souples, au regard décidé, à la tête énergique. Dans les mains qui se tendirent vers César, il y avait une affection simple et vraie, un dévouement profond sans phrases. Tous jeunes. Pas un n'avait dépassé la trentaine.

Ils restèrent debout, bien que Sanguinède leur eût fait signe de s'asseoir.

Et l'un d'eux s'avança et dit à voix basse :

— Monsieur César, nous ne sommes plus que onze... Galbache a été tué...

César répliqua, la voix un peu tremblante :

— Mort au champ d'honneur... Je le savais... Il laisse une vieille mère, à Launois, dans les Ardennes... L'un de vous lui portera demain cinquante mille francs pour assurer le repos de sa vieillesse... Galbache est le premier de nous qui tombe... Il se peut que nous tombions tous... Avez-vous peur, vous n'êtes liés à moi que par votre parole, et je veux vous rendre votre liberté...

Romarin — c'était le nom de celui qui parlait — baissa les yeux, puis reporta un instant son regard sur les dix autres... Ils se taisaient, mais la rougeur d'une violente émotion animait ces rudes figures...

— Monsieur César, nous n'avons pas peur... Nous n'aurons jamais peur... Croyez-vous que nous avons oublié ce que vous avez fait de nous ?... Sur les onze qui restent, j'en vois trois qui étaient dans l'infanterie, l'un à Givet, le second à Mézières, le troisième à Sedan ; j'en vois deux qui étaient dans les dragons, à Vervins ; un, qui était dans les cuirassiers, à Paris ; quatre dans les hussards et les chasseurs, à Verdun ; moi, j'étais à Nancy, dans l'artillerie... et tous, en un coup de folie, d'amour, d'ivrognerie, ou parce qu'on craignait une punition après une forte bombe, nous avons déserté... Pendant des années, nous avons traîné notre misère honteuse en Belgique et en Suisse ou dans le Luxembourg, jusqu'au moment où une amnistie nous a permis de rentrer dans notre pays... Oui, nous sommes revenus. On n'était pas fiers. Moi, une fois, à Commercy, une fille m'a craché au visage et je n'ai osé rien dire... En France, je crois qu'on pardonne tout, sauf la lâcheté. Et les déserteurs sont des lâches. Un jour, il y a de cela deux ans, un homme est venu nous trouver et nous a dit : « Moi, je vous relèverai... Je referai de vous des soldats... combattant, avant la guerre, comme des soldats... Votre vie, je vous la demande... Si je ne vous la prends pas, je vous la rendrai avec l'honneur... avec la fierté de vous-mêmes... avec l'orgueil... » Un homme est venu nous trouver qui nous a parlé doucement... qui ne nous a adressé aucun reproche... qui, simplement, nous a montré le crime que nous avions commis... Alors, cet homme a pu voir qu'il y avait des larmes dans nos yeux... Il nous a tendu la main. Nous avons tendu la nôtre. On n'a pas dit une parole et le pacte a été conclu. Cet homme-là, c'est vous. Nous avions déserté. Et vous nous avez placés à l'avant-garde. Nous n'avons pas peur ! Galbache est mort hier. Demain, ce sera moi, après-demain un autre... Monsieur César, nous n'avons qu'à vous dire merci....

Cœur-qui-Tremble resta un instant silencieux, puis :

— J'ai assisté cette nuit à la réunion de Bernicourt. Les chefs de sections de Tcherko étaient là, avec Tcherko, le général Schweiber et un inconnu, dont la présence m'inquiète, car je n'ai pu me l'expliquer et je n'ai pu voir l'homme... J'ai entendu tour à tour Schopffer... Toujat... Dacier... Wolloch... Werner et Tourane... Pas un d'eux qui ne vous soit connu.. Ils sont six parmi les plus redoutables de leurs espions, aux flancs desquels j'ai accroché six d'entre vous... dont Galbache était... avec l'ordre de ne les point quitter... de répondre à leurs ruses par de la ruse, à leurs préparatifs par des préparatifs... à tous leurs coups par toutes les parades... L'avez-vous fait ?...

Tous haussèrent les épaules et ils eurent un rire contenu.

Cinq s'avancèrent près de César et le premier parla :

— Nous n'assistions pas à la réunion, mais voici ce que vous avez dû entendre... Schopffer a dû se vanter d'avoir établi des postes à Corbeil, Juvisy, Villeneuve-Saint-Georges, Melun, Moret, Flamboin, pour faire sauter les voies ; aux ponts de Moscou et de Bezons, pour les couper ; mêmes préparatifs à Creil, Coulommiers, et aux ponts sur la Marne. Ce que je vous dis là prouve que je sais lire dans le jeu de Schopffer. Il n'y a pas un poste établi par lui où je n'aie établi un contre-poste à moi... Soyez tranquilles... En cas de mobilisation, ses hommes ne pèseront pas lourd aux mains de mes hommes et les trains de soldats passeront, je vous en donne ma parole...

Un second :

— Je surveille le tunnel des Islettes. Dacier ne bougera pas sans que je le sache... Au premier geste, on le collera au mur avec douze balles.

Un troisième, en se retenant de rire :

— J'en dirai autant de Wolloch : le débouchoir est une vieille pièce d'une ancienne ébauche d'une mitrailleuse abandonnée... c'est moi qui lui en ai fait cadeau et il a cru découvrir le Pérou... Quant au fusil automatique de Bourges, ça, c'est plus drôle que tout... Je lui ai remis des copies et des photos... c'est vrai... mais savez-vous de quoi ?... non point de notre fusil, à nous, mais de leur fusil, à eux ! Ce qu'ils feront une tête, à Berlin !...

Un quatrième, à son tour :

— Il s'agit de Toujat... Brûlé, Toujat, je vous le jure, monsieur César... Brûlé dans la Meuse et les Ardennes... à Toul, à l'Eperon, à Pagny-la-Blanche-Côte... Brûlé à Blénod et à Domgermain... à Vaucouleurs et à Uruffe... à Charleville et à Hirson... Et voici le plan des carrières où il a établi ses dépôts d'explosifs...

Un cinquième :

— Pour Tourane, c'est difficile. Je crois tout de même être arrivé à ceci : à la première réunion du syndicat des cheminots, j'apporterai des preuves que Tourane est un étranger, que son livret militaire est faux, qu'il travaille pour le compte de l'Allemand... et ce jour-là Tourane n'en mènera pas large... Oh ! non ! ! Et il pourra numéroter ses os...

Tristement, César ajouta quelques mots :

— Le dernier des hommes de Tcherko est Werner... C'était notre pauvre Galbache que j'avais chargé de le surveiller... Galbache est mort... Et Werner a dû livrer au général Schweiber des feuilles de mobilisation des corps d'armée du Nord, et peut-être des plans des forts de Maubeuge... En revanche, moi, j'ai les plans des nouveaux forts de Metz, de Cologne et de Mayence... C'est un prêté pour un rendu.

Il y eut un murmure de satisfaction, des sourires joyeux...

— Vous avez bien travaillé, mes bons apôtres, dit Cœur-qui-Tremble...

C'est ainsi qu'il les appelait, parce qu'ils étaient douze, encore la veille.

— Pourtant... ce n'est pas tout !... Il y en a six d'entre vous dont c'est le tour de marcher... J'ai de la besogne pour eux...

Et se tournant vers les six hommes qui n'avaient encore rien dit :

— D'après ce que j'ai compris cette nuit, ils préparent leur coup de chien pour le prochain printemps ou pour l'été... Il faut redoubler de vigilance... Vous m'êtes toujours dévoués ?

— Jusqu'à la mort ! firent six voix rudes.

— Donc, voici mes ordres... les derniers sans doute... car peut-être ne nous reverrons-nous jamais !... Sommery et Gilbert, c'est à vous que je vais confier la mission la plus difficile et la plus périlleuse... Si vous réussissez, ou si vous échouez, vous ne reviendrez pas !

Les deux hommes relevèrent le front... Leurs yeux brillaient d'orgueil.

— Aux efforts des Allemands, pour détruire nos stations, saboter nos chemins de fer, rompre notre mobilisation, empêcher d'arriver à la frontière nos 3.000 trains de soldats et nos 1.000 trains de munitions, d'artillerie et d'ambulance, il faut répondre par les mêmes efforts. Le tour qu'on veut nous jouer, nous le jouerons... J'ai vingt millions de fortune... J'en ai déjà dépensé deux depuis que nous avons lié partie ensemble. Je dépenserai le reste s'il le faut... Je ne compte pas... Ce que l'Allemagne veut faire chez nous, je me suis juré de le faire chez elle... et de lui rendre impossible l'accomplissement de ses plans de concentration. Ce but serait atteint si vous réussissiez à détruire les dix ponts de chemin de fer jetés sur le Rhin entre Cologne et Bâle, à Strasbourg, à Rastadt, à Carlsruhe, à Mannheim, à Mayence, à Coblentz, à Huningue et à Neuenburg. Certainement, d'autres que moi auront la même idée, par exemple, les dirigeables, les aéroplanes... J'ai confiance en moi... Je n'ai pas confiance en eux... Dans tous les cas, nos efforts à tous concordent vers un même but... Vous, Papillon, et vous, Letourne, vous savez depuis longtemps ce que j'attends de vous !... Toute votre énergie, toute votre audace, je les réclame pour les mettre en œuvre contre leurs *Zeppelin*... Il ne faudra pas que les *Zeppelin* franchissent la frontière... L'Allemagne nous a devancés, avec ses dirigeables... Ne l'oublions pas !...

Deux hommes restaient inquiets d'être inoccupés :

— Et nous, monsieur César ?

— Vous, Vérimond, et vous, Bérode, vous resterez à ma disposition. J'aurai certainement de la besogne à vous donner, dans les environs... Et maintenant, mes amis, bon courage, et disons-nous adieu !

Ils se serrèrent les mains longuement, dans une ardeur d'effusion.

Ils partaient pour la bataille.

Et pour plusieurs d'entre eux, ils le savaient, Cœur-qui-Tremble venait de les envoyer à la mort... Ils y couraient, résolus, sans un regard en arrière.

Une demi-heure après, les onze apôtres avaient quitté le château d'Herbemont, et César restait seul dans son cabinet, les pieds au feu.

Il repensait à tout ce qu'il avait vu ou entendu.

Mais surtout, une énigme l'attirait.

L'énigme de l'homme qui s'était tenu caché, capuchon constamment rabattu, dont il n'avait pu apercevoir le visage, dont il n'avait pu clairement saisir le nom... dont il n'avait même pu deviner l'allure sous l'ample manteau qui le couvrait de la tête aux pieds.

Seul, un point de repère...

La voix !... La voix de l'inconnu sonnait encore à son oreille :

« Mon sort est lié au vôtre... Pour moi, c'est une question de vie ou de mort... Mais en croyant que vous aurez raison de la France dans six mois, vous ne faites pas aux Français l'honneur qu'ils méritent... »

Et Cœur-qui-Tremble pensait :

— Celui-là, du moins, ne nous méprise pas. Il nous juge à notre valeur. Il n'en est que plus à craindre...

Puis, tout à coup, un souvenir anime son maigre et brun visage, barré d'une courte moustache noire, sur des lèvres un peu pâles mais spirituelles :

— Tout de même, quelle frousse en entendant la *Marseillaise* dans le mur !

IV

La grande idée de Tête-de-Mort.

Un ciel déblayé, très pur. Un vent vif et froid. La pluie avait cessé dans la matinée. Le vent soufflait du nord. Les eaux de la Moselle, au long de la *Villa-Fleurie*, coulaient rapides, toutes jaunes, en torrent grossi par la saison d'hiver.

La villa, bâtie dans le genre normand, était une retraite toute coquette et toute mystérieuse, au fond d'un grand jardin planté de très beaux arbres. Une grille fermait le jardin sur la route contre laquelle coulait la rivière.

Là étaient venus se réfugier, dans l'aube matinale, Tcherko et Falker.

Tcherko n'avait réveillé personne. Deux dogues, qui flânaient en liberté la nuit, s'étaient élancés vers les arrivants, mais s'étaient calmés sous la main du maître.

— Vous êtes bien gardé ! dit le lieutenant de grenadiers, non sans ironie.

— Oui... c'est que j'ai ici, caché à tous, un trésor auquel je tiens comme à ma vie.

Et après cette parole énigmatique, il se tut. Ils traversèrent le jardin, pénétrèrent dans la villa, toute chaude, et comme ouatée dans son repos nocturne.

— Vous devez avoir besoin de dormir... Moi aussi... Puis, nous sommes trempés jusqu'aux os... Voici votre chambre... Je vais réveiller une domestique qui vous apportera tout ce qu'il vous faut... Je vous donne congé jusqu'à midi... Après déjeuner, nous aurons à nous entendre...

La matinée s'était écoulée. Pas de bruit dans la villa. Des pas menus trottinants... Deux femmes, pour domestiques, vieilles, à l'aspect méfiant et dur. Dehors, les deux dogues avaient regagné leur niche où ils étaient enchaînés...

Vers dix heures, apparut, à une fenêtre ouverte sur le soleil, une silhouette fine, drapée dans une robe flottante, tête blonde et pâle, aux yeux tristes.

Et derrière, presque aussitôt, la sinistre figure de Tête-de-Mort.

L'homme refermait la fenêtre, brutalement, et disait :

— Rentrez, Catherine... Vous pourriez prendre froid... Vous êtes délicate....

La vision disparut un instant, pour reparaître bientôt derrière les rideaux soulevés de la fenêtre. Elle était toute songeuse, le front collé aux vitres, et distraitement deux beaux yeux bleus regardaient les flots troubles de la rivière mosellane qui couraient comme empressées de se perdre dans le Rhin.

Etait-ce là le trésor auquel Tcherko tenait comme à sa vie ?

Tcherko et Falker déjeunèrent, servis par les vieilles domestiques. La blonde vision, aux yeuux bleus, parut à la fin du repas, qui avait été silencieux... Elle était grande et mince. Jeune femme ou jeune fille ? On n'aurait pu le dire. Dans tous les cas, elle ne paraissait guère avoir plus de vingt ans...

En voyant un étranger, elle se retira aussitôt... Elle avait eu pour Falker un regard d'indifférence... Ce même regard, subitement reporté sur Tête-de-Mort, se chargea d'une expression étrange de haine et de crainte...

Et Falker remarqua que Tcherko ne la lui présentait pas.

Après le déjeuner, Tcherko alluma un cigare et mit les coudes sur la table.

— Mon cher ami, dit-il...

Le jeune lieutenant ayant eu un brusque sursaut du corps, il ajouta :

— Je puis vous appeler « mon cher ami », puisque désormais nous travaillerons ensemble. En somme, c'est un titre dont vous pouvez être flatté, puisque vous êtes sous mes ordres. Je suis votre maître... Donc, mon cher ami, l'heure est venue de donner à vos prochains efforts la direction d'un but précis... et ce but, vous le savez, est digne de vous.

A Berlin, à la sortie de la soirée de la princesse Gütrow, et lorsque nous nous promenions le long du lac, dans Thiergarten, je vous ai fait entrevoir ce but. Aujourd'hui, je vais préciser et je vous dirai ensuite ce que j'attends de vous... Je vous ai parlé de la gravité de l'heure présente... Sans moi, la guerre éclatait. Elle n'est que retardée... Au printemps, ou, au plus tard, en automne prochain, nos armées entreront en France. Je souhaite que vous ayez reconquis, d'ici là, votre place au régiment des grenadiers de la garde...

L'officier réprima un léger tressaillement, mais ne baissa pas le front.

— Si, dans la partie formidable qui se prépare, nous avons tous les atouts, la victoire est certaine... Nous ne les avons pas tous... J'ai compté sur vous pour déshonorer le général Bénavant. J'avais besoin d'un homme. Vous êtes l'homme qu'il me faut...

— Vous m'indiquez le but... Donnez-moi maintenant les moyens...

— Il faut — comme thème — que vous alliez recommencer en France ce qui vous a si bien réussi chez nous, dans l'intimité du général Hortmutz... sous le nom de Fritz Wurmser...

Et comme il surprenait une expression de dégoût chez Falker :

— Il le faut, fit-il durement... Je ne souffre pas d'hésitation. Quand vous aurez obéi et réussi, vous pourrez avoir des remords autant qu'il vous plaira.

Dompté, le lieutenant balbutiait :

— Ce qui était relativement facile en Allemagne devient impossible en France...

— Il n'y a rien d'impossible pour moi... Il n'y aura rien d'impossible pour vous... De l'audace et du sang-froid... Vous connaissez admirablement la langue française. Vous la parlez sans accent. Le général Schweiber, parmi les renseignements qu'il m'a donnés sur vous, m'a dit que vous étiez très au courant des détails les plus précis, des obligations les plus minutieuses, des devoirs, qui forment la vie de garnison des officiers français de votre grade. Vous ne seriez donc pas gêné sous l'uniforme d'un lieutenant... de leur infanterie... Reste à savoir comment faire pour y arriver... C'est tout à la fois, et très compliqué et très simple... Ici, je dois reconnaître que le hasard m'a singulièrement servi... mais le hasard se met presque toujours au service des grands desseins. Vous n'ignorez pas que nous n'avons pas seulement des auxiliaires précieux opérant en France, et y livrant tous les jours les batailles d'avant la guerre... Nous avons des auxiliaires non moins nombreux et non moins diligents dans les colonies... Les renseignements qui me sont envoyés, parfois restent insignifiants, parfois ont leur importance. C'est d'un renseignement, auquel j'avais apporté d'abord fort peu d'attention, que j'ai tiré pourtant le moyen qui va nous servir. Un lieutenant des tirailleurs, nommé Drogont, un de leurs meilleurs et plus hardis officiers, est en ce moment très malade à l'hôpital de Saint-Louis, au Sénégal, au retour d'une campagne très dure. Il a demandé à revenir en France... et à permuter dans un régiment métropolitain... C'est un des officiers les mieux notés de l'armée coloniale française... La fiche qui m'a été communiquée sur lui par le service de Berlin est complète... si complète que l'on pourrait s'en servir comme de point de départ pour une biographie de ce jeune homme. Frédéric Drogont est âgé de vingt-cinq ans. C'est juste votre âge. Il n'a point de famille. C'est un enfant abandonné, au lendemain de sa naissance, au bureau de l'Assistance publique, à Paris. Il a été gardé là quelque temps, envoyé ensuite en province, a suivi les cours de l'école primaire, puis a été mis en service chez un cultivateur de Bretagne. Mais il avait toujours manifesté l'intention d'être soldat et s'est engagé. Il n'a pour ainsi dire jamais servi en France, et a été affecté à différentes missions en Afrique, au Niger, au Congo, au Tchad, au Dahomey, en Guinée et en Mauritanie... Il a conquis tous ses grades... il est déjà intéressant pour vous de savoir qu'en dehors de ses chefs immédiats et de quelques camarades, tous en ce moment en Afrique et ne devant point revenir en France avant un an ou deux, personne ne connaît Frédéric Drogont.

Ulrich von Falker eut un mouvement de stupeur :

— Auriez-vous la témérité de prétendre que, moi, officier allemand ?...

— Que vous, officier allemand, vous songerez à prendre, s'il se peut, les lieu et place de Frédéric Drogont, de vous substituer à lui, d'entrer, en un mot, dans sa peau...

— C'est folie... Je finirai par être découvert... La moindre imprudence... un hasard...

— Vous soutiendrez ce rôle à merveille, pendant quelques jours, le temps qu'il faudra... Vous ne commettrez point d'imprudence et vous vous arrangerez avec le hasard...

Falker passa sur son front moite une main tremblante.

— Mais, pour me substituer à cet homme, pour prendre son nom, entrer dans sa peau, comme vous dites, il faut qu'il soit...

— Achevez ! fit froidement Tcherko.

— Il faut qu'il soit... mort !...

— Parbleu !

— Et il faut qu'on ne sache pas qu'il est mort !...

— Parfaitement raisonné.

— Alors, vous voulez ?...

Tcherko gardait le silence et tirait d'énormes bouffées de son cigare.

— Vous voulez que j'assassine cet homme ?...

— Permettez, mon cher ami... permettez !... Moi, je ne veux rien... rien du tout. Le général Schweiber m'a dit, en me parlant de vous : « Voilà celui qu'il vous faut ! » C'est tout. Assassiner Frédéric Drogont ? Pourquoi faire ? C'est là un bien gros moyen, bien mélodramatique et surtout dangereux... Il est évident que s'il n'y en a pas d'autre !... Dame !... mais moi je ne vous donne pas de conseil... Vous m'entendez ? Je vous donne seulement un ordre... Cet ordre, le voici : « Vous vous substituerez à Drogont. Vous ne manquerez pas de trouver sur lui, ou bien autour de lui, les papiers qui vous guideront sur la suite de votre plan... Une fois à Paris, pour tout ce qui deviendra votre conduite, pour votre démarche au ministère de la Guerre, pour votre entrée au régiment, la réception de vos camarades, la prise de service, et le reste, en un mot pour votre vie d'officier français, j'ai foi dans votre intelligence, votre sang-froid, votre esprit débrouillard... »

Et Tête-de-Mort ajouta entre deux bouffées :

— Chez le général Hortmutz, le lieutenant Wurmser a fait ses preuves.

Les doigts crispés contre le front, la figure ravagée par un désespoir intense, Falker hésitait. Il s'attendait à une lourde tâche ! à quelque lâcheté, à quelque trahison nouvelle ! !... Mais, d'un coup, il dégringolait tous les échelons, et voici qu'on exigeait de lui un assassinat... Il se révoltait.

— Non, non, murmurait-il, la voix étouffée... Je ne pourrai jamais... jamais...

Implacable, Tcherko souriait :

— Oh ! vous y trouverez, en compensation, une récompense très douce... Votre esprit inventif vous suggérera le moyen de fréquenter chez le général Bénavant... Or, le général avait deux filles... Des deux, l'une a disparu... On ne sait si elle est morte ou en vie. Mais il lui reste Madeleine... sa seconde fille... Elle est, paraît-il, séduisante... Cest un morceau de roi, lieutenant... Songez-y !... Et c'est ici que je veux préciser, justement, l'objet de votre mission... Il faut que vous pénétriez dans l'intimité du général Bénavant... Des ordres ultérieurs que je vous ferai passer vous dicteront ce que vous aurez à faire... Il faut que Madeleine Bénavant soit l'objet de votre attention et de vos soins constants... Il faut que, par persuasion, par ruse, par violence, ou par crime, vous deveniez le fiancé qui forcera l'attention... jusqu'à ce que vous atteigniez ainsi les derniers jours qui précéderont un mariage devenu nécessaire... Comprenez-vous, cher ami ?... devenu nécessaire ! sans que j'aie besoin, pour cela, qu'il s'accomplisse...

— Oui ! râla une voix indistincte.

— Le moyen, du reste, m'inporte peu et vous êtes assez joli garçon, par ma foi, pour n'avoir pas besoin, vis-à-vis d'une enfant, d'autre chose que de votre séduction personnelle... Ceci, même, vaudrait infiniment mieux que tout le reste... Voyez-vous maintenant se développer la situation dont vous serez, cher ami, la cheville ouvrière ?... Voyez-vous le cœur de la jeune fille s'éprendre peu à peu, à moins que vous ne l'ayez surpris par un coup de foudre ?... Voyez-vous l'immense profit que vous retirez de votre intimité chez le général et de la confiance que vous inspirez ? Voyez-vous peu à peu l'entourage officiel se préoccuper de vous et de votre mariage prochain ? Voyez-vous l'opinion publique — par mes soins mystérieux — s'en préoccuper à son tour ? Voyez-vous toutes les envies qui se forment contre vous, heureux gaillard ? Jusqu'au jour où, enfin, éclate la catastrophe ainsi préparée, et que nous attendons, nous autres ! Jusqu'au jour où, à l'heure où le mariage va être célébré dans la pompe officielle de ces cérémonies brillantes qui remuent le grand monde parisien, soudain la tempête !... Soudain le désastre ! Soudain le scandale... Et quel *scandale !* Voici que — par mes soins mystérieux, toujours — l'on apprend à n'en point douter, car toutes les preuves seront fournies dès la première heure, que le fameux lieutenant Frédéric Drogont, qui s'est couvert de gloire en Afrique et qui va épouser la fille du généralissime des armées française, n'est point le véritable héros du Tchad, du Congo et de Mauritanie, mais un officier allemand du nom d'Ulrich von Falker, lieutenant aux grenadiers de la garde à Berlin... et que, depuis longtemps, ledit Falker pénétra à son aise les plus graves et les plus redoutables secrets de la défense nationale, grâce au général Bénavant, son futur beau-père qui, naturellement, n'avait rien à lui refuser.

Renversé sur sa chaise et les yeux clos, le jeune homme semblait ne pas entendre.

Tcherko poursuivait avec un demi-sourire :

— Je connais assez les Français pour vous affirmer que leur indignation sera grande. Toute confiance disparaîtra de leur âme. La veille encore ils croyaient à la victoire. Le lendemain ils entreverront la défaite et comme en 1870 ils apercevront des trahisons partout autour d'eux. Or, c'est à ce moment-là, ne l'oubliez pas, que se produira, à la frontière, l'incident insignifiant d'abord, et aggravé subitement, qui déclanchera de part et d'autre la mobilisation. La guerre surprendra la France en plein désarroi moral. La partie pour elle sera perdue. Et vous, cher ami, vous rentrerez la tête haute dans le rang...

Un râle secoua le misérable esclave :

— C'est monstrueux ! Pourquoi est-ce moi que vous avez choisi ?

Sans pitié, Tête-de-Mort répliquait :

— Parce que nous ne pouvions faire un meilleur choix...

Falker se souleva enfin sous l'outrage, bondit sur Tcherko et ses mains secouèrent l'homme à la gorge. L'autre ne se défendit pas. Il criait :

— Vous vous calmerez, cher ami, vous vous calmerez...

Et en effet le malheureux retomba sur sa chaise, en proie à une crise de nerfs.

Mais il était dans l'engrenage et, nous l'avons dit, Tête-de-Mort, quand il tenait, ne lâchait jamais son homme.

Tout à coup, le lieutenant releva sur lui des yeux d'affolement. Tcherko sourit encore et secoua la tête, devinant la pensée suprême de ce désespoir.

— Non, vous ne vous tuerez point. Cela ne vous avancerait guère, car après votre mort, j'expliquerais les raisons de votre suicide... Vous voudriez échapper au déshonneur en mourant et c'est votre mort qui vous déshonorerait. Il faut payer entre mes mains, cher ami, ensuite vous redeviendrez honnête si le cœur vous en dit...

Longtemps le malheureux resta secoué de douloureux frissons.

Puis deux mots lui échappèrent, deux mots de soumission et d'esclavage :

— Je payerai !

— Vous partirez dès demain. Il est inutile de tarder davantage. Vous vous embarquerez pour le Sénégal. Voici des papiers qui ne laisseront aucun doute sur l'honnêteté de votre vie passée et sur vos bonnes intentions. Vous aurez l'occasion de vous en servir. A Saint-Louis, vous serez voisin de ce Frédéric Drogont, qui va si bien nous servir, mais à partir de l'heure où vous aurez mis le pied sur la terre d'Afrique, je n'ai plus de conseil à vous donner et vous retrouverez votre entière initiative... Vous avez des qualités brillantes, lieutenant... Le succès est certain !... Voici cinquante billets de mille francs de la Banque de France... Je ne lésine pas... Ainsi, jusqu'à la fin de votre mission, vous n'aurez point d'intermédiaire entre vous et moi, dont l'imprudence pourrait vous trahir... Si j'ai à vous demander des explications, ou à vous faire passer des ordres, c'est moi qui me présenterai...

Il se leva, jeta dans un cendrier le bout éteint de son cigare :

— Nous n'avons plus qu'à nous dire adieu !...

— Adieu, monsieur !

Brusquement, Tête-de-Mort a ouvert la porte qui, de la salle à manger, communiquait avec le salon... Juste en même temps qu'à l'autre bout du salon, vers le vestibule, une autre porte vient de se refermer ! ! Une sourde exclamation lui échappe. Il se précipite dans le vestibule et saisit brutalement par le bras une frêle jeune femme qui se dirigeait vers l'escalier montant au premier étage. Elle s'arrête, se retourne, pâle, douce et ferme. Elle attend.

La voix de Tcherko est tremblante de colère.

— Catherine, vous étiez au salon ?

— Eh bien, oui, monsieur... fait une voix où il entre je ne sais quel mépris... quelle expression tout à la fois de résistance, de révolte et de crainte... J'étais au salon... Le salon m'est-il donc interdit ?...

Tcherko se souvient que la porte de la salle à manger était bien fermée, toutefois la double porte ouatée et matelassée était restée ouverte... La jeune femme avait-elle entendu des bribes de l'entretien ?... Et qu'avait-elle pu comprendre ?

Tcherko haussa les épaules : vraiment ses craintes étaient exagérées.

Sa voix, subitement, s'était radoucie :

— Rien ne vous est interdit chez moi, Catherine... Je vous prie d'excuser la vivacité de mes paroles...

Il était devenu humble, comme craintif...

La vision fine et élégante disparut en haut de l'escalier... Il flotta derrière elle une subtile odeur de verveine... On entendit ses pas... Ce fut tout !...

Les deux hommes, sur le seuil, se séparèrent...

A peine Falker était-il parti que Tête-de-Mort, après un moment d'hésitation, dans le vestibule, montait à l'étage à son tour et frappait à une porte... d'un doigt léger... penché pour écouter la réponse...

— Entrez !

Il pénétra dans une chambre élégante, où tout indiquait les habitudes et la présence constante d'une femme. Catherine était là, en effet. Il s'approcha d'elle vivement. Elle ne se leva point. Elle savait sans doute ce qu'il allait faire, ce qu'il allait dire, et son visage joli, très fin, très pâle, ne trahissait, de cela, aucune émotion. Elle se contenta de le regarder bien en face.

— Catherine, je suis sûr que vous avez essayé de nous écouter... Vous aviez ouvert les deux battants matelassés de la porte... Et ainsi on pouvait entendre...

Elle secoua la tête et se contenta de répondre :

— Vous vous trompez... Mais si vous craignez tant que l'on surprenne vos paroles, c'est donc que votre conscience n'est pas tranquille ?...

— Ce n'est pas la première fois que je vous soupçonne... Prenez garde !

Il la secouait brutalement, lui martyrisait le bras. Elle eut un air de souffrance, mais ne laissa échapper aucune plainte.

— Oh ! dit-elle, je sais de quoi vous êtes capable... Ne vous ai-je pas vu à l'œuvre ?... Vous pouvez me torturer à plaisir, moi dont vous avez fait, par force, votre femme. Vous êtes certain qu'aucune plainte ne tombera de mes lèvres... Vous me tenez en esclavage... Oh ! un esclavage pire que la plus affreuse des morts, puisque, pour m'obliger à vivre près de vous, vous m'avez volé et vous me cachez mon enfant... Si je vous fuyais, si je tentais d'échapper à ces chaînes, la vie de mon pauvre petit ne serait plus en sûreté...

Des larmes mouillèrent ses yeux. Un effort lui rendit tout son calme.

La colère et le soupçon de Tcherko s'évanouissaient peu à peu.

— Catherine ! Catherine ! Vous ne m'aimerez donc jamais ?

— Jamais ! fit-elle avec une indifférenec étrange... Trop de larmes nous séparent... Mais, puisque vous redoutez ma curiosité, puisque vous avez peur, puisque vous avez tant d'intérêt à dissimuler les actes de votre existence mystérieuse, que ne vous séparez-vous de moi... que ne me renvoyez-vous, en me rendant mon fils ?... Pourquoi m'associer à votre vie ?

— Parce que je vous aime... parce que, loin de moi, vous seriez heureuse !

— Heureuse ! fit-elle, la poitrine gonflée par un sanglot.

— Oui, car vous oublieriez !... Et plutôt que de vous perdre, je préfère que vous soyez malheureuse auprès de moi... Plutôt que de me dire que loin de moi vous pourriez sourire, j'aime mieux vous voir pleurer et vous désespérer !... Catherine, vous savez à quel prix je vous rendrai votre enfant... et vous savez aussi que ma volonté ne fléchira point...

— Oui, je me souviens... Jeune fille, à Metz, vous me poursuiviez de votre amour... J'avais horreur de vous, et j'ai la haine de votre race... Je suis Française et Lorraine... C'est assez dire... Puis, un jour, vous êtes venu me trouver et vous m'avez dit : « Vous avez un frère, à Fribourg, qui est soldat sous le drapeau allemand... Il s'est mis en révolte contre un sous-officier en service commandé... Il l'a frappé... C'est la mort... Consentez à être ma femme et je le sauve ! » Cette histoire était vraie. Mon frère était perdu... C'était affreux... Je n'hésitai pas... Je vous tendis la main... Je fus votre femme... toute... en vous haïssant et en vous méprisant... Et vous avez tenu parole. Mon frère s'évadait grâce à vous et passait en France... Mais bientôt, il apprit là-bas ce que j'étais devenue... à cause de lui... Et il m'écrivit : « Tu n'avais pas le droit de racheter ma vie par une telle honte... J'aurais préféré mourir... Tu ne peux aimer cet homme dont tu dois être l'esclave... Moi, je vais te libérer... Demain, je m'engage dans la légion étrangère. Elle se bat au Maroc... Tu devines ce que cela veut dire ?... Moi mort, tu redeviendras libre... » Et il mourut... Moi j'étais libre... Mon frère avait raison... Mais vous avez tout deviné... Et c'est alors qu'un jour, je n'ai plus retrouvé chez moi mon enfant... Hélas ! Vous aviez découvert, du premier coup, le seul moyen de me retenir... Voici quatre ans que vous me torturez... Quatre ans que vous m'offrez le choix infâme... Contre mon enfant que vous me rendrez, il faut que je vous appartienne... je ne vous appartiendrai plus... et je sens en moi une force plus puissante que la vôtre et qui triomphera de votre cruauté... Sans vous et malgré vous, mon enfant me sera rendu... Et je n'aurai pas à rougir, lorsque je le serrerai dans mes bras... Je ne vous ai jamais supplié, pas même le premier jour, en pleine détresse d'un désespoir si brusque !... Jamais je ne vous supplierai !... Je ne vous donnerai pas cette joie !... Et rassurez-vous sur mon compte, monsieur. Je n'en suis plus à soupçonner le triste métier qui vous fait vivre... Ce ne sont point vos affaires d'espion que je cherche à surprendre... mais je suis une mère, à qui l'on a volé son fils... et j'ai le droit d'être aux aguets de tout ce qui pourrait me faire découvrir sa retraite... Ce secret vous échappera bien un jour... Et je serai là pour l'entendre... C'est tout... Votre présence m'est pénible... Je vous prie de me l'épargner... Adieu !

— Catherine !! fit-il avec un geste de rage... s'avançant d'un pas vers elle... J'ai connu votre caresse et vous m'avez appartenu... Je vous aime et je vous veux... Votre enfant entre mes mains, c'est un gage... Prenez garde !...

Elle murmura, lèvres blêmes, voix étouffée :

— J'aimerais mieux le savoir mort...

Alors, devant cette parole terrible, il recula. Il se retrouva contre la porte. Il la poussa machinalement des deux mains, derrière son dos, et il disparut.

Catherine ne le revit pas dans la journée. Le soir, il lui

fit dire qu'il partait pour Bruxelles, où l'appelaient ses intérêts.

Elle savait ce que cela signifiait. Mais quand il n'était pas là, elle éprouvait un soulagement. Elle respirait, avec plus d'aisance, une atmosphère purifiée.

Tout le reste du jour, elle fut rêveuse, et, maintenant qu'elle n'avait plus à se cacher, les larmes coulèrent... Lui, le bourreau, ne la voyait jamais pleurer... Toujours, devant lui, elle avait montré une énergie singulière... Mais s'il avait pu sonder ce pauvre cœur de mère, il y eût découvert bien des faiblesses...

Oui, des faiblesses...

Une nuit surtout, où, contre l'abominable violence qu'il voulait lui faire elle avait dû lutter, jusqu'au moment où, lui échappant, enfin, elle s'était jetée par la fenêtre dans le jardin, les mains et le visage en sang, les vêtements déchirés, attestant l'horrible lutte... Elle s'était enfuie au long de la Moselle, et, en coup de folie, après un signe de croix, s'était laissé rouler dans la rivière.

Combien de temps après ?

Elle s'était retrouvée sur la rive, transie... étendue sur l'herbe, dans la solitude nocturne, dont le silence n'était troublé que par le clapotis des eaux vertes, dans un remous vers le bord.

Et près d'elle un jeune homme attentif, inquiet, et qui lui sourit quand il vit les yeux s'ouvrir et la vie reparaître sur la pâleur du fin visage.

— Je suis arrivé juste comme vous couliez ! dit-il gaiement... L'eau n'était pas mauvaise et le bain ne m'a pas paru désagréable...

La réaction se fit chez elle. Des sanglots la brisèrent. Il fut ému.

— Eh ! Eh ! Si je comprends bien, le plongeon, vous l'aviez voulu ?

— Pourquoi m'avez-vous sauvée, vous, monsieur, qui ne me connaissez pas ?...

— Ecoutez, je n'avais pas le temps de me faire présen-·· ter... Mais... sans demander vos confidences... vous êtes donc bien malheureuse ?...

— Oui ! dit-elle, en baissant la tête à plusieurs reprises...

Ils firent silence. Elle frissonnait. Elle jeta un regard sur l'homme, son sauveur, à la dérobée. Ces yeux noirs, qu'elle entrevit à la clarté lunaire, étaient pleins de pitié. Et elle avait si grand besoin d'une amitié !... On eût dit qu'il la devinait, car il dit, gentiment :

— Je m'appelle César Sanguinède... J'habite là-bas, de l'autre côté, vers les Hauts-de-Meuse, à Herbemont... en France... Je suis très riche... Je consacre ma vie, inutile, à faire du bien autour de moi... On me paye avec des insultes... On me rendra justice plus tard... Vous êtes malheureuse ? Est-ce que je peux vous aider ?

Il parlait d'une voix très douce et, en même temps, bien que ses paroles fussent sérieuses, il avait l'air de vouloir se moquer de lui-même...

Alors, des pauvres lèvres alourdies de Catherine, les confidences jaillirent.

En quelques phrases, rapides, heurtées, elle fit le récit navrant de sa jeunesse flétrie par un odieux mariage, de sa maternité douloureuse, du rapt de son enfant, et de sa vie à la Villa-Fleurie, parmi les angoisses, les menaces, les brutalités. Et voilà pourquoi tout à l'heure, affolée, elle avait voulu mourir...

Il la laissa parler, se gardant bien de l'interrompre.

Quand elle se tut, qu'elle eut fini, il demanda, toujours mi-plaisant :

— Et le nom de ce mari de tout repos ? de ce père admirable ? Puis-je savoir ?

— Tcherko... C'est le nom que je porte... Il en a d'autres ! fit-elle, plus bas.

Au prononcé de ce nom, César Sanguinède avait eu un geste violent de surprise.

— Tcherko ? fit-il avec une intonation tremblante... Et je vais vous dire aussi le sinistre surnom sous lequel il est connu... et qui peint, mieux que tout ce que l'on pourrait dire, la terrible physionomie de cet homme.

Elle le regarda avec épouvante... Il reprit :

— On l'appelle *Tête-de-Mort !*

— Oui, oui, balbutia la pauvre femme... c'est cela, c'est bien cela !

Et elle se cacha le visage dans les mains...

César était dans une agitation extrême... Il murmurait à part lui :

— Vraiment, il y a des hasards qui déconcertent... On dirait parfois que les hommes sont menés, dans la vie, par une main invisible qui dirige les événements comme elle veut.

Et quand il eut repris un peu de sang-froid :

— Je vous plains d'être au pouvoir de cet homme. . Ce qu'il a fait vous prouve qu'il est capable de tout... Je vous offre mon amitié... Je vous offre aussi mon secours pour retrouver votre enfant... Et je le retrouverai... parce que, voyez-vous, j'ai un singulier bonheur dans mes entreprises... Tout me réussit... Il n'y a qu'une seule chose que j'aie ratée... c'est mon service militaire... Vous m'enverrez, à l'adresse que je vous ai indiquée tout à l'heure, les renseignements qui seraient de nature à me servir... Et je mettrai des hommes en campagne... Ayez confiance...

Il réfléchit... En une émotion profonde, elle l'écoutait... sollicitait...

— Vous n'entendrez plus parler de moi avant le jour où je serai en mesure de vous donner une nouvelle certaine... D'ici là, ne désespérez pas... Gardez-moi votre confiance... et ne croyez jamais que je vous ai oubliée...

Elle pleurait de douces larmes.

— Oh ! monsieur, ma vie ! ma vie tout entière pour vous bénir...

Elle avait rejeté dans son dos les masses de ses cheveux mouillés, qui s'étaient plaqués sur son visage et sa beauté si délicate apparut, rayonnante, éclairée un moment par des yeux d'un bleu infini où roulaient encore des larmes... pendant que, sur sa jolie bouche aux lèvres charnues, errait un tendre et timide sourire.

— Comment saurai-je ? implora-t-elle... Comment sans qu'il se doute ?

— Je vous enverrai un de mes apôtres... Une auto vous attendra... Vous vous laisserez enlever, conduire... jusqu'à Herbemont, et vous serez de retour dans la même nuit à la Villa-Fleurie, sans que personne puisse se douter de votre absence...

Tout à coup, il lui glissa dans la main un court poignard dans sa gaine :

— Voilà de quoi vous mieux défendre, s'il voulait vous attaquer encore... Mais prenez-y garde... La lame, jusqu'à la moitié de sa longueur, vous semblera couverte de rouille... Ce n'est pas de la rouille, mais un poison d'une extrême violence et mortel, le *curare*, dans lequel elle a été trempée... La plus légère piqûre, c'est la mort... Il n'y a pas encore de remède connu... Prenez bien garde !...

Elle s'empara de l'arme avec un geste de joie fiévreuse.

— Merci ! Merci !... C'est la sécurité maintenant... Il n'osera plus...

— Hâtez-vous de rentrer... Il vous cherche peut-être... Il ne faut pas qu'on nous trouve ensemble... Vous inventerez une histoire... Vous semblez délicate... J'ai peur pour votre santé... Jetez un mot à la poste demain pour me tranquilliser...

Elle lui avait pris les mains et les baisait éperdumeent.

Et il sentait qu'une émotion singulière, faite de pitié et de tendresse, s'emparait de son cœur... l'amollissait, pour ainsi dire... troublant son sang-froid.

— Partez, balbutia-t-il... Partez vite... et souvenez-vous !...

Elle joignit les mains vers le ciel, en l'extase d'une éloquente prière et dit :

— Me souvenir ! Toujours ! Toujours !... Adieu... Je vais attendre !....

Depuis lors, elle avait attendu. Les jours s'étaient écoulés. Les mois avaient succédé aux mois... Et aucune nouvelle n'était venue, de César Sanguinède... Et il y avait une année déjà depuis ce drame... Elle y pensait, ce soir-là... et soupirait :

— Je ne le reverrai plus !

Pourtant, il avait dit : « Ne croyez jamais que je vous ai oubliée ! » Oh ! il avait promis, emporté par sa pitié... et même il avait dû essayer de tenir sa promesse, mais il avait fini par se décourager. Et l'enfant resterait perdu pour elle... Et cependant, avec quelle joyeuse certitude il avait affirmé que tout lui réussissait !...

Depuis un an, pas un signe ! Hélas ! devait-elle encore espérer ?

Tout à coup, son attention est éveillée par un bruit léger venant de la fenêtre. De la poussière, du gravier léger a éraflé les vitres. Elle écoute. Voici que le même grattement se reproduit... Du dehors, on a jeté quelque chose... Elle s'approche... Elle écarte les rideaux... Il y a là devant elle, sur le chemin de halage qui borde la Moselle, un vieux mendiant à longue barbe qui, par cette froidure, insensible aux morsures d'une forte gelée, pêche à la ligne... Catherine veille... Les deux femmes, dures, implacables, dévouées à Tcherko, sont occupées de l'autre côté de la villa... D'elles, la jeune femme n'a rien à craindre, pour l'instant... Elle regarde ce mendiant... De longues minutes se passent... Elle va laisser tomber le rideau et se retirer de la fenêtre lorsque le vieux se retourne, pour changer l'amorce de son hameçon... Il l'a vue... Il lui fait un signe avec la main !... Oui, c'est bien cela... Il a répété le signe... C'est bien pour elle... Et en même temps, tirant une lettre de sa besace, il la cache au bord de l'eau, sous une grosse pierre, et sans plus se soucier de rien, il s'éloigne.

Le cœur de la pauvre femme se met à battre avec violence.

Le soir tombe. Tout à l'heure, ce sera la nuit... Il fait un froid intense... Elle s'enveloppe de sa fourrure et sort... une des femmes la voit et la suit... C'est l'ordre de Tcherko de ne jamais la laisser sortir seule.

Au bout d'une demi-heure de promenade solitaire, elle est revenue... La voici devant la grille de la villa... La Moselle coule à ses pieds, et là, tout près de l'eau, la pierre sous laquelle est la lettre... Catherine s'assied dans l'herbe.

— Madame va prendre froid ! gronda la femme.

Les deux petits pieds de Catherine reposent sur la pierre et le long manteau dissimule leurs lents et méticuleux mouvements. La pierre se déplace... les pieds serrent la lettre, la rapprochent... et dans un geste rapide, Catherine laisse tomber son mouchoir, le ramasse et, du même coup, s'empare du précieux papier.

La femme s'est avancée, soupçonneuse, mais n'a rien vu !

Catherine rentre chez elle, en hâte, s'y enferme, déchire l'enveloppe, court à la signature... « César... » Alors, il ne l'avait pas oubliée ? Et puisqu'il avait dit : « Vous n'entendrez plus parler de moi avant le jour où je serai en mesure de vous donner une nouvelle certaine... » C'est donc qu'il avait retrouvé l'enfant ?... Non, c'était trop de bonheur. Elle n'osait y croire !

La lettre disait : « Confiez-vous à l'homme qui vous fera parvenir cette lettre ; toutes les précautions seront prises pour que vous soyez revenue à la villa avant la fin de la nuit... »

La soirée s'écoula. Vers neuf heures, elle put s'esquiver sans attirer l'attention. A peine était-elle sur la route qu'elle fut abordée par un homme qui, sans s'arrêter, lui glissa à l'oreille :

ö

— Suivez-moi.

Ils marchèrent dix minutes, puis s'arrêtèrent. Contre la route, une auto.

— Montez, n'ayez pas peur !

Oh ! elle n'avait peur de rien. Une surexcitation intense l'animait. Elle allait vers un bonheur infini... Tout à l'heure, quelqu'un lui parlerait de son enfant...

Et une autre joie aussi, très douce, l'attendrissait... la joie de revoir l'homme qui l'avait sauvée, en cette nuit de désespoir... l'homme à qui, tant de fois, depuis lors, elle avait pensé... pensé avec un doux et mystérieux émoi...

L'auto roula dans la nuit... A la frontière, les formalités furent remplies rapidement... et les routes de France apparurent sous la lumière des phares.

Il n'était pas onze heures lorsque la voiture franchit la grille d'Herbemont.

Le chauffeur sauta du siège et dit laconique :

— Venez, madame, je vais vous conduire !...

Elle se laissait aller, entraînée comme dans un rêve délicieux...

. . . .

. . . .

César Sanguinède était chez lui, dans la vaste pièce qui servait de bibliothèque et de salle de billard, où nous l'avons vu, dans une scène précédente, distribuer de redoutables missions à ses hommes...

La bibliothèque était brillamment éclairée et César n'y était pas seul.

Didier de Chémery, l'officier d'ordonnance du général Bénavant, était arrivé dans la soirée, sans l'avoir averti... Les deux hommes se connaissaient... César avait eu Didier pour capitaine au régiment... et une forte amitié les unissait.

Longuement, minutieusement, Chémery avait expliqué à César le grave motif de son voyage. Les efforts de César en vue de combattre les tentatives des espions de l'Allemagne restaient un mystère pour tout le monde et ce mystère était une cause du succès de ces efforts. Toutefois, et depuis longtemps, César n'avait pas voulu garder son secret pour lui seul. Un homme, chargé de la défense nationale, devait connaître ses tentatives, ses espérances, la préparation de ses coups d'audace, et surtout comment il comptait répondre, au jour de la mobilisation, à toutes les trahisons

des agents vendus à l'ennemi : cet homme, c'était **Béna-**
vant, et Cœur-qui-Tremble s'était confié à lui...

Or, en arrivant, Chémery avait simplement dit :

— Le général m'envoie... Il y a des choses qu'il faut que
vous sachiez.

— Dînons d'abord, mon capitaine... Après quoi, toute ma
nuit est à vous...

Après dîner, César avait entraîné Chémery dans la salle
de la bibliothèque :

— Maintenat, je vous écoute...

Et pendant le récit que fit l'officier du tragique mariage
de Nicole et des événements qui l'avaient suivi, César ne
l'interrompit pas une seule fois.

— Vous avez remarqué, achevait le capitaine, que l'apparition de Tête-de-Mort avait été signalée à Blois au moment
du mariage... Le général, dans les heures si lourdes et si
douloureuses qu'il traverse, a pensé que seul vous pourriez
sans doute, ainsi averti, démêler la part que Tcherko a dû
prendre dans ce drame... Vous savez en quelle estime vous
tient le général... une estime où il y a de l'admiration...
Vous avez entrepris une tâche difficile, où vous risquez de
trouver la mort, et de laquelle peut dépendre le salut de la
France... En s'adressant à vous, dans son deuil, il vous
donne, de plus, une marque de confiance entière et de
grande affection...

La figure de César exprimait une vive émotion.

— Certes, dit-il, la voix un peu tremblante, pendant que
tous, ici, en ce pays, me prennent pour un traître, ou tout
au moins pour un lâche, j'ai besoin de sentir que là-bas on
me connaît, on m'apprécie, et on m'aime... Merci !... Quel
rôle a joué Tcherko dans ce drame ?... Quelle monstrueuse
intrigue prépare-t-il ? Je l'ignore... De lui, il faut s'attendre
à tout. Il a une activité prodigieuse, une imagination toujours en travail... Il a tendu sur toute notre frontière et
jusque vers le centre de la France, un filet... un réseau de
ruses, d'attentats, d'audacieux coups de main pour le jour
où se déclanchera la guerre... S'il manigance un autre
crime, s'il a jeté son dévolu sur une des filles du général,
soyez certain que ce n'est qu'un détail du vaste plan qu'il
exécute... Pourquoi ? Et quelle ramification ? Pourquoi
s'est-il attaqué à cette pauvre Nicole, innocente ?... Quel
mystérieux dessein s'accomplit ? Je ne devine pas... Ce que
je sais, par exemple, c'est qu'il y a du nouveau... Tcherko

était à Berlin la semaine dernière... Il y a rencontré Schweiber... Schweiber l'a accompagné, l'autre nuit, à la ferme de Bernicourt... Les heures prochaines seront graves... Tcherko a déclaré à Schweiber qu'il est prêt... Moi aussi, et mieux que lui, je suis prêt... Mais ce que vous venez de me révéler me prouve que je n'ai pas tout pénétré dans les projets de cet homme... Je suis pris au dépourvu, je l'avoue... En frappant Nicole, on a dû viser le général... Mais comment ?... Et dès lors, Tcherko s'arrêtera-t-il à ce premier crime ?... Me le direz-vous ?

— Non. Nous sentons la menace d'un danger, mais nous ne savons pas d'où il viendra... Et voilà pourquoi je suis ici...

— Vous avez bien fait de penser à moi... Ils n'ont pas voulu de moi dans l'armée pour me battre pendant la guerre... Je suis un soldat d'avant la guerre... Entre Tcherko et moi, mon capitaine, la lutte est sans merci... Une lutte à mort... On verra bien... Mais il est possible que cette nuit même un peu de lumière se fasse... Oui, vous avez été bien inspiré d'accourir à Herbemont, cette nuit... D'heure en heure, j'attends l'arrivée d'un de mes hommes que j'ai envoyé à Thionville... Il doit revenir avec une femme, une pauvre, jolie et malheureuse créature que j'ai sauvée l'an dernier au moment où elle se noyait dans la Moselle... Et savez-vous qui elle est ?... Non, ne cherchez pas !... La femme de Tcherko !

Il ne prit pas garde au cri stupéfait de Chémery... Il se levait et tendait l'oreille.

— Voici mon auto... c'est Bérode... Je suis sûr qu'il ramène Catherine !...

Et à peine avait-il achevé que Catherine, toute pâle, toute tremblante, entrait et s'avançait vers César, les mains suppliantes.

— Oh ! monsieur, monsieur, vous ne m'aviez pas oubliée ! Et puisque vous voici, c'est donc que... Oh ! monsieur, un mot, un seul mot... Mon enfant ?

Il dit avec bonté, en lui prenant les mains :

— Calmez-vous... Vous allez être heureuse...

Alors, elle attendit, les yeux fixés sur lui, nerveuse, riant, disant des mots sans suite.

— Oui, je l'ai retrouvé, dans un hameau perdu au fond des montagnes du Tyrol... Depuis un an, je faisais guetter, par des gens qui m'appartiennent, les lettres par lesquelles,

régulièrement, le paysan tyrolien Erscheim envoyait à
Tcherko des nouvelles de l'enfant. Enfin, je pus me procurer une lettre. Deux mois après, je connaissais la retraite
du petit Raymond... J'avais fait corrompre le paysan...
j'avais fait acheter sa complicité... Il continuera d'adresser
à Tcherko ses lettres comme par le passé... mais l'enfant
ne sera plus auprès de lui, car, depuis deux jours, je le
garde auprès de moi...

— Ici ! Ici ! Oh ! monsieur, monsieur !...

Elle perdit connaissance... C'était une joie trop forte...
Quand elle revint à elle, ce fut pour serrer dans ses bras
un petit garçon de visage délicat, aux doux yeux bleus pareils à ceux de sa mère... Et longtemps, longtemps dura
l'étreinte...

Puis elle tourna vers César son regard chargé d'une
reconnaissance infinie.

— Que ferai-je jamais, monsieur, pour être digne de
votre dévouement ?

— Je vais vous le dire... Oui, j'attends quelque chose de
vous... Je ne l'exigerai pas. Vous serez libre, entièrement
libre, et en vous rendant votre fils, j'ai tenu à vous prouver
justement, avant tout, que la pensée ne me venait pas de
vous offrir un marché qui soulèverait peut-être votre répu-
gnance...

— Parlez, monsieur, parlez !... Que puis-je faire ?...

— Un grand crime a été commis récemment, qui reste
entouré d'un impénétrable mystère... De deux jeunes gens
qui s'aimaient et qui venaient de se marier, dans une pure
atmosphère de bonheur, il ne reste plus que le souvenir...
Le mari s'est tué le lendemain de ses noces... La jeune
femme a disparu... Or, cette jeune femme, c'est l'une des
deux filles du général Bénavant... Nicole !... Et durant les
jours qui précédèrent le mariage, on vit rôder autour du
château où ce lugubre drame allait s'accomplir, un homme
que vous connaissez, hélas !... Tcherko !...

Elle se dressa brusquement, les deux mains appuyées
contre son front.

— Madame... vous étiez malheureuse, hier, et vous êtes
heureuse aujourd'hui, parce que je vous ai rendu votre
enfant... Or, un père, une mère et une sœur, pleurent en ce
moment, à Paris, toutes les larmes de leurs yeux, parce
qu'ils ont perdu l'innocente qui a été frappée par une main
criminelle inconnue... madame, vous m'offrez votre dévoue-

ment... Je l'accepte... J'y ai droit... Je vous ai sauvée, j'ai
sauvé votre fils... Et maintenant, je vous demande ceci...
Pouvez-vous m'aider à tarir ces larmes, comme j'ai tari les
vôtres ?... Vous êtes victime de ce misérable, et vous êtes
obligée de partager sa vie... Est-il donc impossible que vous
nous guidiez, par quelque indice, par quelque soupçon, par
quelque parole surprise ?... Nicole ! Nicole ! N'avez-vous
jamais entendu ce nom, sur les lèvres de Tcherko ? Et un
autre nom, Bénavant ? Et un autre nom encore, Madeleine ? Nicole ! Madeleine ! ! Rappelez-vous, madame, souvenez-vous des plus petites choses et des plus indifférentes... Mais n'oubliez pas que vous êtes libre de ne point
parler... et que je n'insisterai jamais.

Catherine se taisait, en proie à une vive agitation... Elle
serrait son enfant contre elle et le caressait avec épouvante, comme si elle eût redouté qu'on le lui enlevât... Sa
poitrine était oppressée... Elle respirait difficilement.

Puis elle se tourna vers Didier de Chémery et parut hésiter.

— M. de Chémery est officier d'ordonnance du général
Bénavant... Vous pouvez parler devant lui sans crainte...
J'ajoute que, hors d'ici, personne ne connaîtra rien de ce
que vous aurez pu nous apprendre...

Longtemps, longtemps, elle garda le silence... Et les deux
jeunes gens, très émus eux-mêmes, n'osaient plus l'interroger.

Enfin, elle se décida, la voix toute assourdie :

— Oui, c'est vrai... oui, j'ai deviné qu'auprès de moi se
préparent, dans l'ombre, des projets sinistres... Mais on se
défiait... Et moi, mon cœur brisé se réfugiait dans une
seule pensée, dans un seul espoir, la pensée de mon fils,
l'espoir de le reprendre !... Alors, jusqu'à maintenant, je
n'avais rien deviné... Et si vous m'aviez questionnée hier,
je n'aurais pu rien dire...

— Et aujourd'hui, madame, aujourd'hui ?

— Aujourd'hui, voici les choses que j'ai cru entendre...
si peu précises qu'elles ne feront, j'en ai peur, qu'aviver
vos craintes, sans vous laisser entrevoir la lumière que
vous cherchez...

— Peut-être ! dit César... Parlez ! ne nous laissez rien
ignorer !

— Toutes les fois que cet homme se cache de moi, toutes
les fois qu'il s'enferme avec un inconnu, il me vient le soup-

çon qu'il va s'entretenir de mon fils et maintes fois j'ai
essayé de surprendre ainsi des lambeaux de phrases qui
pussent me mettre sur la piste... Il s'en est aperçu, du
reste, et a redoublé de défiance à mon égard. Je ne me dé-
courageais pas... Hier, il a ramené à la villa un jeune
homme que je ne connaissais pas et que je n'avais jamais
vu... A sa tournure, il ne me fut point difficile de juger
que c'était un officier de chez eux. Ils déjeunèrent ensemble.
Le repas fut silencieux. De temps en temps, quand j'étais
sûre de n'être pas aperçue par l'une ou l'autre de mes
gardiennes, j'écoutais... Rien... Ce fut seulement après le
repas que les confidences commencèrent... mais mon espoir
était déçu... Autant que je pouvais entendre par des mots
prononcés plus fort, il n'était question ni de moi ni de mon
fils... Puis, j'étais à chaque instant dérangée dans mon espionnage... Il me fallait quitter la porte derrière laquelle
ils parlaient, m'élancer vers une fenêtre, y prendre mon
ouvrage, feindre de travailler, après quoi je revenais à
mon poste, le cœur battant... l'attention partagée entre
ceux qui étaient là et celles qui pouvaient survenir, entendant mal, par conséquent...

Elle recueillit ses souvenirs, pour essayer de les préciser :

— Peu de choses... bien peu de choses... Un nom me
frappa, prononcé par mon mari, à plusieurs reprises...
Falker... Une phrase courte, tout entière, dite par Tcherko
avec l'énergie d'une haine farouche... « J'ai compté sur vous
pour déshonorer le général Bénavant... » Puis, un autre
nom : le général Hortmutz... et un autre : Fritz Wurmser...
et un autre : le général Schweiber... Obligée de quitter
mon poste, je n'y revins que deux minutes après... Tcherko
parlait toujours... D'autres noms encore : les deux filles
de Bénavant... l'une qui avait disparu... l'autre, Madeleine... Et Tcherko disait : « Elle est, paraît-il, séduisante... » Ici, la voix de mon mari baissa... Ce ne fut plus
qu'un murmure confus... dans lequel, pourtant je croyais
entendre qu'il était question d'un grand scandale... qui
aurait en France un retentissement énorme, détruirait la
confiance de la nation dans son armée... De nouveau la
voix de mon mari s'était élevée, au fur et à mesure sans
doute que son cœur se gonflait à l'espoir du triomphe entrevu de ses projets... et j'entendis, assez nettement pour
pouvoir affirmer que je ne me trompe pas, en le répétant :
« C'est à ce moment-là que se produira, à la frontière, l'in-

cident insignifiant d'abord, et aggravé subitement, qui déclanchera la mobilisation... La guerre surprendra la France en plein désarroi moral... La partie pour elle sera perdue. » Il y eut d'autres mots, mais j'étais si troublée que mes tempes battaient, mon cœur semblait se rompre. Je n'entendis plus. Puis un bruit de chaises... Les deux hommes se levaient... Je me précipitai pour sortir, pas assez vite cependant, car Tcherko me vit... soupçonna la vérité... m'interrogea... C'est tout... J'allais m'enfermer chez moi... Quelques instants après, l'inconnu quittait la villa pour n'y plus revenir... Je souhaite de toutes mes forces que cela serve à empêcher les malheurs que vous redoutez...

— Rappelez-vous... N'avez-vous pas entendu autre chose?...

— Non... C'est si vague, si vague... Je ne me préoccupais que de mon fils... En dehors de lui, toutes les paroles m'étaient indifférentes... Mais si vraiment vous croyez qu'un danger existe pour ceux que vous aimez... si, dans ce que je vous ai dit, vous avez entrevu une menace, l'accomplissement d'une nouvelle et sombre intrigue... je me souviendrai, monsieur, de votre bonté et de votre dévouement... de ce que vous avez fait pour moi sans me connaître... tout simplement parce que vous y étiez poussé par la générosité de votre grande âme... Je me souviendrai que le général Bénavant est sans doute votre ami... que cette pauvre enfant disparue, que vous appelez Nicole, vous émeut... et que vous voulez protéger aussi une autre jeune fille qu'on nomme Madeleine... Je vous aiderai, monsieur, autant que je pourrai... car l'homme auquel je suis liée est un être méprisable... J'ai peur qu'un grand crime ne se prépare... J'en deviendrais complice si je ne faisais rien pour l'empêcher !... Puis... je n'aurai jamais d'autre moyen de vous prouver ma reconnaissance...

Et ses beaux yeux se baissèrent, pendant qu'une rougeur animait ses joues. Une émotion soudaine gonflait sa poitrine... Elle se détourna brusquement et se mit à caresser son fils... cachant ainsi son visage aux deux hommes.

— Madame... Voici ce que je vous offre... Vous rentrerez auprès de Tcherko... pour y retrouver les mêmes menaces, les mêmes cruautés... auxquelles vous résisterez désormais avec d'autant plus de vaillance que, par-dessus la frontière, non loin de vous, si votre vie était en danger, je veille sur vous... Mais votre enfant ?

— Oh ! monsieur, je suis sans ressources, sans famille, sans ami...

Il secoua la tête, s'empara d'une main de la jeune femme et la garda :

— Non, pas sans ami, dit-il... Laissez-le moi... Personne ne se doutera qu'il est à vous. J'aurai vite fait de trouver une explication... Toutes les fois que vous pourrez venir, sans éveiller les soupçons, vous viendrez... Il retrouvera ainsi votre tendresse... et moi je serai heureux de vous savoir près de lui... sous mon toit... loin du cauchemar de votre vie...

Elle écoutait, les yeux fermés. Elle n'osait plus les rouvrir parce qu'elle avait peur de lui laisser voir le violent amour qui s'était emparé d'elle... Non, cet amour, il ne le connaîtrait jamais... Mais que ferait-elle pour son bonheur, à lui ?

— Maintenant, dit-il, puisque tout est conclu ainsi, songez à partir, rassurée et heureuse. Il ne faut pas que là-bas vos deux gardiennes se doutent...

Alors qu'il allait porter à ses lèvres la main qu'il tenait encore, elle le devança, en un geste rapide et César sentit un baiser qui lui effleurait les doigts. Et il n'était pas revenu de sa brusque émotion que Catherine avait disparu.

— César ! César ! fit Didier de Chémery en hochant la tête... prenez garde !... Vous venez d'allumer dans ce pauvre cœur une bien grande passion...

Mais César faisait claquer ses lèvres :

— Laissons cela ! Et revenons à des choses sérieuses... De tout ce que Catherine nous a dit, il y a une conclusion à tirer... C'est que Tcherko s'occupe du général Bénavant... Peut-on deviner ce qu'il prépare ? Essayons ! L'homme avec qui Tête-de-Mort s'est entretenu est celui dont je n'ai pu découvrir le visage, à la ferme de Bernicourt... Mon instinct m'avertissait, en me le désignant comme un ennemi... puisque c'est à lui que Tcherko s'adressait lorsqu'il a dit : « J'ai compté sur vous pour déshonorer le général Bénavant... » Ceci est clair, sinon par les moyens, du moins par le but... C'est à l'honneur du général qu'on veut s'en prendre... Quel est ce scandale qui doit coïncider avec un incident de frontière et troubler si fort l'âme française que d'avance et sans nous battre nous serons vaincus ? Et tous ces noms entendus par Catherine... Falker... général Hortmutz... Fritz Wurmser ?...

— La conclusion à tirer c'est qu'une vaste et criminelle intrigue s'ourdit en ce moment contre le général... Cette intrigue a pour but de l'atteindre dans son honneur et, par conséquent, dans son prestige... Comment ? Il y a des combinaisons odieuses qui nous échappent... mais qui vont nous obliger à déployer une surveillance constante, minutieuse, au prix de tous les sacrifices et de tous les dévouements... Je sais que je puis compter sur vous, César...

— Jusqu'à la mort, mon capitaine...

TROISIÈME PARTIE

SOUS L'UNIFORME FRANÇAIS ! !...

I

Le lieutenant Frédéric Drogent.

Depuis deux mois, on voyait à Saint-Louis du Sénégal, parcourant les vastes avenues de palmiers, un homme à l'allure fatiguée et nonchalante, qui était débarqué de la *Gironde*, à Dakar, avait acheté une maison en dehors de Saint-Louis, au bord du fleuve, avait pris à son service deux nègres toucouleurs, et n'avait lié de relations avec aucun Français de la colonie. Il était taciturne et l'on avait fini par ne plus s'occuper de lui, bien qu'au début, tout de suite après son arrivée, il eût soulevé, comme il advient pour tous les voyageurs de France, un peu de curiosité sur son passage. Il se disait, du reste, médecin, affligé d'une maladie incurable et promenant sa tristesse et sa neurasthénie dans tous les pays du monde. Il disait ainsi avoir parcouru toute l'Europe, l'Asie, les Amériques, et d'apparence cet homme, pourtant, n'avait pas dépassé trente ans.

Son titre de médecin, qu'on n'avait aucune raison de songer à contrôler, lui avait permis l'entrée à l'hôpital militaire. Et là, il avait paru s'intéresser — c'était comme une curiosité bien naturelle — aux malades et aux blessés. Il avait lié conversation avec plusieurs d'entre eux, avait écouté des anecdotes, histoires glorieuses de misères vaillamment supportées ou de rudes combats dans la brousse.

Parfois même il les accompagnait, dans leurs lentes promenades au travers des vastes et beaux jardins de l'hôpital.

Parmi les blessés, il y en avait un, lieutenant aux tirailleurs sénégalais qui, venu du Tchad, achevait sa convalescence à Saint-Louis. Décoré de la Légion d'honneur et de la médaille militaire, le premier au tableau pour le grade de capitaine, Frédéric Drogont était l'officier dont Tcherko avait mystérieusement parlé à Falker, lors de leur entrevue de la Villa-Fleurie.

La blessure de Drogont avait mis ses jours en danger pendant longtemps et deux rechutes successives avaient fait craindre pour sa vie.

Maintenant, à part des accès de fièvre hématurique, il semblait reparti pour la santé et il attendait son *exeat* pour s'embarquer à Dakar.

La première fois que le voyageur-médecin était entré à l'hôpital, sous la conduite d'un infirmier, Frédéric Drogont, assis à l'ombre, dans un roking-chair, sommeillait à la lourde chaleur méridienne dans le jardin.

Ce voyageur, disons-le, n'était autre que le complice de Tête-de-Mort, que l'homme à qui Tête-de-Mort avait dit : « J'ai compté sur vous pour déshonorer le général Bénavant... Vous prendrez les lieu et place de Frédéric Drogont... vous vous substituerez à lui... Vous entrerez, en un mot, dans sa peau ! » Falker ne connaissait pas Drogont. Il savait seulement que l'officier était toujours à l'hôpital et voilà pourquoi il était venu, lui-même, s'installer à Saint-Louis, pour y guetter les événements.

L'infirmier qui lui servait de guide était loquace et bon garçon. Ce fut lui qui nomma le malade et il se mit à raconter, tout ce que l'on savait... sa bravoure folle... des exploits presque légendaires... d'audacieuses randonnées dans le désert... des coups de témérité couronnés par un bonheur inouï... prisonnier même, une fois, des Arabes de Libye, vindicatifs et cruels, qui l'avaient réservé pour la torture... échappé par miracle... Frédéric Drogont, depuis son engagement, n'avait jamais quitté l'Afrique. Depuis huit ans, environ, qu'il était soldat, il allait, pour la première fois, revoir la France.

Falker écoutait, ardemment, laissait parler l'infirmier... Pour ne point troubler le sommeil du malade, ils s'étaient éloignés de quelques pas... mais ils n'étaient pas assez loin de lui, pour que le faux docteur ne pût s'imprégner, à son aise, de ces traits fatigués et jaunis, détendus en ce moment par le sommeil.

Drogont et Falker paraissaient de même taille et de même carrure, bien que le premier fût amaigri par des campagnes, récentes et très dures.

Il avait laissé pousser toute sa barbe. On n'a guère le temps de faire des frais de toilette, dans la brousse et tout le visage s'encombrait de poils châtains, en une vigoureuse végétation. Bien qu'il fût en pleine jeunesse, cela lui donnait l'aspect d'un homme mûr.

Soit qu'il eût reçu l'influence magnétique du persistant et lourd regard qui pesait sur lui, soit qu'il fût au bout de son repos, Drogont ouvrit les yeux... se souleva, sans remarquer la curiosité dont il était l'objet, et s'éloigna lentement, dans l'ombre de l'avenue, en s'appuyant sur une canne.

Il boitait légèrement.

Falker demanda :

— Est-ce qu'il restera infirme et boitera tout le reste de sa vie ?

— Ce sera long, mais il s'en remettra...

Les jours suivants, l'espion réussit à rencontrer de nouveau l'officier. Du reste, celui-ci quittait fréquemment l'hôpital. La santé revenait avec les forces, dans ce corps endurci et vigoureux. Falker l'étudiait, l'observait, mais ne lui adressait pas la parole. A plusieurs reprises, il le vit prendre le train de Dakar. Le paquebot le *Sénégal*, après avoir touché le Dahomey et à la Côte-d'Ivoire, faisait escale à Dakar, avant de regagner la France. Drogont, sans doute, préparait son retour.

Puis, pendant quatre jours, disparition complète de l'officier.

Et Falker apprenait, par l'infirmier toujours, que le jeune homme avait eu une rechute après une imprudence, que sa blessure au côté s'était rouverte et que le plus grand repos lui était ordonné.

L'infirmier ajoutait, sans remarquer que l'autre buvait ses paroles :

— Il partira lundi, malgré les médecins... Il a retenu sa cabine sur le *Sénégal*... Il prétend qu'il se rétablira complètement pendant la traversée... Tout de même, voyez-vous, docteur, mon avis c'est qu'il est en mauvais état... Et je crois qu'il a été bien inspiré en demandant de permuter et de rester en France. La terre d'Afrique n'est plus faite pour lui !... Ah ! c'est une grande dévoreuse d'hommes !...

Or, à partir de ce jour-là, l'infirmier ne revit plus le faux docteur. On apprit qu'il avait quitté sa maison de Saint-Louis pour aller à Dakar, et que des affaires sérieuses le rappelaient en France en toute hâte.

Le *Sénégal* venait de jeter l'ancre devant Dakar, point de relâche de huit grandes lignes de paquebots de nationalités différentes. C'est une des plus belles rades du monde qui pourrait servir de refuge à de nombreuses flottes. Toutes les lignes de steamers, qui se disputent le mouvement commercial de cette partie de l'Océan Atlantique, sont tributaires de ce port.

Le docteur Marboré — c'est ainsi qu'Ulrich s'était fait appeler à Saint-Louis — avait pris ses dispositions pour s'embarquer sur le paquebot où Frédéric Drogont lui-même avait retenu sa place...

Le paquebot prit peu de passagers à Dakar. Deux fonctionnaires en congé, quelques commerçants installés dans les régions du Haut-Sénégal, et ce fut tout.

Mais Falker avait vu Drogont monter à bord.

L'officier paraissait très faible. Il échangea avec le commandant Pouzoles, du *Sénégal*, quelques paroles rapides :

— Commandant, je n'encombrerai pas le pont de votre bateau de ma présence. Je vais me mettre au lit... et j'ai bien peur de ne pas quitter mon cadre avant notre arrivée à Pauillac...

— Je vais vous envoyer le médecin du bord.

— Gardez-vous-en bien, commandant... J'ai besoin de repos et c'est tout... Quant à la guérison, elle viendra du temps.

— Je me tiens à votre disposition pour tout ce qui vous sera nécessaire.

— Merci.

Lentement, l'officier avait gagné sa cabine à l'arrière. On ne le revit pas. L'appareillage se fit. Le *Sénégal* leva l'ancre, quitta le port, s'élança vers la haute mer. Le temps était superbe. La traversée s'annonçait très belle.

Et le lieutenant Ulrich von Falker, lui aussi, resta invisible...

On sut, bientôt, qu'il y avait deux malades à bord. On ne s'en préoccupa point autrement. Les fiévreux ne sont pas rares, ni les blessés, qui d'Afrique viennent se guérir dans le doux climat de la mère patrie !

Ainsi faisait le lieutenant Frédéric Drogont.

Quant au docteur Marboré, le bruit se répandit bien vite que l'on ne devait voir en lui qu'un détraqué, déséquilibré de corps et d'esprit que la neurasthénie avait abattu et qui promenait vainement partout la tristesse sombre et le noir désenchantement de sa vie.

Au bout de quelques jours de traversée, pendant lesquels les deux cabines ne s'ouvrirent que pour les gens du bord qui venaient faire leur service, les passagers semblèrent perdre le souvenir des deux hommes et ne s'en occupèrent pas plus que s'ils n'avaient jamais existé.

Le médecin avait fait quelques tentatives auprès de l'un et de l'autre.

Après quoi, il ne s'en soucia plus et pour cause.

Vers le huitième jour, cependant, on aperçut le docteur Marboré. Il apparut tout à coup dans la salle à manger, à l'heure du repas, et donna tous les symptômes d'une vive surexcitation mentale. Après le dîner, sur le pont, on l'entendit qui parlait seul, et tous ses gestes, ses regards, ses attitudes, firent craindre qu'un fatal projet n'eût germé dans ce cerveau.

Il fut surveillé de près, sur l'ordre du second, par deux matelots, qui ne le quittèrent pas d'une semelle. Le faux docteur ne parut point s'en apercevoir.

Une fois, seulement, il eurent à intervenir.

Accoudé sur la lisse, les yeux fixes, sans un mouvement, l'homme considérait les flots comme s'ils avaient exercé sur lui une invincible attraction.

Subitement il se pencha, les bras en avant... Si les deux matelots aux aguets ne s'étaient précipités à temps, il fût tombé...

Etait-ce imprudence ? Etait-ce tentative de suicide, accès de fièvre chaude ?

Ils rendirent compte au commandant Pouzoles.

Puis, Marboré se montra infiniment plus calme par la

suite. Tant et si bien que la surveillance se relâcha. Mais durant quelque temps, il y eut de l'inquiétude dans l'équipage et parmi les passagers, et plus d'une fois la question se posa, le matin, au réveil :

— Pas de nouvelle de ce pauvre homme ?... Toujours vivant ?

On s'attendait, évidemment, à quelque suprême et définitive folie.

D'autre part, on sut que le lieutenant Drogont se trouvait beaucoup mieux et que la prudence, seule, avec la crainte d'une rechute, l'empêchait de sortir de son lit et de participer à la vie du bord.

On devine que Falker jouait la comédie : on va savoir bientôt pourquoi.

Enfermé dans sa cabine, il rêvait...

Le danger redoutable de la mission que lui avait donné Tcherko ne l'effrayait pas. C'était un homme résolu et brave, déterminé au besoin à pousser jusqu'au crime.

Mais Tcherko avait posé un problème dont la solution lui échappait.

Et il s'était longtemps demandé, avec angoisse, comment, par quelle ruse et même par quel forfait il réussirait à changer son nom et sa personnalité contre le nom et contre la personne de Drogont.

Or, pour la réussite d'un pareil projet, une condition première s'imposait...

La disparition de Drogont... c'est-à-dire sa mort... donc, crime !

Et devant cette fatalité, devant ce dénouement inéluctable, Falker se révoltait.

Puis, sa révolte faiblissait au fur et à mesure que les jours de la traversée succédaient aux jours et que se rapprochait la terre de France...

La présence de Drogont sur le *Sénégal*, lui offrait la seule chance d'exécuter son projet au milieu du plus profond mystère... En France, le crime était toujours possible, mais environné de tous les dangers... On ne fait pas disparaître un cadavre selon son bon plaisir... tandis que sur le bateau, en s'y prenant adroitement, avec un peu de sang-froid, la chose est relativement facile... Et c'était l'anéantissement absolu de Drogont dans les profondeurs, sa disparition aussi complète que si son corps avait été brûlé jusqu'au dernier atome, et les cendres jetées à tous les vents... Un souvenir, seul, de lui, survivrait, et encore pas même en France, où personne ne s'était jamais inquiété du pupille de l'Assistance, en dehors de ses protecteurs officiels, mais au fond des déserts africains, auprès de ses compagnons de guerre qui l'avaient admiré et aimé, et auprès de ses chefs !... Là, certes, un danger, pour plus tard !... le danger de l'imposture reconnue !... Mais du temps passerait d'ici là !... Il faut de longs mois pour accourir du Congo et du Tchad ! Pendant ces mois, l'intrigue de Tcherko se développerait et aboutirait... sans accroc... avec la magnifique et terrible aisance dont le bandit se proclamait si fier !...

C'est à quoi réfléchissait Falker, au fond de sa cabine.

Les derniers soubresauts de ses révoltes s'apaisaient. L'irréparable se dressait devant lui, maintenant, et l'attirait. Dans six jours, on serait à Bordeaux. S'il attendait, la partie était perdue, et Tête-de-Mort ne pardonnerait pas... et là-bas, à Berlin, au régiment des grenadiers de la garde, son nom, jusqu'à présent honoré, le nom des vieux guerriers qui avaient illustré sa famille, deviendrait synonyme d'infamie... Tel était le dilemne !...

Et, ayant pensé à ces choses, le misérable murmura :

— Je ne veux plus revenir en arrière...

Ayant pensé cela, il songea à passer du rêve à l'exécution. A présent, il allait compter les minutes. Le temps pressait. Les coudes appuyés sur sa petite table, dans sa cabine, n'ayant même pas songé à allumer sa lampe électrique, baigné par la douce clarté de la lune qui pénétrait par le hublot, il supputait toutes les chances qu'il avait d'échouer ou de réussir.

Ce fut très tard dans la nuit, qu'il se jeta sur sa couchette pour y chercher le sommeil, mais le sommeil ne vint pas.

Alors, il se revêtit rapidement, passa un pyjama et monta sur le spardeck. La mer était calme. Les feux du navire traçaient en avant un vaste sillon de rayons blancs où remuaient de petites vagues qui semblaient de l'acier en fusion. La nuit était très douce. Des passagers avaient eu la même idée que lui, étaient montés, se promenaient ou sommeillaient dans les fauteuils de jonc ou sur les chaises de toile.

Gêné par leur présence, comme s'il avait craint que son projet sinistre ne fût pénétré, il redescendit, mais ne rentra pas tout de suite. Il longea au hasard les coursives, toute l'enfilade des couloirs peints en blanc, et qui sont des rues de chaque côté desquelles sont les étroites et basses cabines. Les lampes électriques brillaient. Les manches à air y entretenaient une fraîcheur relative. Il savait où se trouvait la cabine de Drogont. A plusieurs reprises, il était passé devant. Ce soir-là, il eut un sursaut au cœur. La tentation s'offrait à lui, violente : la porte, chez Drogont, afin d'établir un courant d'air, n'était pas fermée. Elle n'était qu'entre-bâillée au crochet et dans l'intervalle on voyait battre, se gonfler, claquer et retomber à plat, un rideau de reps vert.

Falker n'avait qu'à glisser la main dans l'entre-bâillement, à soulever le crochet, et il entrerait librement...

Jamais peut-être l'occasion ne se présenterait aussi belle...

Il s'arrêta contre la porte et prêta l'oreille.

Il entendit la respiration régulière de Drogont qui, paisiblement, reposait.

Mais des pas se rapprochèrent. Les passagers du pont redescendaient, regagnaient leurs cabines, un instant désertées à cause de la chaleur.

Falker se hâta de disparaître, craignant d'être surpris.

Il s'enferma chez lui, donna de la lumière, consulta sa montre.

Il était une heure après minuit... Des nuages passèrent dans le ciel et voilèrent subitement la lune. Le vent fraîchit. Un grain se préparait. Il se pencha hors du hublot et examina la mer. De petites vagues avaient leur crête toute blanche, au loin, dans la vibration des feux, et ressemblaient à un immense troupeau de moutons à la laine immaculée qui se bousculaient en se poursuivant.

— Toutes les chances ! murmura l'homme, dans une dernière angoisse.

Puis, il fit le geste de celui qui s'abandonne au hasard et ne veut plus réfléchir.

Donc, ce qu'il avait rêvé, il allait, cette nuit même, l'accomplir...

Déjà, du reste, depuis longtemps, ses premières précautions étaient prises. Ce fut ainsi qu'il tira, d'un portefeuille, une lettre ouverte, portant l'adresse du commandant Pouzoles. Et sur la petite table du bureau, il laissa la lettre bien en évidence, avec le portefeuille. Celui-ci renfermait des papiers ordinaires au nom de Marboré, mais sans aucune désignation précise sur l'homme, sur sa famille, sur son foyer, ou même sur ses amis.

Quant à la lettre, elle disait :

« La vie m'est à charge depuis longtemps, et j'ai essayé
» vainement de m'habituer à l'idée de rentrer en France et
» d'y reprendre l'existence que j'y ai vécue. Adieu à tous
» ceux qui peuvent se souvenir de moi. Ils ne sont pas
» nombreux. Qu'on ne cherche pas d'autre raison à ma
» mort que celle-ci : je m'en vais parce que je m'ennuie... »

Puisque Falker se disposait à entrer dans la peau de Frédéric Drogont, il était nécessaire que lui-même disparût.

Cette lettre allait faire croire à son suicide.

Dès lors, qui aurait la pensée de rechercher Marboré derrière le Frédéric Drogont qui, désormais, se présenterait partout audacieusement ?

Ensuite, rapidement, il procéda à des préparatifs singuliers.

Il avait observé l'officier avec assez d'attention pour se rappeler non seulement l'ensemble de sa physionomie, mais même certaines particularités du visage, certaines façons de se coiffer, de porter la barbe. Et, depuis longtemps, il avait fait venir de France, pendant son séjour à Saint-Louis, tout ce qui lui était nécessaire pour se grimer, teintures et fausse barbe.

Il procéda minutieusement à sa toilette.

C'était fini. Tout à l'heure, il aurait accompli l'acte après quoi il lui deviendrait impossible de reculer.

Il se leva, se considéra longuement dans une petite glace.

Certes, ce n'était pas Frédéric Drogont. Quiconque eût été l'intime du colonial se fût vite aperçu de la supercherie. Mais d'intimité, Drogont, sur le *Sénégal*, n'en avait eu avec personne. En France, d'après les renseignements donnés par Tcherko, il ne retrouverait ni amis, ni parents... Le danger d'être reconnu n'existait pas.

Restait le péril d'être démasqué, sur le bateau même.

Mais Falker ne s'arrêta point à cette crainte.

Depuis longtemps, il avait préparé son plan dans tous ses détails.

Il réunit en un paquet tout ce qui eût paru suspect : bâtons de cosmétiques, fioles, blaireaux, pinceaux, fausses barbes, et lança le paquet à la mer.

Il ne referma point le hublot... Il sortit dans la coursive et referma à clef la porte de sa cabine. Il garda la clef sur lui. Quand on remarquerait son absence, au moment du déjeuner, on frapperait et, craignant un malheur, on ouvrirait avec un passe-partout... Alors, on découvrirait la lettre et l'on comprendrait.

Dans le bateau, autour de lui, un grand silence. Les femmes de chambre et les garçons de service avaient fini par s'endormir, comme tout le monde... Il fit quelques pas, lentement... Trois portes le séparaient de la cabine de sa victime... Il franchit l'espace en se glissant entre les cloisons... Son cœur battait à rompre sa poitrine, mais cessa de battre quand il fut devant la porte de Drogont, toujours entr'ouverte.

Là, le misérable s'arrêta... écouta...

On n'entendait plus rien... Aucun souffle régulier et fort d'homme endormi.

Et, par l'entre-bâillement, un peu de clarté venait, d'une lampe électrique, à l'intérieur.

Falker murmura en frissonnant :

— Il s'est réveillé !

Car, tout à l'heure, il n'avait aperçu aucune lumière.

Et il hésita une dernière fois.

Puis, brusquement, en un coup de folie criminelle, il glissa la main dans l'entre-bâillement, où flottait, s'écartait, se rabattait toujours le rideau de serge verte, souleva le crochet et, du même geste, chercha et tourna le commutateur.

Les ténèbres tombèrent dans la cabine...

Il poussa doucement la porte et entra...

Tout cela se fit si rapidement et avec une telle adresse que quelqu'un qui l'eût suivi, aidé, ne l'eût même pas entendu...

Or, dans la cabine, c'était un silence de sépulcre, et comme aucune clarté ne tombait plus du hublot, Falker ne pouvait rien voir.

Le misérable tira un couteau, dont le ressort claqua, et s'accroupit, prêt à bondir.

Rien ! Aucun mouvement ! Aucun appel !

Il fallait que le blessé fût bien profondément endormi

pour qu'aucun de ces bruits ne fût venu le tirer de son sommeil...

Et le dos contre la porte, le poignard dans sa main crispée, Falker retenait sa respiration, mais se demandait pourtant avec angoisse :

— S'il n'était pas là ?

De longues minutes dura cette attente...

Si Drogont, comme lui-même tout à l'heure, avait eu l'idée de monter sur le pont pour y chercher un peu de grand air pur ?... Et s'il redescendait, tout à coup, à l'improviste ?

Alors, Falker était découvert et tout était perdu !...

Il sentit un violent malaise l'envahir... Ce n'était pas de la peur vulgaire... Non... C'était la crainte de quelque chose d'inconnu, de mystérieux, de plus fort et redoutable que tout ce que pouvait engendrer un cerveau d'homme... Et ce silence absolu devenait si lourd et si insupportable, que, brusquement, ses doigts se tendirent vers le commutateur...

Brutalement, la lumière se fit autour de lui.

Et Falker étouffa un cri...

Frédéric Drogont avait roulé de sa couchette sur le plancher de la cabine... Il y était étendu sur le dos, bras en croix, visage de cire, lèvres blêmes, yeux glauques et vitreux... fixes... troubles....

— Mais... mais il est mort ! !

Falker se penche, soulève un bras... le bras retombe... La main, le front sont glacés... Il cherche le pouls... Le pouls est arrêté... Il cherche le cœur... Le cœur ne bat plus... Mais là, au-dessous, tout près, un peu de sang a coulé... Il écarte le bandage... La blessure s'est rouverte... une hémorragie... Il veut soulever le corps... Les membres sont encore souples... La mort remonte à quelques minutes peut-être... Il n'y avait pas deux heures que Marboré s'était glissé jusque-là... Et il avait perçu la respiration de l'endormi...

Chez le misérable, un profond soulagement :

— Je n'ai pas eu besoin de le tuer !...

Alors, pour l'exécution du plan rêvé par Tcherko, le hasard, nettement, se mettait de son côté ?... Il était prêt au meurtre... Et pas n'était besoin de le tuer !...

Maintenant, Falker agit, dans un accès de fièvre...

Il a ouvert le hublot... Une bouffée d'air chassé par le vent du large, le frappe au visage, rafraîchit à point son cerveau surchauffé...

Il enlève dans ses bras robustes le corps inerte, le fait pénétrer dans l'ouverture, le glisse lentement... et soudain le lâche...

On n'entend même pas le bruit de la chute dans les flots...

Le paquebot file à toute vitesse... laissant loin le cadavre derrière lui...

Et l'homme, resté dans la cabine, murmure :

— Adieu, Falker...

Puis, il se regarde dans une glace et ajoute :

— Bonjour à toi, Drogont !

A présent, il faut mettre à profit les dernières heures de nuit, mais il n'a plus besoin de réfléchir. Ce qu'il doit faire, la prudence exigée, les précautions à prendre, le sang-froid dont il faudra donner des preuves, il a pensé à tout cela depuis longtemps. Il n'est pas pris au dépourvu... Il a commencé par se dépouiller de ses vêtements et leur a fait prendre le même chemin que Drogont. Il est de même taille et de même carrure que le colonial. Les habits civils, comme l'uniforme, lui siéront parfaitement. La coiffure peut-être ?... Képi, bonnet de police, ou chapeau de feutre ?... Mais il sera facile d'y remédier, une fois à Pauillac, Bordeaux, ou à Paris...

Tout à coup, il tressaille, pris d'une épouvante affreuse.

On vient de frapper à sa porte... Oui... deux ou trois coups... très distincts...

Il est si profondément troublé qu'il essaye de répondre et que rien ne sort...

On frappe encore... on insiste... Il faut répondre... On a vu la lumière chez lui... On sait Drogont malade... Puis, tout à l'heure, du pont, n'aurait-on pas aperçu le corps glisser le long des flancs du bateau avant de plonger dans l'Océan ? Alors, un doute, un soupçon, peut-être ? Et l'on vient pour s'assurer... Oui, oui, il faut répondre...

Sa voix se fait étouffée...

— Qui est là ? Que me veut-on ?

— C'est moi, commissaire du bord... Vous n'avez besoin de rien, camarade ?

— Merci... Je vais bien... Vous m'avez réveillé...

— Excusez-moi... Je vous savais souffrant... Bonne nuit, camarade.

— Bonne nuit...

Le commissaire s'éloigne. Falker respire. Il vient de com-

mencer le rôle terrible, toujours sur le qui-vive, qui perpé-
tuellement allait être sa vie, pendant des semaines.

Mais pourquoi cette intervention ?

Sûrement, on avait dû surprendre quelque chose, de là-
haut... de la passerelle ?...

Est-ce qu'il allait échouer, dès le premier effort ? Non... il
se rassura... Si quelque soupçon était venu, déjà il était
dissipé... Et si un officier de quart, un matelot, avait cru,
dans les ténèbres, apercevoir un corps culbuter dans l'espace, eh bien, le lendemain, en constatant la disparition de
Marboré, on pourrait se dire qu'on ne s'était pas trompé !...
Voilà tout !... Nul danger ne viendrait de là !...

Hâtivement, pour être dès le lendemain préparé à toute
alerte, il ouvre les tiroirs du petit bureau où Drogont avait
serré quelques papiers...

Il les parcourt... Ce sont des documents personnels... des
lettres de ses chefs... sa commission de lieutenant... une
citation à l'ordre, son brevet de médaille militaire, celui de
chevalier de la Légion d'honneur... Lettres de noblesse, cer-
tificats de bravoure du pauvre colonial disparu...

Avec tout cela, il y avait aussi des journaux, déjà vieux,
les uns de quelques mois, les autres de plusieurs années...

Dans ces journaux, des récits de bataille ou d'explora-
tions, des dangers sans nombre, des exploits, des héroïsmes... Et partout revenait le nom de Drogont... Drogont
avait couru ces aventures, avait été le héros de ces exploits,
avait accompli ces héroïsmes... Et des cartes y étaient
jointes, des régions traversées et conquises, des cartes où
Falker pourrait suivre pas à pas les rudes randonnées de
ces conquérants du désert, où il pourrait, pour ainsi dire,
s'imprégner si bien de l'atmosphère africaine et de la vie
militaire française aux colonies, que les questions les plus
inattendues ne le prendraient pas à l'improviste... Du reste,
avant de partir et par les soins de Tcherko, il avait reçu
des brochures, des livres, des relations où il avait pu pui-
ser tout ce qui avait été l'existence même de Frédéric Drogont depuis son entrée au régiment et son arrivée en Afrique... jusqu'à son retour, malade et blessé, à l'hôpital de
Saint-Louis... A Paris, des conférences avaient été faites
soit à la Sorbonne, soit à la Société de géographie, avec
des projections photographiques. Ces conférences rela-
taient les expéditions tentées et les conquêtes acquises...
Sténographiées, elles faisaient partie du bagage de Fal-

ker... En s'y reportant, il trouvait les noms des soldats, des sous-officiers, des officiers avec lesquels il avait fait campagne comme soldat, comme sous-officier et comme officier... Il trouvait aussi la longue liste de ceux qui avaient été tués ou que la maladie avait terrassés... On l'interrogerait certainement un jour ou l'autre sur ceux qui avaient disparu et, ainsi, il pourrait répondre par quelques phrases brèves d'éloges et de regrets !...

Un livre entre autres, *Une campagne au Tchad*, relatait jour par jour, pendant plus de trois cents pages, tous les détails, les supplices, les souffrances du corps et de l'âme, d'une expédition contre un des sultans esclavagistes... Drogont y avait pris part comme sergent... Il y avait conquis la médaille et six mois plus tard, il passait sous-lieutenant... Oh ! ce livre-là, pour Falker, était précieux et serait son livre de chevet... Il l'apprendrait par cœur...

Il remit en place brochures, articles de journaux, papiers...

Le portefeuille qu'il trouva dans une poche de veston de chambre, contenait un peu d'argent, quelques billets de banque, économisés sur la solde, la feuille de congé... puis une lettre ouverte...

Cette lettre était du gouverneur du Congo, à Drogont, à l'hôpital de Saint-Louis.

Elle disait :

« Mon cher lieutenant, au moment où vous allez quitter,
» pour longtemps, pour toujours peut-être, notre terre
» d'Afrique, je vous envoie mon plus affectueux souvenir.
» Mais j'ai voulu que ce souvenir vous accompagnât jus-
» qu'à Paris où vous vous rendez... et j'ai écrit — sans vous
» demander conseil et j'espère que vous ne m'en voudrez pas ?
» — j'ai écrit au colonel Davignaud, commandant le 179e, qui
» sera, demain, votre régiment... C'est un ami d'enfance...
» Votre réputation vous a sûrement précédée auprès de lui
» et je n'avais pas à lui rappeler votre admirable con-
» duite... Mais je vous sais sans famille, j'ai voulu que
» vous trouviez, chez le colonel Davignaud, le foyer qui
» vous manque...

» J'ai écrit à un autre de vos chefs, également, au plus
» grand et au plus célèbre, au généralissime Bénavant...
» Je lui ai dit que vos habitudes ne vous préparent
» point à la vie active mais sédentaire de l'officier

» de garnison à laquelle vous condamne présentement
» votre état de santé. J'ai cru devoir lui dire — ai-je bien
» fait, mon cher lieutenant ? — que votre caractère aventu-
» reux, décidé aux résolutions promptes et audacieuses,
» vous désignait pour les missions secrètes et périlleuses
» de la plus haute importance.

» A lui aussi, j'ai dit que vous êtes seul au monde...

» Je vous demande pardon, mon cher lieutenant, d'avoir
» marché peut-être contre votre volonté... Présentez-vous
» chez l'un et chez l'autre sans crainte... mais si vous le
» jugez utile, ne tenez aucun compte de ces lettres... ne
» tenez compte que de mon affectueuse intention... »

Falker lisait et relisait...

Dans ses plus téméraires espérances, il n'eût jamais
conçu que le destin le servirait à ce point... Et de ce prodigieux hasard, il restait interdit...

Il murmura, un peu de pâleur au front :

— Cela marche trop vite et trop bien... Gare la catastrophe !... J'ai peur !...

Il serra la lettre dans son portefeuille. C'était tout ce
que celui-ci contenait d'intéressant. Sous la couchette, Drogont avait glissé une malle en fer, à l'épreuve de l'eau. La
clef était dans la serrure. Dans la malle, un peu de linge,
quelques vêtements de rechange, son uniforme, sa croix,
sa médaille, encore des livres sur l'Afrique, beaucoup de
cartes...

Les autres bagages de l'officier étaient dans l'entrepont.

Cette première visite terminée, Falker parut plus calme.

Maintenant, que pouvait-il faire ? Il n'avait plus qu'à
attendre le bon plaisir des événements qui, jusqu'à cette
heure, l'avaient si bien servi...

Il garda ouverte la porte de la cabine, afin de ne pas être
obligé de se lever, lorsque les gens de service lui apporte-
raient son déjeuner.

Après quoi, paisiblement, il se coucha.

Le vent était de plus en plus fort. La mer était devenue
mauvaise. Le bateau tanguait et roulait terriblement, mais
en l'état d'énervement intense où il était, il n'y avait prise
pour aucun malaise...

— Encore une chance ! pensait-il... Et demain nous serons à Pauillac !

Enveloppé dans ses couvertures jusqu'au menton, tourné

vers la cloison, le visage à moitié disparu sous la fausse
barbe, qui pouvait se douter qu'il y avait là un homme
s'étant substitué à un autre homme ? Les officiers, les
matelots, les passagers, les avaient, l'un et l'autre, à peine
entrevus... Puis, ne savait-on pas Drogont très malade,
souffrant encore d'une grave blessure, et atteint par les
fièvres pernicieuses d'Afrique ?... Falker, jusqu'au moment
où le *Sénégal* accosterait au ponton de l'embarcadère de
Pauillac, ne sortirait plus de son lit. Là, il quitterait le
paquebot, au milieu du désordre et de l'animation du débarquement... Il ne s'occuperait pas de ses bagages, qu'il
enverrait plus tard chercher, de l'hôtel, avec le trousseau
de clefs trouvé dans la poche du mort, accroché à une
chaînette d'acier... clefs qui seraient nécessaires pour la
visite de la douane. Ces bagages contenaient-ils des objets
à déclarer ? Fourrures ? Tapis ? C'était peu probable...
Quelques armes de jets, des lances, des bracelets d'ivoire,
des coupe-coupe ? Mais ces choses ne paient pas de droits.
Du reste, qu'importe ! Il dirait à l'hôtel : « Vous payerez ce
qu'il faudra ! » Et ce serait tout.

Le ciel, trouble et nuageux, blanchissait. L'aube naissait.
Accablé par cette nuit, l'aventurier finit par s'endormir...
d'un sommeil lourd... Tout à l'heure, on cognera à sa
cabine... un valet de chambre entrera, posera sur la table
un plateau avec son déjeuner du matin : du thé, des toasts
beurrés, un peu de crème, et il n'entendra pas... Le garçon sortira sur la pointe des pieds... La tempête menaçante
depuis des heures, se déchaînerait enfin, bousculant le navire... Il n'entendra pas...

Et, quand, à midi, on entra de nouveau pour lui demander ses ordres, il venait de se réveiller... seulement...
Et, se réveillant de ce lourd sommeil, il eut quelque peine
à se souvenir, à renaître ainsi, brusquement, et, pour la
première fois, dans sa personnalité nouvelle... Le valet de
chambre insistait :

— Mon lieutenant n'est pas plus malade ? Il n'a pas
touché à son lunch ?

— J'ai dormi !... Et puis, le mal de mer... fit l'homme,
étouffant sa voix.

— Oui, la matinée a été plutôt bonne... pour les poissons ! dit le garçon en riant. Mon lieutenant désire-t-il
quelque chose de particulier, pour son déjeuner de midi ?
Ou bien faudra-t-il faire comme d'habitude ?

— Comme d'habitude.

— Bien, mon lieutenant.

La porte se referma. Falker ne s'était pas retourné. En outre, il remarqua que le garçon n'avait rien dit du drame de cette nuit. Donc, on ne connaissait pas encore la disparition — le suicide — de Marboré...

Une demi-heure après, il fut servi par un autre...

Mais celui-là, sa besogne faite, se retira sans avoir prononcé un mot.

II

Le loup dans la bergerie.

Au courant de l'après-midi, comme il était aux aguets de tout ce qui se ferait auprès de lui, il crut observer quelque animation dans la coursive. Il sortit de son lit et alla coller son oreille contre la porte. On murmurait. Il y avait des exclamations de surprise, de pitié... Il reconnut la voix du commandant Pouzoles, celle du commissaire du bord... Il perçut certaines paroles... Il comprit...

On s'était enfin aperçu de la disparition.

Ce qui s'était passé chez Drogont s'était passé, et de la même façon, chez le faux docteur Marboré. Ne le voyant point dans la salle à manger, à l'heure du repas ni au salon de lecture, dans l'après-midi ni au thé vers cinq heures, comme on le savait tout à la fois malade et fantasque, le médecin du bord avait conçu quelques inquiétudes.

Il avait frappé à la porte de Marboré.

Pas de réponse.

Et il était entré avec un passe-partout, la porte, on le sait, étant restée fermée.

Sur la table, du premier coup d'œil, la lettre attira son attention.

Aucun doute ne pouvait lui venir sur le dénouement tragique : dans un accès de neurasthénie, le passager s'était jeté à la mer...

Mention fut faite sur le livre de bord.

Dans les bagages du disparu on fouilla pour y trouver des indications qui eussent permis d'avertir sa famille.

On n'en découvrit aucune.

En une minute, sur le bateau, la nouvelle fut connue.

C'est alors que fut comprise l'explication d'un fait dont un matelot de garde avait été témoin, pendant le quart de nuit.

L'homme avait cru apercevoir, en se penchant au-dessus de la drisse, un fort paquet noir lancé d'un sabord et qui tombait dans l'écume blanche, au flanc du paquebot.

Il s'était penché plus fort pour apercevoir mieux.

Mais tout avait disparu.

Et comme, à ce moment, profonde était l'obscurité, il crut avoir mal vu et, d'autre part, le soupçon ne lui vint pas que ce paquet ne pouvait être autre chose qu'un homme, que l'objet lancé du navire était un cadavre.

Toutefois il rendit compte.

Le commissaire, averti, pensa tout de suite à Drogont. C'est pourquoi il était venu, on l'a vu, s'assurer que l'officier était toujours vivant.

La découverte qu'on fit dans la cabine de Marboré remit les choses au point.

Falker se remit au lit. Là seulement il se sentait en sûreté. Là, le moindre doute ne pouvait l'atteindre. Et le lendemain matin on serait à Pauillac... Il serait sauvé !... La certitude du salut prochain lui rendit quelque appétit. Il mangea le déjeuner servi !

Le soir, ce fut le garçon loquace qui lui apporta son dîner.

— Il est temps qu'on arrive, n'est-ce pas, mon lieutenant ? Pas gais, ces derniers jours... D'autant plus qu'il y a eut un suicide à bord... oui... un docteur Marboré... presque votre voisin... à deux portes d'ici... Mon lieutenant n'a rien entendu, cette nuit ?

— Rien... Que s'est-il passé ?

— Ah ! tout en douceur... Il s'est coulé par le sabord et laissé tomber, voilà tout... Paraît qu'on s'y attendait... Il avait un cafard sous la calotte...

Et le garçon, en riant, se frappait le crâne.

Puis, voyant qu'on ne lui répondait pas, il ajouta, en manière d'excuse :

— Pas trop fatigué, mon lieutenant ? Un peu de patience... Plus que douze heures !...

Et il se retira...

Oui, plus que douze heures. Falker avait hâte de terminer ce supplice... A bord, il se sentait à la merci d'un hasard, de la moindre aventure la plus banale... A terre, il lui semblait que la liberté lui serait rendue.

Le matin, au lever du soleil, par une journée qui s'annonçait radieuse, il aperçut, tout près, les côtes de France... Déjà, autour de lui, il entendait le remue-ménage des passagers, le tohu-bohu joyeux de l'arrivée... Les cabines se vidaient... Tout le monde était monté là-haut, sur le pont, pour assister à l'atterrissage, pour distinguer du plus loin qu'il était possible, les amis, les parents... aux mouchoirs voltigeant au bout des bras, sur la jetée...

Lui, pareil à l'araignée au fond de son trou, ne bougea pas...

Il s'était contenté de se lever, de s'habiller, de fermer sa valise, sa malle, d'accrocher sa sacoche à son épaule... et il attendait... Il attendait, pour se montrer, pour sortir, la dernière minute, pendant laquelle personne ne songerait à s'occuper de lui.

On frappa vivement à sa porte. Il tressaillit. Une voix joyeuse criait :

— Eh ! lieutenant... Nous arrivons... Est-ce que vous dormez, camarade ?

— Je suis prêt !... fit de l'intérieur la voix de Falker.

C'était le commissaire du bord... Il ne le lâcherait donc pas, celui-là ?

Et tout à coup le misérable se prit à penser que peut-être le commissaire avait conçu des soupçons, le surveillait, voulait lui parler, avant le débarquement. Alors, il passa la dernière heure devant la glace, à un maquillage savant... Il endossa un long manteau dont il releva le col jusqu'à ses oreilles et autour de son cou, lui cachant à peu près tout le visage, sauf les yeux, il roula un plaid léger de laine souple...

Personne ne s'étonnerait de tant de précautions... Ils étaient nombreux, à chaque paquebot, les fiévreux qui revenaient d'Afrique. C'était un spectacle auquel on était accoutumé... On les avait vus partir pleins de santé... On les revoyait brisés par la maladie.

Maintenant, tout était tranquille autour de lui.

Il n'y avait plus un passager dans les cabines... La marche du bateau s'était ralentie... On accosta... Le *Sénégal* devint immobile... Déjà le pont se vidait...

Il fallait prendre son parti... L'oiseau de nuit devait apparaître au grand jour...

Il sortit lentement de sa cabine, un frémissement au cœur et se hasarda... Il avait une petite valise à la main, sa sacoche au dos, et dans son portefeuille les papiers nécessaires, à tout hasard, entre autres :

1° Sa lettre de service lorsqu'il avait été nommé sous-lieutenant ;

2° Son brevet de chevalier de la Légion d'honneur ;

3° Celui de la médaille militaire ;

4° Enfin, son titre de congé, pour trois mois délivré à Brazzaville, par le général commandant le corps d'occupation de l'Afrique occidentale.

Les derniers passagers s'empressaient de quitter le bateau.

Il se coula parmi eux...

Il sentit peser sur lui des regards de marins, d'officiers... Mais comment se douter ? Tout cela resta indifférent... Le commandant Pouzoles était chez lui, faisait ses derniers préparatifs avant de céder le commandement à son second et de descendre à terre... Le commissaire du bord mettait la dernière main à ses paperasses et à ses comptes.

Personne ne prit garde à lui et ne lui adressa la parole...

Pourtant, un effroi lui venait...

En somme, malgré tout, il n'était pas impossible qu'un ami de Drogont, prévenu par lui de son retour, l'attendît sur le quai et, ne le voyant pas ou ne le reconnaissant pas, s'informât et donnât l'alarme.

Hâtivement, dès lors, il allait monter dans l'omnibus de l'Hôtel d'Angleterre lorsque tout à coup, il s'entendit interpeller :

— Pardon, excuses... Monsieur... si je vous arrête.

Il se retourne.

C'est un douanier, yeux naïfs, bonne figure ouverte.

— Vous descendez du *Sénégal*, sauf votre respect ?

— Oui... mon brave... pourquoi ?... Je n'ai rien à déclarer...

— Oh ! ce n'est pas ça... J'ai su, par la *Petite Gironde*, qu'au nombre des passagers, il y avait le lieutenant Drogont, des tirailleurs... Alors, comme on a été des frères d'armes, un temps, j'ai guetté les passagers du paquebot... Vous comprenez ? Une poignée de mains, c'est vite donné et ça fait plaisir... Mais j'ai cherché... Et... à moins que ce ne soit vous, monsieur... La maladie, ça change si bien un homme, que j'aurais pu ne pas vous reconnaître... Moi, je suis le caporal Walter.

Une seconde de suprême angoisse chez l'aventurier...

Que faire ?

Il peut dire à ce garçon :

— Je ne suis pas celui que vous croyez...

Il peut lui dire :

— C'est moi. Vous ne vous êtes pas trompé...

Mais le danger d'aujourd'hui, ne le retrouvera-t-il pas demain ? Tous les jours ? Et il ne pourra pas mentir à toute heure !... Il faudra bien l'affronter... Il faut bien, dès cette minute même, entrer, définitivement, dans la peau du mort !...

Il a tendu la main, cordialement, à la française :

— Moi, mon vieux, je t'ai reconnu tout de suite...

Et remarquant que le douanier boitait légèrement :

— J'espère que tu es remis complètement de ta blessure ?

Walter est très ému. Il balbutie :

— Ah ! mon lieutenant, comme je suis heureux de vous revoir !... Ma blessure, oui, c'est à peu près fini, mais vous voyez, on reste infirme... Et vous, mon lieutenant, et vous ! Ah ! qu'on en aurait à se raconter, des coups de chien et des souvenirs...

Et il serrait, à la broyer, la main de Falker...

Avec ce brave garçon, n'y a-t-il pas une chance inespérée de connaître, de Frédéric Drogont, ses actes, son caractère, sa vie au régiment, tous les détails que, seul, pourrait lui donner un ancien compagnon de guerre ?... La tentation fut forte... La crainte le retint de prendre rendez-vous avec lui pour le faire parler... En dépit de toutes ses précautions, il serait reconnu !...

Walter insiste, pourtant :

— C'est-il qu'on ne pourrait pas se revoir, mon lieutenant ?

— Viens me voir demain à l'Hôtel d'Angleterre... Nous dînerons en tête à tête...

— Merci, mon lieutenant, bien sûr qu'on y sera... Heure militaire ?

— Huit heures !

Falker pensait :

— Demain matin, je serai à Bordeaux et, à huit heures

du soir, dans le rapide qui me mettra à Paris... Walter
se fouillera et dînera sans moi...

Ils se quittèrent. L'omnibus partait.

Le douanier resta planté sur ses jambes, le regardant
s'éloigner, riant et la figure épanouie... Après quoi il se
gratta l'oreille :

— Tout de même, il est bien changé, depuis trois ans...
Je ne l'aurais jamais reconnu...

A l'Hôtel d'Angleterre, Falker donna des ordres pour ses
bagages et s'informa sur-le-champ des heures des trains
pour Bordeaux.

Sur la feuille qu'on lui présenta, il signa pour la première fois :

Frédéric Drogont.

Il avait vu l'écriture et la signature du mort dans les
papiers retrouvés. L'une et l'autre étaient faciles à imiter.

Alors, il respira.

Un grand pas venait d'être fait.

Une heure après, il éait en possession de deux malles. Il
les fouilla. Elles ne contenaient rien de très important. Du
linge, des vêtements, deux fusils de chasse, deux revolvers,
de nombreuses photographies. C'était tout. Le pauvre garçon qui avait été Frédéric Drogont ne rapportait même
pas, des déserts africains, les souvenirs habituels. A qui
les eût-il destinés, puisqu'en France il ne connaissait âme
qui vive ?

Falker avait hâte d'être à Paris.

Là, seulement, il devinait qu'il aurait plus de liberté...
La vie autour de lui s'élargirait et diminuerait les chances
de rencontres fâcheuses...

Il y arrivait le lendemain, vers neuf heures du soir...

. . . .

Or, Falker, la veille, avait à peine quitté sa cabine que
le garçon, qui se nommait Cyrille, y entrait pour y remettre de l'ordre.

Et sur le parquet, il apercevait une clef tombée là...

C'était une clef ouvrant une cabine portant un numéro.

Mais la clef de la cabine du lieutenant Drogont était dans
la serrure et portait le numéro 17.

Celle que Cyrille ramassa portait le numéro 21.

7

Le numéro 21, c'était la cabine occupée par le malheureux docteur Marboré, dont le suicide avait ému les passagers.

Cyrille n'était pas un sot. Il réfléchissait.

Il était là, lorsque, à l'aide d'un passe-partout, le commandant Pouzoles avait fait ouvrir la cabine.

Et la clef n'avait pas été retrouvée à l'intérieur.

Par quel miracle, étant ainsi disparue, reparaissait-elle dans la cabine de Drogont où, pour aucune raison, elle ne devait être ?

Mystère !

Mais ce mystère, Cyrille ne le garda pas pour lui.

Il le raconta au commissaire.

Le commissaire était un gros homme, qui n'aimait pas beaucoup les tracas. Sa devise, comme à tant d'autres, était : « Pas d'histoires ! Pas d'histoires ! »

Il tourna longtemps la clef dans ses doigts épais, cherchant dans son cerveau la solution du problème ainsi posé : « Une cabine étant fermée à clef, celle-ci disparue, et le passager de la cabine étant mort, noyé, comment la clef de sa cabine se retrouvait-elle chez un autre passager, son voisin ?...

La question était difficile. Plus difficile était la réponse.

Le commissaire se contenta de hocher la tête d'un air assez mécontent.

— Cyrille, vous extravaguez, mon garçon. Le passager de la cabine 17, vous le savez aussi bien que moi, c'était le lieutenant Drogont, un héros !... Et si la clef du 21 a été ramassée chez lui, c'est... c'est... eh ! vingt bons soirs, c'est qu'elle y était par hasard, voilà tout !...

Le commissaire avait bien raison...

Le hasard, cela explique tout ! Et cela n'explique rien !

Mais, comme Cyrille n'avait pas l'air de se contenter de cette réponse, il ajouta :

— Du reste, je ferai mon rapport... Moi, je m'en lave les mains...

Frédéric Drogont — désormais nous ne lui donnerons pas d'autre nom — coucha la nuit de son arrivée à l'Hôtel d'Orsay, mais, dès le lendemain matin, il se mit en quête d'une chambre garnie.

Ce n'était plus le Drogont que nous avons aperçu, au lit, traînant sa fatigue et sa fièvre dans les jardins de l'hôpital de Saint-Louis.

Il avait enlevé sa fausse barbe à son départ de Bordeaux.

Seulement, il avait eu soin de se grimer de nouveau. Il fallait qu'il eût un visage de malade, de bilieux et de blessé à peine convalescent. La jolie figure fraîche et rose du lieutenant Ulrich von Falker, en effet, n'eût pas manqué d'éveiller bien des surprises. Et pour l'aventurier, la première et la plus essentielle des précautions était de passer inaperçu.

Il alla rôder aux alentours de l'Ecole militaire.

Il visita plusieurs logements, avenue de Saxe, puis avenue de Suffren ; il savait que le véritable Drogont n'était pas riche, n'avait et n'aurait que la solde de Paris pour vivre et tenir son rang d'officier. De ce côté-là aussi, il fallait être prudent... Existence retirée et modeste... Nuls plaisirs...

Il finit par fixer son choix sur une chambre assez grande, avec un cabinet, au deuxième étage d'une maison meublée de l'avenue de Suffren, donnant sur l'avenue...

Et, en se penchant à la fenêtre, il aperçut devant la maison, évoluant sous ses yeux, une compagnie d'infanterie de ligne, casernée à l'Ecole. Elle était commandée, ce matin-là, par un lieutenant. Et en se penchant un peu plus, Drogont put lire, sur le képi des hommes le numéro du régiment... le 179e.

Or, le 179e était le régiment où il allait être affecté après son congé de trois mois.

Accoudé à l'appui de la fenêtre, pensif, il s'absorba... regardant ces soldats de France parmi lesquels il lui faudrait vivre... ne fût-ce que quelques semaines, ne fût-ce que quelques jours, le temps d'obéir à Tcherko.

Les commandements de l'officier, d'une voix claire, nette, montaient jusqu'à Drogont. Les recrues — c'étaient les soldats de la classe appelée en octobre — exécutaient les mouvements ordonnés, avec la vivacité, la précision alerte, qui distinguent le troupier français... Toutes les évolutions de sections et de compagnie... Les minutes s'écoulent... A la fenêtre, Drogont s'oublie, et la patronne de la maison meublée qui l'avait guidé dans sa visite, a fini par le laisser, et elle est redescendue.

— Il n'a donc jamais vu de militaires, cet officier-là ? grommela-t-elle.

Si, il en avait vu... mais pas les mêmes !... Il avait vu ceux de là-bas, évoluer également sous ses ordres, attentifs et précis... aussi souples, aussi vigoureux... Les jeunes gens de vingt ans, dans les deux pays, se ressemblent et l'on a tort d'entretenir la légende de la lourdeur des soldats allemands. Cette lourdeur n'est qu'apparente. Elle ne tient pas aux jarrets des hommes. Elle tient aux demi-bottes qui frappent le sol plus durement que les brodequins français.

Drogont se retira de la fenêtre.

Il murmurait :

— Ils valent les nôtres, évidemment... Et leurs yeux sont plus intelligents... mais ce n'est pas avec l'intelligence des soldats qu'on gagne les batailles...

Il redescendit, arrêta le logement, et paya d'avance.

Le jour même, il y faisait porter ses malles. Dans les bagages, il avait trouvé deux uniformes, un très usagé, fripé, celui des longues randonnées dans le désert, le second à peu près neuf. Il l'essaya. Ceinture de pantalon et épaules de la tunique un peu trop étroites. Il s'y trouvait gêné. Cela paralysait ses mouvements et il s'était dit, depuis longtemps, qu'une chose qui, dès le début de cette nouvelle vie, pouvait le trahir, était les habitudes automatiques de la raideur militaire allemande. L'ennui d'un uniforme mal seyant les aggravait.

Il courut s'en commander un autre, rue de Rivoli.

La livraison demandait une semaine. Et comme il était obligé de se mettre en tenue pour aller rendre sa visite officielle au colonel du 179e, il eut ainsi quelques jours de liberté...

Il les passa dans une étude acharnée de tout ce qui pouvait le renseigner sur les devoirs de l'officier. Il apprit les règlements. Il lut les théories, acheta toutes les brochures de chez Lavauzelle, où il puisa l'âme française et le devoir français. Ce qu'il lui fallait, c'était adoucir la rudesse allemande, en face du soldat. Chez nous, l'énergie seule suffit, dans le commandement. Chez eux, c'est la dureté, d'abord. Mais quand Schweiber avait dit à Tête-de-Mort, au bal de la princesse : « J'ai l'homme qu'il vous faut ! » le général ne s'était pas trompé. Falker avait en lui l'audace, la ruse, l'intelligence, qui font les grands aventuriers, et parfois les grands criminels. Le temps qu'il ne consacrait pas à ses études théoriques, il le passait avenue de Saxe, avenue de Suffren, place des Invalides, partout où il surveillait l'éducation du soldat... à Issy, où se faisaient les tirs du 179e, et même dans les marches-manœuvres qu'il suivit à pied, de loin, déguisé en paysan, bâton à la main, casquette sur l'oreille.

Enfin, son uniforme lui fut livré.

Il l'essaya une dernière fois, seul, dans l'intimité de sa chambre, et le porta tout le lendemain, qui était un dimanche.

Il se hasarda au milieu de la foule, en cette journée de repos.

Certes, c'était un bel officier, malgré sa figure ravagée par la fièvre... et d'allure bien militaire... Il reçut quelques gentils coups d'œil de midinettes qui, se tenant par le bras, déambulaient sur les grands boulevards.

Et pour la première fois, le salut des soldats français...

Pour la première fois, il y répondit, sans raideur, à la française.

Quand il rentra, le soir, ayant dîné au restaurant et passé sa soirée au théâtre, il était content de lui, satisfait de cette épreuve.

Et le lendemain, délibérément, il sortit...

L'épreuve de la veille n'était rien, un jeu d'enfant, presque sans péril.

Celle qu'il abordait était autrement grave.

Il s'était mis, non en grande tenue, mais en tenue du jour, ainsi qu'il le fallait...

Il était neuf heures moins le quart du matin.

Il prit une voiture et se fit conduire aux Invalides, au bureau de la Place. Pour l'avoir lu sur sa feuille de congé, il savait qu'aussitôt son arrivée à Paris — qu'il avait choisi comme lieu de résidence pendant son congé — il devait faire connaître son adresse au général commandant la place.

Le bureau était au rez-de-chaussée.

Il entra dans un vestibule, où se trouvait un planton de garde. Celui-ci l'introduisit sur-le-champ dans le cabinet où travaillait l'officier de service. La porte se referma.

Les deux officiers restèrent seuls.

Frédéric Drogont déplia sa feuille de congé d'une main un peu fiévreuse, mais qui, pourtant, ne tremblait pas. Un geste cordial de l'officier lui avait indiqué une chaise et il s'était assis, sa main gantée sur la poignée du sabre...

— Je suis un peu en retard pour vous faire connaître mon adresse, fit-il, en un pur français où il n'y avait pas le moindre accent étranger... Je m'en excuse et vous m'en

excuserez également, j'en suis sûr... J'ai été très souffrant
pendant la traversée du *Sénégal*, au point que je n'ai pas
quitté ma cabine une seule fois... En arrivant à Paris, j'ai
dû prendre le lit... Ma première sortie est pour vous, camarade, de même que ma première visite ; ce soir ou demain
sera pour le colonel Davignaud.

— Vous serez affecté au 179e ?...

— Je suis affecté, dès aujourd'hui, mais je ne prendrai
mon service que dans deux mois et trois semaines... à la
fin de mon congé de convalescence... J'ai permuté avec le
lieutenant Houdot... Mon adresse : 41 *bis*, avenue de Suffren...

— Vous avez été blessé ?

— Oui, deux fois, en haut de la cuisse, dans l'aîne... et à
la poitrine.

— Guéri ?

— Hum ! Guéri, oui, mais pas brillant... La seconde blessure, mal fermée... Et si j'ai demandé Paris, ce n'est pas
certainement parce que je suis devenu tout à coup coureur
de théâtres, de boudoirs ou de salons... Ça ne me ressemble
guère et la vie que j'ai menée depuis que je me suis engagé
ne m'a pas du tout préparé à pareille existence... Seulement, j'ai été gravement touché, et je ne parle pas seulement de mes blessures... Il y a la fièvre et la dysen-
rie... J'ai besoin de soins spéciaux très attentifs... Je ne les
aurais pas trouvés dans une ville de garnison de province
où il m'aurait fallu recourir à des médecins civils... Ma
solde ne m'eût pas permis de les payer... A Paris, au contraire, je trouverai tout ce qu'il me faut au Val-de-Grâce et
ça ne me coûtera rien !... Je n'ai pas un sou, en dehors de
ma solde...

Le cas est fréquent, dit l'officier en souriant...

Tournant son fauteuil de bureau vers Drogont, il croisa
les jambes et, tirant un étui, lui offrit une cigarette :

— Dans quelles affaires avez-vous écopé ?

Depuis longtemps, Drogont était prêt à répondre à ces
curiosités.

— Un coup de lance d'un guerrier touareg, dans la surprise du détachement de Tombouctou... Tous les officiers
morts... les sous-officiers massacrés... Je restai seul...
blessé... et je réussis à sauver le reste du détachement... Je
ne sais si l'on a parlé de cette expédition en France ?...

— Si l'on en a parlé ? Vous êtes modeste... Une jolie

journée, camarade, une retraite en combattant avec cinquante Sénégalais, au milieu des nuées de guerriers... pendant cinq nuits et cinq jours... n'ayant plus rien à manger et rien à boire...

— Je vous demande pardon, camarade, fit Drogont dans un éclat de rire qui découvrait ses dents blanches... nous avons mangé les sangles et les courroies de cuir de nos sacs... et — je peux bien vous en donner ce détail, puisqu'il n'y a pas de dames qui nous écoutent — pour ne pas mourir de soif, nous avons bu notre urine !...

— C'est là que vous avez gagné la médaille militaire ?

— Oui... Quant à la seconde blessure, une balle... c'est un esclavagiste qui me l'a envoyée... Nous étions partis en tournée d'inspection dans l'ouest, au Chittati, région qui, située entre le Kanem et la pointe nord du lac Tchad, est peuplée de nomades Toubbous et d'Arabes Myaïssas... A Bir-Gafalé, qui veut dire « puits des caravanes », où nous campions, nous avons été attaqués... Une trahison... C'est là que j'ai pris quelque chose... et j'ai bien cru que c'était la fin.

— De là cette croix ?

— Non, camarade. Je l'avais déjà, depuis six mois... depuis une expédition qui, celle-là, fit grand bruit en France... si j'en crois les journaux qui nous sont parvenus à Bir-Alali... une expédition où nous serions restés jusqu'au dernier homme, si, par miracle, nous n'avions été secourus par un chef mystérieux, un Français dénaturalisé, vivant là-bas, y ayant organisé une armée redoutable, équipée et disciplinée à l'européenne... dont la légende courait le désert depuis longtemps et pourtant à l'existence duquel personne de nous jusqu'alors n'avait voulu croire...

— Vous parlez du fameux *Trompe-la-Mort* ? (1).

— Justement... autrement dit : Kaddaou-el-Maoute... ce pauvre duc Clément de Tiffanges, dont le drame en justice a si fortement ému l'opinion...

— Je me rappelle... Et vous avez renoncé à l'Afrique pour toujours, camarade ? On dit pourtant qu'elle ne lâche jamais son homme... Une fois qu'on en a goûté, c'est pour la vie ?

— Je viens me retaper... Plus tard, nous verrons... Je ne désespère pas... On parle beaucoup du Maroc, depuis quelque temps...

(1) Voir le roman du même auteur, intitulé *Trompe-la-Mort*.

Drogont ajouta, après une légère pause :

— Et à moins que l'Allemagne ne s'y oppose...

— Les Allemands nous embêtent... ne trouvez-vous pas, camarade ?

— Si... je trouve, en effet... fit Drogont, avec un petit frémissement.

Deux ou trois officiers entrèrent. Drogont se leva aussitôt pour se retirer.

— Je vous reverrai, camarade ?... Lieutenant Carrier, 27, rue de Rivoli... Je serais très heureux... J'écrivaille un peu dans les revues... Quelques souvenirs de vos campagnes là-bas... ça ne ferait pas mal... Du reste, vous n'êtes pas un inconnu...

Et aux officiers, qui venaient d'entrer, il présenta, cordialement :

— Lieutenant Frédéric Drogont, permuté au 179e...

Ils se serrèrent les mains. On voulut retenir Drogont, mais il prétexta sa visite au colonel Davignaud et partit... Dans le vestibule, il passa rapidement son mouchoir sur son front couvert d'une sueur d'angoisse. Mais enfin, il était sorti victorieux de cette première rencontre... Pas de gaffes ! Pas même une hésitation !... Bravo !...

Le grand air lui fit du bien et il descendit jusqu'au quai de la Seine...

Il consulta sa montre. Neuf heures et demie.

Il avait le temps de monter à pied jusqu'à l'Ecole militaire où il arriverait à dix heures pour le rapport.

A l'Ecole, à dix heures, il se présentait à la salle du rapport. Le planton le faisait attendre dans une petite pièce meublée d'un banc et de trois chaises de paille.

Il fit passer au colonel Davignaud une des cartes de Frédéric Drogont, trouvées dans le portefeuille.

Quelques minutes s'écoulèrent. Puis, il entra, salua et attendit.

Plusieurs des officiers qui étaient au rapport venaient de quitter la salle pour leur service. Il ne restait là que le colonel Davignaud et deux chefs de bataillon. Le colonel s'avança vers Drogont et lui tendit la main.

— Je suis heureux de vous voir, lieutenant... Soyez le bienvenu.

— Et moi, mon colonel, je suis très heureux et très fier d'avoir à travailler sous vos ordres...

Le colonel présentait l'aventurier, qui était impassible.

— Commandant Lauriot, commandant Le Grœnek, le lieutenant Drogont...

La conversation s'engagea. C'était non point la présentation officielle de Drogont — elle aurait lieu plus tard — mais une simple visite de politesse.

Il s'ensuivit une invitation à déjeuner chez le colonel, pour un jour de la semaine suivante. De tous, l'accueil avait été empressé et chaleureux. Pas une pierre, sur cette route, qu'il s'était attendu à trouver si périlleuse.

En prenant congé de lui, le colonel avait ajouté :

— J'ai reçu du gouverneur une lettre affectueuse... Il ne m'a pas dit ce que vous êtes... cela était inutile... je le savais... Mais il m'a dit que, sans aucune famille, vous alliez vous trouver à Paris, en France, tristement seul... Je vous ouvre ma porte...

— Merci, mon colonel.

Au cours de l'entretien, un de ces mille détails de la vie militaire française, auxquels il n'était pas préparé, s'était produit et l'avait embarrassé.

Le colonel, tout à coup, avait demandé :

— Vous avez sans doute votre carte d'identité ?

Falker se crut découvert, ou soupçonné. Un froid mortel l'envahit. Mais comme il hésitait à répondre, ce fut le colonel lui-même qui le tira de sa détresse :

— Non ? En Afrique, vous n'en avez pas eu besoin. En France, si vous voulez faire quelques voyages pendant vos mois de congé, cela vous sera plus commode que tout autre papier pour votre quart de place... Vous avez bien quelque photographie ?

— Ma foi ! non, mon colonel... Sauf quelques clichés d'amateur...

— Qu'à cela ne tienne, faites-vous photographier. Envoyez-moi une épreuve et je ferai établir votre carte... Ce n'est pas indispensable, mais c'est utile...

Ce que le colonel ne pouvait savoir, c'est que cette carte allait devenir, pour Drogont, comme une preuve absolue, indéniable, de sa nouvelle personnalité. Les signatures administratives et militaires accolées au recto et au verso, n'allaient-elles pas certifier, officiellement, que l'officier, porteur de ladite carte, était bien Frédéric Drogont ?

— Encore un heureux hasard ! murmura l'aventurier.

Il passa les jours suivants à faire des visites rapides aux officiers de son régiment.

L'état de sa santé lui permit de retarder, pendant quelque temps, les invitations qui ne manquèrent pas de lui être adressées, aussi bien par les officiers mariés, qui étaient ses supérieurs, que par les lieutenants et les capitaines, au mess.

Mais, peu à peu — et c'était ce qu'il voulait — il prenait contact avec eux, étudiait leur caractère, leurs qualités, leurs faiblesses, se faisait renseigner sur les hommes de sa compagnie, sur les sous-officiers, attentif aux moindres détails.

Du reste, il passait ses journées, une partie de ses nuits, à lire les règlements, à s'imprégner de tout ce qui constituerait bientôt sa vie d'officier de l'armée active...

Mais cette vie qu'il s'organisait ainsi n'était que pour faciliter une entreprise bien autrement grave et bien autrement périlleuse :

Son entrée dans l'intimité du général Bénavant.

Le hasard, encore, l'avait bien servi, puisqu'il savait qu'une lettre était arrivée à Bénavant, émanant du gouverneur du Congo. Mais il était obligé d'attendre que le général se souvînt de lui et le priât de venir au Parc des Princes.

Il patientait, sachant que Bénavant était dans l'Est, sur la frontière, en train d'étudier les emplacements des nouvelles troupes que le gouvernement, sur sa demande pressante, allait envoyer dans la Woëwre, jusqu'à présent dégarnie complètement et hors d'état de résister aux régiments allemands de la frontière.

. . . .
. . . .

Un matin, avec les journaux que le garçon lui montait régulièrement tous les jours, à huit heures, en même temps que son café, il y avait une lettre, sans timbre ni cachet de la poste, apportée la veille au soir, très tard, lui dit-on.

L'adresse était écrite à la machine... Il crut d'abord à une circulaire... Il ouvrit... et tressaillit en reconnaissant, cette fois, l'écriture de Tcherko.

« Soyez demain, à midi, rond-point des Champs-Elysées, » fontaine de gauche... »

Il fut exact au rendez-vous et il était à peine arrivé

qu'une auto s'arrêtait contre le refuge. Dans le fond de l'auto, un homme lui faisait un geste.

Il reconnut la terrible tête de mort du directeur de la police allemande.

Il se jeta dans l'auto, qui reprit sa course en remontant les Champs-Elysées. Le chauffeur avait des ordres. Tcherko baissa les rideaux.

— Il est inutile qu'on nous voie ensemble, dit-il en riant... Cela ne manquerait pas de nuire à votre avancement... Nous allons faire, si vous le voulez bien, un tour de bois... Ici, nous avons le loisir de causer à notre aise.

Il offrit une cigarette, passa son bras dans l'accoudoir et après deux bouffées :

— D'abord, je vous félicite... Pour votre entrée en France, c'est un coup de maître... Il est vrai que vous n'en étiez pas à votre début et que déjà chez le général Hortmutz vous vous étiez distingué... Racontez-moi donc ce qui s'est passé sur le *Sénégal*.

Et quand il eut entendu le récit :

— C'est un chef-d'œuvre, ni plus ni moins. Oui, oui, vous êtes bien l'homme qu'il nous fallait... Toutefois, vous avez négligé, j'en ai peur, certains moyens prudents... Nous avons besoin de rester tous deux en communication. Ouvertement, cela nous est défendu. Nous serions à la merci d'un hasard... J'y ai songé... Votre logement de l'avenue de Suffren ne vous suffit pas... En voici un, rue Vignon, loué au nom de Philippe Darcourt, six mois payés d'avance... La maison a deux sorties, une sur la rue Vignon, l'autre sur la rue Tronchet... Voici encore un autre appartement, au nom de Jean Simon, boulevard Malesherbes, avec une sortie sur le boulevard et une autre avenue Wagram. Le tout est convenablement meublé... Quand vous sortirez de chez vous, avenue de Suffren, qui est votre demeure officielle, vous entrerez par la rue Vignon dans votre second logement et vous en sortirez, rue Tronchet, déguisé et maquillé de telle sorte qu'on ne puisse vous soupçonner... Ainsi méconnaissable, vous irez boulevard Malesherbes, où l'on ne devra jamais vous voir que dans votre figure d'emprunt... Vous utiliserez la sortie par l'avenue Wagram en cas d'alerte !...

— Je ne crains rien.

— Il faut s'attendre à tout. D'autre part, vous connaissez mon projet. Voici l'hiver qui est à sa fin. Le temps presse... Il faut nous hâter... préparer le grand coup pour le printemps, l'été ou l'automne au plus tard... Voici... Ecoutez-moi !...

Il tira deux ou trois bouffées de cigarette, puis rapidement, et sans hésiter :

— Après-demain à huit heures et demie, au Trocadéro, on donne une soirée de gala sous la présidence du ministre de la Guerre, au bénéfice de l' « Union des œuvres pour l'assistance aux familles des militaires sous les drapeaux »... Musique de la garde républicaine, celle du 1er régiment du génie, chœurs du Conservatoire, etc. Le général Bénavant est absent, mais, malgré le deuil qu'elles portent depuis la mort de Villedieu et la disparition de Nicole, il est infiniment probable que la générale et Madeleine assisteront à cette représentation de bienfaisance. Elles rentreront tard, comme de juste, au Parc des Princes, dans leur auto... A quelques centaines de mètres avant d'arriver à leur villa, une auto venant en sens inverse barrera le passage, obligera l'autre à s'arrêter... D'où altercation entre les deux chauffeurs... Pendant l'arrêt, quatre hommes à moi bousculeront et assommeront le chauffeur de Bénavant, entreront dans l'auto, pour dévaliser les deux femmes... Ici, vous interviendrez...

— Moi ?

— Oui... Vous serez là... par hasard...

— Voilà un de ces hasards qui ne s'expliquent guère...

— Très facilement au contraire... Vous êtes libre, vous avez passé la soirée dans un lieu de plaisir — il n'en manque pas et vous choisirez vous-même — vous aurez lié connaissance avec une jeune femme que vous aurez accompagnée chez elle... Et c'est en la quittant que, juste à point vous vous trouverez là pour sauver deux pauvres femmes fort violentées par des gredins...

— Encore faut-il que je sache...

— Le nom de votre maîtresse d'un soir ? Elle s'appelle Jenny... Elle est prévenue... Elle demeure 142 *bis*, route de Versailles et n'est pas très farouche... Elle est très jolie et vous ne serez pas bien à plaindre... Vous irez lui rendre visite jeudi soir et vous passerez la soirée chez elle, si le cœur vous en dit...

— Ensuite ?

— C'est à peu près tout... A votre intervention vigoureuse, les assaillants prennent peur... Vous délivrez les

deux femmes qui, certainement très émues, vous remer-
cient de toute leur gratitude... Elles demandent le nom de
leur sauveur... Vous ne vous faites pas connaître et vous
vous esquivez pour vous dérober à leur reconnaissance...
Ah ! j'oubliais... Dans la bagarre, il y aura des coups de
revolver... Les armes de mes hommes ne sont chargées
qu'avec des cartouches à blanc... Enlevez les balles aux
vôtres...

— Les détonations attireront les agents cyclistes...

— Tout est prévu... Contre la rive, il y aura un canot-
automobile... mes hommes s'y jetteront... et fileront par la
Seine... Et pour plus de réalité, l'un deux traînera la
jambe, en embarquant, comme si vous l'aviez blessé...

— Vous avez dit que je ne me ferais pas connaître...

— C'est important... Tout est là... De cette façon, il ne
viendra jamais aucun doute que cette aventure romanesque
ait pu être truquée par vous dans un but facile à comprendre...

— Mais alors, je perds le bénéfice de mon... de mon
héroïsme ?

— Votre nom, vous serez obligé de le donner aux agents,
accourus au bruit...

— Ah ! bravo... Plus tard, la générale voudra connaître
son sauveur.

L'auto avait traversé le bois, longé la pelouse de Long-
champ, était descendue sur la berge de la Seine. Là, tout
à coup, après l'octroi, elle ralentit, ne marcha plus qu'en
première vitesse.

— Une panne ?

— Non. Le chauffeur a mes ordres. Penchez-vous un peu,
soulevez le rideau et regardez la villa dans ces marronniers
que vous voyez sur la gauche...

— Eh bien ?

— C'est ici, monsieur Ulrich von Falker que vous aurez
bientôt à livrer bataille... C'est ici, dans cette villa, qu'habite le général Bénavant, avec celle qu'il faut que vous
épousiez un jour...

Et il acheva, dans une sorte de sourd grondement :

— C'est ici que se décidera la paix ou la guerre, bientôt !
Falker s'était penché.

Tout à coup Tcherko le saisit et un brusque mouvement
le ramena en arrière.

— Cachez-vous !...

La grille de la villa s'entr'ouvrait. Deux femmes sortaient... Mais Frédéric Drogont avait eu le temps de les apercevoir... Un instant, son regard était resté attaché à un doux visage de vierge un peu triste...

Et il murmura :

— Comme elle est belle !

Mais une étreinte lui brisait le bras.

Et une voix farouche lui disait à l'oreille :

— Oui, elle est belle... Et l'on m'a dit que l'autre, Nicole, n'était pas moins jolie, bien qu'elle ne lui ressemblât guère... Mais souvenez-vous de ceci, lieutenant... Gardez-vous contre l'amour, comme on se garde contre la peste !...

Frédéric Drogont ne répondit pas. Peut-être n'avait-il pas entendu !

Il avait fermé les yeux...

Et qui sait si ce n'était pas pour conserver, un peu plus longtemps, sous ses paupières, l'adorable vision disparue ?

III

Un dîner chez le général Bénavant.

Le jeudi matin, avenue de Suffren, Drogont recevait cette lettre, très parfumée :

« Il paraît que nous devons passer la soirée ensemble ?
» Venez me prendre aux Variétés, loge 31... C'est plus sûr
» pour vous... Ailleurs, je suis trop connue... »

C'était signé Jenny, — nom peu français, — mais nom d'emprunt, car la forme de l'écriture accusait clairement l'origine allemande. Drogont fut exact. Jenny était une fort belle fille, plantureuse et fraîche, aux yeux de pervenche, à la peau blanche et rose, sans l'ombre de fard ni de poudre... La nature même. A l'entrée de Drogont, elle tendit sa main et riant de toutes ses dents éclatantes :

— Je sais pourquoi vous venez et je vais vous mettre à l'aise bien vite, fit-elle tout bas, en allemand. Ne vous croyez pas forcé de me faire la cour...

A vrai dire, il n'y pensait pas... Depuis deux jours, la même vision jolie, élégante, au regard attristé, flottait devant ses yeux... l'image de Madeleine.

Et, depuis deux jours, il se disait :

— Celle qu'il faut que je déshonore !... Celle que je ne dois pas aimer !... Si belle !...

Jenny s'aperçut vite qu'il était distrait. Mais elle était bonne fille :

— Vous savez, moi, j'ai déjà vu la pièce trois fois... Et si vous voulez partir ?...

— J'aime autant... Mais, pour plus de sûreté... pas ensemble, n'est-ce pas ?

— Allez m'attendre place de l'Opéra, près de l'entrée du Métro. Je vous y prendrai avec ma voiture.. Dis donc !... fit-elle en le tutoyant, je l'ai depuis ce matin, ma voiture. Tu auras la galanterie de me la payer ?...

— Trop heureux, ma chérie...

— C'est égal, mon petit, ce que tu es froid près de moi !... Qu'est-ce qu'il te faut ?

Il haussa les épaules, endossa son pardessus, releva le col et sortit de la loge. C'était l'entr'acte. Il se hâta de descendre et gagna la place de l'Opéra. En même temps, une auto de louage accostait au trottoir... En route !

Chez elle, à Boulogne, dans un coquet appartement donnant sur des jardins et de grands arbres, elle avait préparé un lunch, avec du champagne, des gâteaux, de la viande froide... Il trempa ses lèvres dans une coupe de champagne.

— C'est tout ? fit-elle, riant, car elle aussi finissait par en prendre son parti.

— Oui, c'est tout... Une autre fois, je reviendrai... et... on s'embrassera...

— Oh ! ne te gêne pas avec moi... Je suis en service commandé... tous les jours...

Elle, dévorait poulet froid, jambon d'York, gâteaux... et buvait coupes sur coupes...

Vers onze heures, il se leva... prit congé... fila dans la nuit vers le quai de Boulogne, descendit au long de la berge en se cachant derrière les arbres.

Il n'attendit pas longtemps.

Vers onze heures et demie, il aperçut une auto suspecte qui rôdait aux alentours du pont de Sèvres.

Tout à coup, un sifflement strident, prolongé, un signal...

L'auto revient sur la route qui longe la Seine, sans changer son allure.

En sens inverse, une automobile approche à toute vitesse. Des coups de trompe, répétés, de part et d'autre. Le manège s'exécute tel qu'il a été prévu par Tcherko.

Pendant que les deux voitures sont arrêtées, quatre hommes que Drogont n'avait pas vus, surgissent des ténèbres. Ils étaient couchés au ras de l'eau. On dirait qu'ils sortent du fleuve. Et ils se précipitent comme des bêtes fauves...

Des cris de terreur, des voix de femmes...

Et Drogont a fort bien distingué les deux voix et il a senti son cœur se serrer et une colère l'envahir, parce qu'il vient de penser que Madeleine, en ce moment, avait peur, alors qu'il ne réfléchit pas qu'aucun danger ne la menace.

Le chauffeur, assommé d'un coup de casse-tête, est évanoui sur la route.

Les hommes ont ouvert les portières de l'auto et une furieuse lutte se livre à l'intérieur entre eux et les deux femmes éperdues.

Mais soudain des coups de revolver éclatent... C'est une fuite éperdue... Pourtant, en fuyant, ils ripostent... Drogont n'est pas atteint, et pour cause, car il n'entend pas même siffler les balles... L'un des apaches paraît blessé... Il a roulé par terre... Ses complices le relèvent, l'emportent... vers la Seine....

Et l'on entend aussitôt le ronflement du moteur du canot qui disparaît...

Tout ce drame s'est passé en un clin d'œil.

Dans l'auto, Françoise, seule, a gardé un peu de présence d'esprit.

— Madame, vous n'êtes pas blessée ? interroge Drogont.

— Oh ! monsieur, vous nous avez sauvées, mais mon enfant, ma pauvre enfant...

Madeleine, la tête renversée, pâle, lèvres entr'ouvertes, est évanouie...

Et de se voir si près d'elle, tout à coup, Drogont, sans penser qu'il doit ce rapprochement à une intrigue misérable, à un complot infâme, se sent infiniment troublé.

Plus belle encore peut-être dans cet évanouissement qui éveille sa pitié !...

Cependant, les détonations ont attiré les agents. Le chauffeur, assommé, reprend vie. On l'interroge. Il ne sait rien. L'attaque a été si brusque... Et au loin, vers Paris, on perçoit encore, très affaibli, le moteur du canot... Un brigadier hausse les épaules :

— Rien à faire !...

La générale donne son nom. La villa Bénavant est à deux pas. Et voici que Madeleine rouvre les yeux. Alors, peureux, Drogont s'éloigne, comme si, ayant honte de sa propre infamie, il n'osait pas affronter son regard... un regard surpris, qui ne comprend pas encore et qui demande : « Quel est cet homme que je n'ai jamais vu ? Pourquoi est-il là ? Et que nous veut-il ? » Même, elle a un dernier geste de terreur et de répulsion. Elle le prend pour un des criminels... et s'écrie :

— Ne me tuez pas ! Ne me tuez pas !

Clameur d'épouvante qui semble prévoir l'avenir.

Clameur qui retentit jusqu'au fond du cœur du misérable...

Mais Françoise intervient, rassure l'enfant.

— C'est lui qui nous a sauvées !

Alors, Madeleine dit, pendant que ses sanglots détendent enfin ses nerfs :

— Oh ! monsieur, je vous demande pardon !

Françoise, suppliante, interrogeait Drogont :

— Monsieur, votre nom... votre nom pour que nous puissions vous remercier...

— Madame... dit-il en souriant... je m'appelle le Hasard. Tout honnête homme, à ma place, eût fait comme moi. Je n'ai donc nul mérite... je vous assure... Permettez-moi donc de me retirer en souhaitant que vous ne gardiez de cet incident que le souvenir d'un mauvais rêve...

Elle insista. Il refusa. L'auto passa la grille. La grille se referma et tout fut dit.

— Tout de même, monsieur, disait le brigadier, vous seriez bien aimable de nous accompagner jusqu'au poste... Ça nous permettra de rédiger notre rapport...

— Comme vous voudrez, brigadier... C'est trop juste... Mais j'ai vu peu de choses et les signalements que je pourrai vous donner seront bien vagues...

Et, se présentant :

— Lieutenant Frédéric Drogont, du 1er tirailleurs, en congé de convalescence, affecté au 179e, à Paris.

Les agents rectifièrent et saluèrent... Et tous ensemble prirent le chemin du poste.

A treize heures moins le quart, Drogont réussit à prendre le dernier train de ceinture, qui le déposait, trois quarts d'heure après, gare Saint-Lazare...

Comme il sautait du train, un vieillard à longue barbe blanche, qui attendait avec un ticket d'entrée, lui prit le bras... en lui glissant à l'oreille :

— Tcherko...

En bas, dans la cour, ils échangèrent quelques mots.

— Je me doutais que vous arriveriez par ce train... Quoi de nouveau ?

— C'est fait !

— Sans accroc ?

— Aucun.

— Vous êtes un habile homme. Bravo !... Vous allez recevoir une invitation du général...

Deux jours après, il la reçut... Et ce fut le général lui-même qui la lui apporta...

Lorsque le garçon de l'hôtel monta le prévenir de cette visite, Drogont, brusquement, se leva... La matinée était très fraîche, bien qu'on fût au cœur du printemps... Il avait plu, une de ces pluies froides accompagnées de grêle et de neige et qui se terminent brusquement dans un rayon de soleil. Sorti de très bonne heure, malgré le temps, Drogont était allé faire sa promenade habituelle aux alentours des casernes et des quartiers, s'imprégnant de tous les détails de la vie militaire, y associant sa pensée constante, effaçant ainsi jour par jour tout ce qui subsistait d'une apparence qui aurait pu le trahir !...

Donc, il était dans son chez-lui, en pyjama, et les pieds dans des pantoufles.

Derrière le garçon, le général entrait, empressé et cordial.

— Mon général... je ne m'attendais pas... Cet honneur... Je suis confus...

— Vous êtes confus d'avoir sauvé ma femme et ma fille en les tirant des mains de ces misérables ? Et vous êtes surpris que j'en vienne vous remercier, lieutenant ?

Les mains s'étreignirent.

Et Drogont, avec une émotion intense, examinait cet homme qu'il voyait pour la première fois... autour duquel le génie diabolique de Tête-de-Mort avait organisé une effrayante intrigue d'où dépendait le sort de deux grandes nations... Tout, en Bénavant, indiquait l'intelligence rapide, la décision et l'énergie...

Le lieutenant dut refaire le récit de l'attentat.

— Par le commissaire de police, fit le général, il m'a été facile de vous retrouver... Dans votre modestie... exagérée... lieutenant, vous n'aviez pas songé qu'une enquête allait suivre dans laquelle vous seriez obligé de décliner vos nom et qualités...

— Je n'ai su que ce matin, par les journaux, quelles étaient les deux pauvres femmes auxquelles j'avais été assez heureux pour porter secours... J'en suis vraiment très fier, mon général, puisqu'elles sont si près de votre cœur...

Si Bénavant était examiné par Drogont, il examinait également le jeune officier.

En même temps, un regard autour de lui, sur cette chambre où ne se trouvaient, avec des livres, que les meubles nécessaires, le renseignait sur la pauvreté du lieutenant.

Puis, son regard pénétrant, aigu, s'arrêtait sur les yeux de Drogont.

L'aventurier sentit un léger malaise, malgré toute son audace.

Et Bénavant pensait, à la même minute :

— C'est singulier... Les yeux de ce garçon manquent de franchise...

Mais une autre pensée corrigea la première.

— Timidité, sans doute... Et chez pareil officier ceci ne me déplaît pas...

Le général rompit ce court silence :

— Comment diable, et par quel hasard, lieutenant, vous trouviez-vous, sur le coup de minuit, dans ces parages déserts du quai de Boulogne ?

— Mon général, fit Drogont en riant, je suis allé passer ma soirée, hier, aux Variétés, et j'y ai fait une rencontre aimable... Nous sommes partis avant la fin du spectacle et c'est route de Versailles, à Boulogne, que ce roman d'amour s'est dénoué...

— Je vous prie de m'excuser... Je n'aurais pas voulu vous confesser... Du reste, l'aventure d'hier ne fait qu'avancer de quelques heures le jour où je vous aurais prié de passer chez moi... Pour moi, en effet, vous n'étiez pas un inconnu... J'ai reçu du gouverneur du Congo une lettre qui vous concerne. Il me dit que vous êtes l'homme des missions délicates et périlleuses et que si jamais j'avais besoin de vous... quels que fussent les risques à courir..

— Mon général ! fit Drogont en saluant.

— Vous savez l'allemand ?

Sans sourciller, le lieutenant Ulrich von Falker répondit :

— Comme ma langue maternelle, mon général... Je l'ai étudiée depuis que je suis au régiment, et comme j'ai toujours eu la chance d'avoir pour camarades des Alsaciens, je me suis familiarisé... Je parle couramment...

— Très bien ! fit Bénavant, songeur. Cela pourra servir.

En attendant, il me semble juste que vous donniez à ma fille et à sa mère l'occasion de vous remercier mieux qu'elles n'ont pu le faire... Etes-vous libre demain soir ? Nous dînons à huit heures...

— Oh ! mon général ! fit Drogont, que l'émotion pâlissait.

Mais, tout de suite, son émotion se changea en terreur.

Le général ajoutait :

— Vous trouverez chez moi quelques officiers avec lesquels vous pourrez vous entretenir de vos campagnes d'Afrique... et il est vraisemblable que vous avez des amis communs... Adieu, lieutenant !

— Mon général !

Puis, l'effroi qui l'avait saisi soudain s'affaiblissait, devant la certitude de se rapprocher de Madeleine. Il sentait un invincible attrait qui l'entraînait vers la jeune fille... Pour sa perte, peut-être ?... Il n'y réfléchissait pas.

C'était la partie suprême qu'il tenterait, et après laquelle tout le reste ne serait plus que des jeux d'enfant...

Il fallait ne point déplaire à Madeleine... chose facile, puisqu'il allait se présenter à elle avec l'apparence romanesque d'un sauveur.

Mais il fallait, sous les regards avertis et intelligents des officiers, parler de l'Afrique avec la chaleur, la précision et la vérité qu'aurait mises dans ses récits le véritable Frédéric Drogont, héros de cent prouesses.

Il vécut dans la fièvre les heures qui le séparaient de cette soirée. Il passait par des alternatives de joie et de crainte. Parfois celle-ci l'emportait. Il se disait que c'était une entreprise folle, d'une témérité sans nom et qu'une trahison, sinon une imprudence, soulèverait le masque de son mensonge... Après quoi, il se disait qu'il était protégé, comme d'une triple cuirasse, par son audace même. A qui viendrait le soupçon que sous cet uniforme de France se cachait l'officier allemand, taré, renié par les siens ?... Est-ce qu'il n'y avait pas là quelque chose de si prodigieusement imprévu que se douter de la vérité était impossible ? Ceux-là mêmes qui oseraient soupçonner seraient les premiers à s'accuser de folie !...

Avant de partir, ce soir-là, il passa deux heures à sa toilette. Non par coquetterie. Mais il faisait ainsi chaque jour, renouvelant son maquillage, creusant ses traits, flétrissant le tour de ses yeux, se donnant l'aspect de l'homme qui,

tout en renaissant à la santé, souffre encore de tout son
être...

A huit heures moins quelques minutes, il sonnait à la
grille de la villa...

Dans le courant de ce même après-midi, quelques heures
après cette visite, avait lieu, au Parc des Princes, un entretien qu'il faut que nous rapportions.

Au moment où Bénavant rentrait chez lui, Chémery lui
avait dit :

— Mon général, César Sanguinède a des nouvelles à vous
apprendre...

Le général eut un geste de surprise :

— Pour qu'il ait quitté sa frontière et qu'il soit à Paris,
il faut, en effet, qu'il se passe des choses... Il m'attend ?

— Au salon, mon général.

— Restez avec moi, Chémery.

Ils pénétrèrent au salon. C'était une pièce pas très
grande, mais joliment meublée de meubles précieux et
rares, et toute encombrée de plantes admirables qui formaient dans une vaste véranda, donnant sur le jardin,
comme une serre emmagasinant, de ce côté, tous les rayons
de soleil. Des portes larges formaient une baie vitrée qui
séparait le salon de la salle à manger et dans celle-ci une
seconde véranda, de plantes vertes et de fleurs, donnant
sur l'autre partie du jardin.

A l'entrée des deux officiers, César se dressa vivement.

Le général lui tendait les mains avec une cordialité affectueuse.

Et après un regard profond, il interrogea, laconique :

— Grave ?

— Il s'agit de vous surtout, mon général...

— Oh ! alors, c'est secondaire, fit Bénavant, dont le visage s'éclaira.

— Non, mon général, puisque c'est au travers de votre
poitrine qu'on essaye d'atteindre le pays... Hier, j'ai reçu
la visite d'une femme sur le dévouement absolu de laquelle
j'ai le droit de compter... Vous savez de qui je veux parler,
mon capitaine ? fit-il en se tournant vers Chémery. Je ne
l'avais pas revue depuis le jour où vous vous êtes trouvé
avec elle chez moi... Mon général, c'est la femme de
Tcherko... une Lorraine, victime et martyre...

— Je sais, Chémery m'a conté cette navrante histoire...
Poursuivez !...

— Voici quelles furent les confidences de Catherine...
« Tcherko, après un rapide voyage à Bruxelles et à Strasbourg, après un séjour de quatre semaines à Berlin, est venu passer vingt-quatre heures à la villa de Thionville... Il n'a reçu personne, mais il a écrit... le soir, dans son cabinet de travail... après quoi, il s'est couché... Sa chambre et son bureau ne communiquent pas... Puis, Tcherko ne peut rien craindre... de moi qu'il opprime et qu'il terrorise... Dans la nuit, j'ai pénétré dans le bureau... J'ai pris les lettres et je suis revenue chez moi... J'ai décacheté les enveloppes en les passant sur de la vapeur d'eau bouillante... Deux étaient écrites en chiffres et comme une table de multiplication... L'autre, en clair... Je les ai copiées toutes trois et je vous les apporte... Tcherko est reparti le lendemain dans la soirée et n'a pas eu le moindre soupçon... » Ces copies, les voici, mon général...

Deux lettres, avec des colonnes de chiffres espacés irrégulièrement, avec des multiplications qui n'étaient que des formules apparentes, car pas un chiffre, comme pas un total n'était exact...

— Ce sera un dur travail, pour déchiffrer, dit Bénavant.

— Le travail est fait, mon général.

— Par qui ?

— Par moi, mon général... Ça m'a coûté une migraine et une crise de palpitations de cœur.

Et Cœur-qui-Tremble se mit à rire... lèvres grises ouvertes sur des dents blanches.

— A qui ces lettres étaient-elles adressées ?

— Pas d'adresse sur les enveloppes... dit César, après une hésitation bizarre...

— Et elles disent ?

— La première, qui n'a pas besoin d'autres commentaires :

« Tu quitteras le pays avec l'enfant. J'ai peur que la
» mère n'ait des doutes. Avec lui tu te rendras, au reçu de
» cette lettre, à Gries, sur les pentes du Padaunerkogel, à
» trente et un kilomètres d'Innsbruck. C'est au fond d'une
» vallée tranquille où vous serez en sûreté tous les deux
» pendant tout le temps que durera la tourmente qui s'ap-
» proche. Renseigne-moi dès ton arrivée et ton installation.
» Je compte sur ta fidélité... »

— L'homme à qui s'adresse cette lettre, je l'ai gagné à ma cause et je le paye. Il répondra comme il convient... Du reste, c'est une affaire personnelle... Voici la seconde, plus mystérieuse... car « *si l'homme est dans la maison* », c'est que le danger nous menace... et d'où vient-il ?...

Il lut quelques lignes brèves, chargées d'ombres :

« Tout va aussi bien que je pouvais l'espérer. Ce que
» j'avais prévu arrive. Notre homme a fait son entrée, cha-
» leureusement reçu et bientôt deviendra le familier de la
» maison... Toutes les chances sont pour nous ! Pas un
» nuage à l'horizon !... »

— Du moment que Tcherko rend compte — on voit avec quelles précautions — ce ne peut être qu'à son chef... et ce chef, c'est le général Schweiber... Il est question là d'un homme et il est question d'une maison... Quel homme ? Quelle maison ?...

« Voici la troisième lettre :

« Soyez demain, à midi, rond-point des Champs-Elysées,
» fontaine de gauche... »

Il n'y avait, on le sait, rien de plus dans la lettre adressée à Drogont.

— Un complice de Paris ! murmurait César. Ah ! je paierais cher celui-là, qui m'apporterait son nom... Et pourtant j'ai un indice, oh ! si vague, si imprécis, que je ne devrais même point m'y arrêter...

— Cet indice ?

— Voici : je vous ai dit que Catherine avait trouvé les trois lettres cachetées... Par une dernière prudence de Tcherko, aucune adresse... Celle-ci, Tcherko comptait la mettre au dernier moment... soit de sa main, soit à la machine, soit, comme cela se pratique parfois, en recourant aux bons offices d'un employé de la poste... Pour éviter toute erreur et toute interposition, d'un trait léger, au crayon, Tête-de-Mort avait marqué d'un *S* l'enveloppe de Schweiber, d'un *E* l'enveloppe de la lettre destinée au Ty-rolien Erscheim... et de deux initiales, la troisième... destinée à l'inconnu du rond-point des Champs-Elysées...

— Ces initiales ?

— F... D... Evidemment, cela ne veut rien dire du tout

pour l'instant. Nous verrons plus tard. J'ai cherché dans
tous mes rapports, dans tous mes documents, des renseignements, un nom qui se rapportât à ces deux initiales, je
n'ai rien trouvé... Dans tous les cas, un devoir s'imposait...
Celui de surprendre ce rendez-vous... Et cela me permettait, d'autre part, de suivre Tcherko à travers sa randonnée... J'allai à Paris et je me postai aux alentours du rond-
point...

— Et alors ?

— Et alors, oh ! mon Dieu, c'est bien simple, fit piteusement César... J'ai échoué... par la plus bête des bêtises...
Comme je suis descendu au Splendid-Hotel, la fontaine de
gauche se trouvait vers l'avenue Marigny... Et je n'ai pas
réfléchi que cette fontaine devenait celle de droite pour les
gens venant de Paris, par la place de la Concorde, ce qui
était évidemment le cas de Tcherko et de son complice...
Lorsque je me suis avisé de ma sottise, il était trop tard...
J'arrivai juste pour apercevoir une auto qui s'arrêtait près
de la fontaine, prenait vivement l'homme qui attendait, et
disparaissait en remontant les Champs-Elysées... J'avais à
peine eu le temps de distinguer une silhouette... pourtant,
je le crois, gravée dans mon souvenir comme un instan-
tané pris par la photographie...

— Il fallait les suivre... Ne pouviez-vous appeler un
taxi ?...

— J'avais une sorte d'auto de louage... Le chauffeur
tourna dix fois sa manivelle avant de mettre le moteur en
mouvement. Je trépignais. Je lui jetai un louis. Je sautai
dans un taxi en maraude, mais il était encore une fois
trop tard... Dans le défilé des voitures montant et descendant l'avenue à cette heure, l'autre avait disparu...

— Ainsi, rien ?

— Rien qu'une vision lointaine, rapide et comme fantô-
matique... Dans tous les cas, mon général, il reste une conclusion à tirer de tout ceci : Tcherko ne vient jamais à
Paris que dans des circonstances exceptionnelles... Il était
à Paris au moment de l'incident Schnœbelé, qui faillit dé-
chaîner la guerre... Il était à Paris au moment de l'affaire
de Tanger, et au moment de l'affaire des déserteurs de
Casablanca, et au moment du coup d'Agadir... et on fut
encore, en ces trois heures-là, à deux doigts de la catastrophe... Cet homme ne semble se déranger, sortir de ses
repaires de Bruxelles, de Strasbourg ou de Berlin que

lorsque le monde est à la veille du grand bouleversement...
Cet homme rêve la guerre et rêve le carnage. S'il s'agissait
de patriotisme, on pourrait croire à l'œuvre gigantesque
d'un fou... Mais ce Tcherko n'a point de patrie... ou il les
a toutes... Et d'autre part, mon général, vous savez qu'il
est votre ennemi personnel... Le capitaine Chémery a dû
vous le dire...

— Oui, fit Bénavant, dont la voix devint soudain tremblante... Je sais que ce Tcherko a dû jouer un rôle dans le
drame qui suivit le mariage de Nicole... Et qu'en tout cela,
c'est moi qu'il vise... Et qu'en me visant, il essaye de dé-
chaîner un scandale tel que mon malheur deviendra une
calamité publique... Qu'il me frappe donc et qu'il frappe
ma famille... mais ce qu'il ne faut pas laisser faire, c'est
qu'il atteigne la France... Tous les sacrifices et tous les
deuils, soit, mais pas cette tristesse-là !...

— Nous connaissons le danger, mon général : c'est un
atout dans notre jeu. De plus, rappelez-vous cette phrase
de Tête-de-Mort à l'homme qu'il avait ramené avec lui à
la ferme de Bernicourt et qu'il appelait lieutenant : « J'ai
compté sur vous pour déshonorer le général Bénavant... »
Eh bien, ce lieutenant, je n'ai pu voir sa figure, à Bernicourt, mais j'ai vu son allure... et cette allure, je l'ai retrouvée dans la silhouette entrevue au Rond-Point des
Champs-Elysées... Pour moi, c'est le même homme... Et
c'est un officier... On peut même presque affirmer, d'après
Catherine, qu'il s'appelle Falker... Or, n'oubliez pas... F...
c'est une des deux initiales de la troisième lettre de
Tcherko... à son complice...

César se leva pour se retirer.

Le général le retint.

— Vous m'avez parlé de moi, de mes affections... de tout
ce qui me touche et vous ne m'avez pas dit un mot de ce
qui vous concerne.

— C'est que je suis peu intéressant, mon général.

— Je ne connais pas d'âme plus loyale, ni plus vail-
lante et plus haute que la vôtre.

Le visage de César se contracta en une grimace douloureuse.

— Merci, mon général. Avec un mot, vous me payez de
tout ce que j'ai fait et de tout ce que je veux faire... Il est
vrai que ce n'est pas gai tous les jours à Herbemont. Tenez
mon général, figurez-vous que la semaine dernière, à la

foire de Verdun, j'ai été poursuivi sur la place par des gens qui criaient : « C'est l'homme qui vend ses fermes aux espions... Hou ! hou ! le Prussien ! » J'ai été obligé de déguerpir... et j'en avais des larmes qui me brûlaient... C'est ce qu'on appelle la justice populaire !

— Le jour où je ferai attacher sur cette poitrine-là un bout de ruban rouge, ceux qui vous ont méconnu et calomnié viendront vous demander pardon...

— Oh ! Mon général... je n'ai aucune ambition, pas même celle-là... J'ai mis à la disposition de la défense nationale la fortune que je dois à mon père, l'inventeur du « Cirage à la Maréchale »... Les vingt millions qui m'embarrassent... Tant qu'il en restera, je marcherai... Pourtant j'ai souvent des scrupules... Déjà mon pauvre Galbache, le plus brave de mes douze apôtres, est mort... au service que j'avais exigé de lui... D'autres, sans doute, auront le même sort... Et je me demande si j'ai le droit d'agir comme je le fais... Que je sacrifie ma vie, c'est mon affaire et c'est tout simple, mais que je dispose de celle des autres !...

— Vous nous précédez sur le champ de bataille, mon cher garçon. La mort qui vous menace est celle du soldat.

Et lui serrant les mains :

— Soyez des nôtres, ce soir... Je vous invite, soldat... Il y a ici deux femmes qui savent combien elles peuvent compter sur votre dévouement... Elles vous connaissent... Passez auprès d'elles cette soirée. Elles vous diront que vous êtes tout près de leur cœur.

— Mon général, je n'ose... D'abord, les dîners en ville, ça m'est interdit... par mon régime... Et puis, vous l'avouerai-je, je suis un peu sauvage... Je ne me sens à l'aise que dans mes forêts... Le monde m'intimide... Je crois toujours qu'on m'y tourne en ridicule, à cause de... de mon cirage à la Maréchale... Alors... excusez-moi...

— Vous n'êtes pas ici dans le monde, mais dans une famille qui vous aime... Vous ne trouverez, parmi mes officiers, que des amis... le colonel Surchamp, qui revient de Mauritanie... le commandant Lambert, blessé au Maroc... Chémery, lequel ne vous fait pas peur, je suppose ? L'aviateur Mandron, rival de notre pauvre Robert Villedieu... et le lieutenant Frédéric Drogont, du 1er tirailleurs...

— Mon général, je vous assure que si je refuse...

Mais soudain, il s'arrêta, interdit de surprise.

Et, après une courte mais singulière hésitation, qui trahit un grand trouble :

— Je vous demande pardon, mon général, si je vous fais répéter... Quel est le nom que vous venez de prononcer en dernier lieu ?

— Frédéric Drogont...

Cœur-qui-Tremble pensait :

— Frédéric Drogont... F. D... Les initiales sur la lettre de Tête-de-Mort !...

— Qu'avez-vous, mon cher garçon ? Vous paraissez tout ému ?

— Non, non, mon général... Joyeux, très joyeux, seulement. J'accepte votre invitation, mon général... Ce soir, je serai des vôtres... Permettez-moi d'aller jusqu'à l'hôtel pour y faire un bout de toilette.

Il sortit dans un grand trouble. Ce ne fut qu'en auto qu'il se calma. Et il se mit à rire, de mépris contre lui-même !... Par quelle aberration allait-il faire un rapprochement entre Drogont et l'homme aux initiales, de Tcherko ?

— Soigne-toi, mon vieux, se dit-il ; soigne-toi bien... Il n'est que temps !...

Après quoi, et comme de juste, il n'y pensa plus...

. . . .

Par deux fois, chez lui, en rêvant à cette soirée d'intimité chez Bénavant, Frédéric Drogont avait écrit un pneu destiné à expliquer un refus.

Son instinct l'avertissait d'un danger.

Le prétexte de ne point se rendre au Parc des Princes était si facile à trouver ! Une rechute ! De la fatigue subite ! Un accès de fièvre ! Toutes raisons très plausibles, étant donné l'état de santé qu'on lui connaissait.

Par deux fois, il déchira les pneus.

Et à sept heures, en uniforme, il se trouva prêt à partir, son maquillage rajeuni.

Un peu avant huit heures, il sonnait à la grille de la villa...

Mandron, le colonel Surchamp, le commandant Lambert, étaient arrivés avant lui et causaient avec Bénavant lorsque l'aventurier fit son entrée.

Un autre groupe, près de la véranda était composé de Mᵐᵉ Bénavant et de Madeleine, auprès desquelles, debout, se tenaient Didier de Chémery et César...

Au moment où Frédéric Drogont parut, les conversations

tombèrent... et tous les regards se fixèrent sur le jeune officier qui s'avançait vers le général.

Et parmi ces regards, nul, en vérité, ne fut plus cordial, nul ne fut plus sympathique que celui de César Sanguinède... Elle ne lui était pas revenue, la fantastique et cocasse pensée que les deux initiales étaient celles de Drogont... Chémery lui avait parlé de l'officier... de son héroïsme en Afrique... Il voyait la poitrine d'un jeune homme, presque au sortir de l'adolescence, barrée par deux témoignages glorieux de bravoure, par une croix et par une médaille... Et Chémery venait lui dire que cet homme, la veille, avait sauvé Françoise et Madeleine... Que de titres pour une amitié naissante !... Et ce visage portait encore bien visiblement l'empreinte des rudes souffrances et des épreuves endurées, des maladies vaincues, pendant que, la démarche hésitante, une claudication légère, trahissait que la dernière blessure n'était pas complètement guérie...

Pourtant, cette silhouette ?

Pendant que Drogont, un instant de profil, était présenté à Bénavant, pendant qu'il s'inclinait, d'un mouvement du buste un peu raide — ce geste de politesse si particulier des officiers allemands — devant ses chefs et répondait par la main qui se tendait aux mains loyales tendues vers lui, alors que debout, immobile, sa claudication disparaissait, César se demandait avec inquiétude :

— Où diable ai-je déjà vu quelqu'un qui lui ressemble ?

En ce même instant, il tressaillit, secoué par un effarement.

Frédéric Drogont parlait...

Il s'adressait au commandant Lambert et disait :

— Seriez-vous, mon commandant, petit-fils du valeureux et célèbre commandant du même nom qui fit une si glorieuse et héroïque défense à Bazeilles, dans la maison des « Dernières cartouches » ?

— Non point son petit-fils, mais son petit-neveu ! fit en souriant l'officier supérieur.

Et Drogont, presque aussitôt, disait au colonel Surchamp :

— Les nouvelles de votre campagne en Mauritanie nous arrivaient, sur le Tchad, bien espacées, bien éloignées, bien incomplètes, surtout... mon colonel... et ces nouvelles, qui nous racontaient les incroyables souffrances de vos colonnes, émerveillaient les durs soldats qui étaient autour de nous... qui sont pourtant des habitués de toutes les tortures comme de tous les héroïsmes... Ils ne vous connaissent pas... ils ne vous ont jamais vu, et cependant ils parlaient de vous comme d'un ami en disant, toutes leurs dents blanches éclatant dans leurs noirs visages :

— Avec colonel, pas s'ennuyer... y a bon !

L'œil bleu du colonel s'anima d'un peu de surprise. Il caressa de deux doigts la pointe de sa barbe qu'il portait très courte. Cette figure douce et modeste de soldat cachait l'intelligence la plus vaste et des qualités militaires de premier ordre. Et il avait trente-huit ans... Oui, dans les yeux bleus, de la surprise... et cela fut suivi d'un sourire très gai, d'un sourire de tout jeune homme :

— Mais faites erreur, lieutenant... Vos soldats me connaissent... J'ai été chef de bataillon au 1er tirailleurs pendant trois ans.

Un frisson de froid dans le cœur de Drogont.

Voilà de ces erreurs qu'il commettrait encore, s'il ne pesait minutieusement chacune de ses paroles... Heureusement pour lui, tout soupçon est impossible.

Et il réplique, se remettant facilement avec un merveilleux sang-froid :

— C'est vrai, mon colonel... Comment pourrais-je l'avoir oublié ?

Du reste, Bénavant venait le tirer d'embarras en le présentant à Françoise.

— Monsieur, dit la pauvre mère abusée, vous nous avez sauvées d'un grand péril... Notre reconnaissance et notre affection vous sont acquises... Nous n'avons pas d'autre manière de vous prouver que nous nous souvenons...

Et il entendit la douce voix timide de Madeleine, qui disait :

— Pourquoi, monsieur, vous êtes-vous dérobé à notre gratitude ? S'il n'y avait pas eu enquête et si vous n'aviez pas été forcé de donner votre nom aux agents, ce nom, nous l'aurions ignoré... Nous n'aurions jamais su qui vous êtes et vous n'auriez point su, peut-être, qui nous sommes...

Drogont, en tremblant, disait :

— Je vous assure, mademoiselle, que vous exagérez beaucoup mon rôle en tout ceci... Ces misérables sont tous des lâches... Ils savaient que vous étiez seules. S'attaquer à deux femmes seules, cela ne dépasse pas la limite de leur courage... Et dès qu'ils ont senti l'intervention d'un homme, ils ont pris la fuite, ils n'ont même pas essayé de lui tenir tête...

— Ils ont tiré... Ils ne vous ont pas blessé? demanda Françoise.

— Non... Par contre, il y en a un d'entre eux que j'ai éclopé, je crois... J'espère, madame, et vous surtout mademoiselle, qui avez eu si grand'peur, que vous êtes remises de cette émotion?...

Le clair regard de Françoise et le sourire de Madeleine lui répondirent.

Mais tout à coup, il éprouva une gêne indéfinissable. Il lui sembla que des yeux, qu'il ne voyait pas, l'observaient à la dérobée avec une opiniâtreté, avec une acuité telles, qu'une influence s'en dégageait, magnétique et toute puissante.

Il se retourna brusquement et se trouva en présence de César.

Or, César traversait, en cette minute, une émotion poignante.

Il avait écouté le lieutenant qui s'adressait aux deux femmes.

Et le son particulier de ces paroles de politesse, de remerciement banal, le timbre de cette voix, avait produit sur Cœur-qui-Tremble une impression étrange... Celle de réveiller le souvenir de quelque chose qu'il avait entendu déjà...

De même que tout à l'heure, lorsque Drogont était entré, César avait été surpris de retrouver, en lui, la silhouette d'un homme qu'il avait déjà vu...

— Quoi donc? Eh bien, quoi donc? murmurait-il... Est-ce que j'ai la berlue?

Que se rappelait-il?

On le devine...

Dans les ténèbres de la nuit, sur le bord de la forêt, près de l'auto aux phares éteints, il avait vu pareille silhouette, vague pourtant, dans le grand manteau que le vent parfois soulevait... Et les phares allumés ne lui avaient permis de rien préciser de plus, car l'homme avait obstinément, par un raffinement de prudence, gardé le capuchon du manteau rabattu sur son front pendant que le col était relevé jusqu'à la bouche.

Voilà pour la silhouette.

Mais la voix !...

Il l'avait bien entendue, à la gare de Fontoy, jusque dans ses dernières et plus indéfinissables réflexions... C'était une voix nette, claire, bien timbrée et qui parut plutôt douce, bien qu'elle s'exprimât en allemand...

Et les paroles alors prononcées, comme il s'en souvenait !

« Mon sort est lié au vôtre... avait dit l'inconnu à » Tcherko... Pour moi, c'est une question de vie ou de » mort... Mais en croyant que vous aurez raison de la » France dans six mois, vous ne faites pas aux Français » l'honneur qu'ils méritent... »

La phrase avait été dite en allemand, on le sait... Or, Drogont venait de parler français... et il s'exprimait sans aucun accent étranger... Malgré tout, la voix paraissait la même, que les mots fussent français ou allemands.

Et c'était cette découverte, hallucinante, qui plongeait César Sanguinède dans une stupéfaction si profonde qu'il n'entendit à peu près rien de ce que le lieutenant lui disait, rien de ce que Chémery disait et qu'il se mit à balbutier des choses, sans savoir quoi, mais elles durent être énormes et trahir chez lui une sorte d'égarement d'esprit, car elles provoquèrent l'inquiétude de Chémery :

— Qu'avez-vous donc, cher ami ?

— J'ai quelque chose, moi ? répliquait César.

— Mais oui, vous semblez très mal à l'aise.

— Possible, possible... mais vous savez, ça vient de là, et il ne faut pas y attacher trop d'importance...

En même temps, il appuyait la main sur son côté gauche... Et en effet, sous le revers de l'habit, son cœur palpitait par bonds désordonnés...

Mais bientôt il haussait les épaules et se disait, à son habitude :

— Vieux... Je connais cinq ou six maisons où l'on soigne très bien les loufoques de ton espèce... Veux-tu que je te fasse enfermer ?...

Le dîner était servi. On passa dans la salle à manger. A table, Frédéric Drogont fut auprès de Madeleine. Il avait en face de lui, César Sanguinède. Drogont était trop rusé et trop sur le qui-vive pour ne s'être point aperçu de l'émotion du jeune homme. Mais ce nom de Sanguinède ne lui disait rien. Il avait beau scruter son souvenir, il ne se rappelait pas l'avoir rencontré... Cette émotion — finit-il par conclure — devait provenir d'une autre cause à laquelle lui, Falker, demeurait sûrement étranger.

Le plus jeune de ceux qui étaient là — à l'exception de César — Drogont resta presque tout le temps silencieux, ne prenant la conversation que lorsqu'il y était invité par un de ses supérieurs.

Et alors, il répondait brièvement.

Mais Madeleine était auprès de lui et il s'occupait de Madeleine !... Tout d'abord, l'étrangeté tragique de la situation dans laquelle il se trouvait, la conscience de son infamie, l'odieux du rôle qu'il avait accepté lui pesèrent sur le cœur d'un si lourd fardeau que ses paroles s'en ressentirent.

Puis, peu à peu, ce fut Madeleine elle-même qui l'encouragea.

Non seulement il était attiré vers la jeune fille par la rayonnante beauté de sa jeunesse, mais aussi par toute la tristesse intime, devinée, qui émanait d'elle, dont il savait la cause, lui comme les autres, et dont seul, il connaissait l'auteur.

Madeleine pensait à Nicole.

Et sur ses lèvres, lorsqu'elle parlait, de même dans ses yeux, lorsqu'elle restait silencieuse et rêveuse, flottait l'image de la pauvre sœur disparue, et si cruellement frappée.

Or, le bourreau de Nicole, c'était Tcherko.

Et aujourd'hui, le complice de Tcherko contre Madeleine, c'était lui !

Madeleine lui parlait de l'Afrique, des pays qu'il avait parcourus, où il avait fait campagne... et comme il s'attendait depuis longtemps à ce genre de conversation, il y était prêt. Il répondait avec d'autant plus d'assurance qu'il était bien certain qu'en cas d'erreur — du genre de celle qu'il avait commise avec le colonel Surchamp — ce n'était pas la jeune fille qui le reprendrait. Il parla du désert avec poésie, et de la guerre africaine avec fougue... Rien pour lui n'était plus beau que la brousse, plus passionnant qu'une expédition, plus enivrant qu'une nuit passée dans l'immense solitude, dans le calme que troublent seuls les grondements des bêtes fauves qui rôdent autour des tentes, n'osant s'approcher à cause des feux qu'on avive...

Il avait étudié tout ce qu'il devait dire en pareil cas.

Il parlait d'abondance, comme s'il eût — presque — récité

8

une leçon apprise. Et tout à coup, il s'aperçut que Madeleine ne l'écoutait que distraitement... Elle sembla nerveuse, préoccupée, et par hasard, ayant regardé Chémery qui lui faisait face, il surprit les deux jeunes gens qui échangeaient un regard rapide... et Chémery avait détourné les yeux, et après un instant de trouble que saisit Drogont, il avait repris une indifférence trop brusque pour ne pas être affectée, tandis que Madeleine, au contraire, paraissait demeurer sous l'impression d'une émotion qui avait fait battre ses paupières, l'avait pâlie et avait amené un peu de buée dans ses yeux limpides...

Trop subtil pour douter, Drogont se disait :

— Il y a quelque chose entre eux...

Et il continua d'observer, mis sur ses gardes. Pas une seule fois, Chémery ne regarda plus Madeleine, détournant même les yeux... Mais à chaque instant, il surprit la jeune fille, qui semblait avoir oublié que Drogont lui parlait, essayant d'attirer vers elle l'attention de Chémery qui se dérobait.

— Il y a désaccord entre eux... pensa l'aventurier.

Ce désaccord venait de Chémery... Donc, Madeleine ?... Est-ce qu'elle l'aimait ? Et si elle aimait Chémery, lui, Drogont, arrivait trop tard ?...

Alors, dans ce cœur, avec la jalousie entra la haine...

Il vit en Chémery l'homme que le hasard dressait peut-être devant lui pour l'empêcher d'accomplir son infâme mission jusqu'au bout...

Mais l'espoir demeurait, parce que Chémery n'aimait pas...

Aucun danger ne vint l'assaillir durant le dîner... Des paroles cordiales lui étaient adressées mais la conversation se maintint sur les généralités... Le colonel Surchamp fit toutefois quelques allusions aux formidables armements projetés par l'Allemagne et sur le point de se réaliser.

La question était brûlante. Et dans ce milieu de patriotes et de soldats, tous exactement renseignés sur l'état de préparation de l'armée française, on ne pouvait s'attendre à une réponse dilatoire, surtout du général Bénavant.

Le colonel demandait, en effet :

— Je reviens d'Afrique... Beaucoup de choses m'échappent... Sommes-nous prêts ?

Il y avait là, au bout de la table, un officier de l'Alle-

magne qui, si taré et si odieux qu'il fût, si bas qu'il fût
tombé, attendit la réponse du grand chef avec une fièvre
si visible, pâleur profonde et regard voilé, que, de nouveau,
César qui ne le perdait pas de vue, se demandait :

— Mais enfin, qui est-il, celui-là ? Et d'où vient-il ?

Le chef disait, et l'officier de l'Allemagne couvait sa parole :

— Il faut répondre à l'effort de l'Allemagne par un effort
pareil... Il n'y a pas un Français, pas un socialiste, pas
un révolté, qui consentirait à tendre le dos pour y recevoir
un coup de pied, sans répondre à ce coup de pied par un
coup de poing, car c'est ainsi que la question se pose... La
France va être ceci : libre ou esclave...

— Et l'effort consenti, mon général... S'il y avait la
guerre.

— Je le dis nettement... les chances seraient égales... le
cœur ferait le reste...

Drogont dit :

— Eux aussi ont du cœur, et un moral énorme... Et ils
se souviennent de leur victoire...

— C'est vrai, mais nous autres, nous nous souvenons de
nos défaites !... Du reste...

Et l'on crut que Bénavant allait préciser son opinion en
donnant des détails que sans doute il était seul à connaître... Les doigts de Drogont se crispèrent dans un geste
nerveux autour de son couteau à dessert... Il attendait...

César Sanguinède le regardait toujours.

Mais le général, qui avait voulu parler, se tut.

Et nul n'osa interroger...

Le dîner était fini. Les hommes passèrent au fumoir,
mais y furent suivis par Madeleine et sa mère. Ici, la conversation allait devenir plus familière, dans le laisser-aller
permis du café, du cigare et des liqueurs... Drogont se vit
entouré...

— C'est ici qu'il va falloir se défendre, pensa-t-il.

Mais il était dans cette disposition d'esprit qui fait hasarder les grands coups de fortune dans les moments dé-
cisifs de la vie.

Madeleine lui offrait du café.

Elle lui souriait... La main de Drogont trembla un peu
en prenant la tasse. Elle s'en aperçut, le regarda un instant avec un peu de surprise. Ses yeux étaient doux infiniment. Et elle le questionna :

— Vous êtes encore souffrant, monsieur, et nous vous savons gré d'être venu ce soir. Vous auriez pu si facilement trouver quelque prétexte...

— Oui, mademoiselle... fit-il en souriant... Vous le voyez, je suis venu, si fatigué que je sois... Et pourtant...

Il hésita... puis, la voix continue :

— Je ne sais pourquoi il me semble que j'aurais mieux fait de ne point venir.

La réponse, bien que vague, était directe.

Elle comprit... Elle releva le front... Une fierté ombrageuse troubla ce beau et pur visage... Et un pli, de dédain ou de tristesse — les deux, peut-être — glissa sur les lèvres... Puis le tout disparut, sur les traits rassérénés.

Lui, Drogont, pâlissait de sa hardiesse, maintenant que Madeleine s'éloignait.

Le colonel Surchamp vint s'asseoir auprès de Drogont. Pour expliquer la confiance absolue et l'extraordinaire sympathie qui entouraient le lieutenant, il est besoin de rappeler qu'il arrivait dans la mère-patrie, précédé par le récit de tous les héroïsmes accomplis sur la terre d'Afrique. Or, la terre d'Afrique est coutumière de ces héroïsmes de nos officiers et de nos soldats. C'est une buveuse de sang et de larmes. Un héros y est une chose commune, que l'on rencontre dans nos forts et tous nos postes. Pour s'y faire remarquer et pour qu'une réputation franchisse le silence des vastes solitudes pour venir jusqu'en pleine France indifférente, il faut être dix fois héros. Frédéric Drogont l'avait été.

... Il l'avait été :

Un jour, il avait reçu l'ordre de former une colonne de cinquante tirailleurs et d'aller soumettre, dans le Bahr-el-Ghazal, deux tribus révoltées qui menaçaient d'entraîner derrière elles un pays dont la population ne comptait pas moins de quinze à vingt mille noirs et Arabes.

Ceci n'était rien que la menue monnaie ordinaire des soldats, et là-bas, dans le pays guerrier, une expédition est toujours accueillie avec enthousiasme.

Mais l'ordre ajoutait un commentaire singulier :

« Sans tirer un coup de fusil... »

— Bien ! avait dit Drogont, on ne tirera pas... Ce sera la guerre du silence.

Seulement, il n'avertit pas tout de suite ses tirailleurs, et partit.

Et il fut fait selon qu'on en avait reçu l'ordre, à la grande surprise des tirailleurs. Les fusils restèrent au cran d'arrêt. Drogont parcourut et soumit un pays de deux cents kilomètres... Quand les révoltés tiraient, les tirailleurs ne répondaient pas... Ils firent des prisonniers en se jetant sur eux sans armes, et en les ligotant à la force du poignet, puis les prisonniers, après avoir pris contact avec Drogont, furent renvoyés dans leurs tribus, sans qu'il leur fût fait aucun mal. Ils disaient à Drogont : « Tu es un homme extraordinaire. Tu as des fusils et tu ne t'en sers pas... Tu ne voles ni nos chameaux, ni nos chevaux, ni nos bœufs, ni nos filles, ni nos femmes... De quelle contrée viens-tu donc ? » Les révoltés firent leur soumission. Bien plus, ils vinrent demander à combattre sous notre drapeau. Un immense territoire fut conquis... Drogont perdit onze tirailleurs... Pas un seul coup de fusil ne fut tiré de notre côté... Mais les tirailleurs revinrent au fort, ahuris, n'ayant rien compris de ce qui s'était passé et disant : « Avec lieutenant, y a pas bon pour la guerre ! » Leur instinct de sauvages l'emportait...

Un autre jour, Drogont étant sergent...

Une reconnaissance, par des promesses astucieuses, avait été attirée jusque sous les murs d'Aïn-Galakka, où commandait le farouche Sidi Barrani. La paix semblait certaine entre nous et le sultan et, confiants dans ses promesses, les deux officiers commandant le détachement s'étaient rendus dans la ville pour palabrer avec Sidi Barrani. Ils n'avaient voulu prendre avec eux, en signe de confiance, que deux tirailleurs comme escorte...

Or, à peine furent-ils entrés dans la ville qu'ils avaient été massacrés et les têtes, coupées, avaient été jetées aux pieds du sultan.

Au dehors, le détachement attendit jusqu'à la nuit, vainement, le retour des chefs. Et bientôt, il apprenait qu'il ne le les reverrait plus.

Frédéric Drogont, étant le plus ancien sergent, commandait.

Il réunit ses tirailleurs autour de lui et dit, simplement :

— Nous rentrerons au fort en y rapportant les corps de nos officiers, ou nous n'y rentrerons plus jamais.

A quoi les têtes noires aux dents blanches répondirent :

— Y a bon pas rentrer sans rapporter corps officiers...

Le détachement rétrograda et alla prendre position au puits de Galakka, qui était le seul point d'eau où s'alimentait la ville.

Et les soldats passèrent la nuit à s'y fortifier.

Le lendemain, les gens d'Aïn-Galakka qui vinrent s'approvisionner furent reçus à coups de lebel et s'enfuirent. Les autres, par la suite, pareillement.

Drogont fit dire au sultan que les dix mille Arabes de Galakka ne boiraient pas une goutte d'eau tant que les officiers ne leur seraient pas rendus.

Et autour des héros noirs, il y eut bientôt une triple ceinture de cadavres...

La ville tint quatre jours... Le cinquième elle se rendit... Le sultan renvoya les deux cadavres avec une longue procession de guerriers sans armes, et un infernal tapage de you-you, de hurlements et de tams-tams.

Trois semaines après, le détachement rentrait au fort.

Il avait pu ensevelir, sous un mausolée de pierres, et en terre qu'il avait choisie, deux hommes de plus qui venaient de mourir pour leur pays...

— Les surprises sont fréquentes en cette Afrique où notre confiance et notre loyauté se heurtent à la mauvaise foi des sauvages.

C'était Didier de Chémery qui venait de parler.

Et il ajouta :

— Puisque vous vous trouviez dans le Barkou il y a deux ans, peut-être étiez-vous à l'affaire de Faya ?...

— Oui, j'y étais ! fit Drogont.

Il ne remarqua pas le vif mouvement d'intérêt de Chémery qui se rapprocha encore et l'émotion ardente qui passa, fugitive, sur ce visage.

Or, Cœur-qui-Tremble, assis à l'écart, observait et écoutait toujours.

Drogont disait... et la voix de l'aventurier, comédien supérieur, devint tout à coup assourdie comme au souvenir d'une sombre tristesse :

— J'ai vu bien des drames... Je n'ai jamais assisté à rien de plus tragique. Nous étions cinquante entourés par des hordes hurlantes de fantassins et de cavaliers, dont beaucoup étaient armés de fusils à tir rapide... Nous savions qu'un détachement monté accourait à notre secours ; nous venions d'en être prévenus par la télégraphie sans fil...

Notre objectif était une colline rocheuse qui nous servirait de retranchement, jusqu'à l'arrivée des secours... L'atteindre, et nous le pouvions si nous ne perdions pas une minute, c'était le salut... Un retard, c'était la mort... Nous battions en retraite, en faisant face... et ces chacals n'approchaient pas trop... Ils craignaient nos coups de griffes.

César, dans son coin, se disait :

— C'est étrange ! Est-ce bien vraiment la voix que j'ai entendue ?

Et pour la seconde fois, le magnétisme de son regard attira le regard de Drogont qui pensa :

— Qui diable est ce petit homme, et pourquoi m'examine-t-il ainsi ?

Et il reprenait :

— Pourtant, leurs coups n'étaient pas sans nous atteindre... Déjà nous n'étions plus que trente-huit... Et ce qui rendait la situation terrible, pour nous, c'est qu'il n'y avait pas seulement des morts parmi ceux qui manquaient... et morts ou blessés, dont le transport nous aurait retardés et voués au massacre, nous étions obligés de les laisser derrière nous...

A cet instant, l'aventurier fit silence... Il avait à raconter un acte d'héroïsme tel qu'il n'en est pas de plus beau parmi tous ceux que l'antiquité nous a laissés... un de ces actes qu'on devrait raconter dans toutes les écoles de France et qui sont à peine connus de quelques initiés... Et au moment de faire ce récit, quelque chose se souleva, du fond du cœur de cet homme : une réprobation contre sa parole, une révolte de dégoût contre son mensonge... C'était le soldait qui restait en lui qui avait honte de l'homme.

Puis, il admirait l'acte qu'il allait dire...

Et devant le héros dont il allait parler, il s'inclinait très bas.

Voilà pourquoi il hésita un peu. Après quoi il continua :

— Nous n'étions plus qu'à deux kilomètres de la colline rocheuse lorsque soudain, notre lieutenant fut atteint d'une balle en plein corps et tomba. Il essaya de se traîner et tomba. Alors, on voulut faire un brancard pour le transporter. Les tirailleurs avaient bien abandonné des camarades morts ou blessés, mais le chef ! Il s'y opposa et leur ordonna de battre en retraite en le laissant. Ils s'y refusèrent, l'entourèrent, lui firent un rempart de leurs corps et ouvrirent contre les hordes hurlantes, toutes proches maintenant, un feu d'enfer... Cinq de nos hommes tombèrent, puis deux autres... Le lieutenant renouvela son ordre :

— Je vous commande de me laisser... Allez ! ne vous occupez pas de moi !

— Toi, entre leurs mains, y a mauvais, lieutenant. Jamais ça !

— J'ordonne !

— Jamais ça, lieutenant, jamais ça !

— Et ils firent la sourde oreille. Les chances de salut diminuaient de plus en plus. Les balles frappaient dru. Les cinquante hommes étaient réduits à dix-neuf, puis à quinze, puis à treize... Le lieutenant se souleva et la voix haute :

— Si j'étais mort, vous pourriez fuir, m'abandonner... vous sauver ?...

— Ça peut-être, y aurait à faire, ma lieutenant.

— Je vous ordonne de laisser mon corps derrière vous, si je meurs...

— Bien, ma lieutenant.

— Vous obéirez ?

— Oui, ma lieutenant.

— Alors, le chef se tourna vers moi, me tendit la main et me dit adieu. Puis, avant qu'on ne devinât ce qu'il allait faire, il tira son revolver, s'appliqua le canon dans la bouche et se brisa le crâne... C'est ainsi qu'il sauva ce qui restait du détachement.

Ulrich von Falker était ému.

— Celui-là fut un de ces hommes dont s'honorent les nations, et il devrait prendre place à l'une des plus belles pages de l'histoire de France... Il se nommait Chémery... Peut-être était-il de votre famille ?

Chémery, un peu pâle, les lèvres tremblantes, disait :

— C'était mon frère !...

Et Falker, pour la seconde fois, sentit monter en lui le remords...

Le colonel Surchamp avait écouté la fin du récit.

— Oui, dit-il, ceci est vraiment beau... De ces actes, du reste, il s'en passe tous les jours dans notre Afrique... En France, on ne sait pas... On ne se doute pas... On fait de la politique !...

Puis, tout à coup, passant à un autre ordre d'idées, et s'adressant à Drogont :

— Je m'étonne que vous ayez commis deux erreurs, lieutenant, en ce qui concerne Chémery. Tout d'abord, vous l'appelez lieutenant, alors qu'il était bel et bien capitaine. En outre, son frère pourra vous dire que le visage si noble de ce héros resta intact et que la balle de son revolver, qui le tua, fut une balle au cœur, non au crâne...

— Il est vrai, mon colonel, fit simplement Drogont...

Mais il eut encore froid dans le dos : il n'avait pas de chance avec celui-là !

Et César Sanguinède se répétait :

— Je suis loufoque tout à fait, car je n'y comprends plus rien du tout !...

Le colonel s'était assis sur un canapé auprès de Drogont. César vint s'appuyer contre la cheminée, tout près d'eux, pour mieux entendre.

Pourquoi sa curiosité était-elle à ce point éveillée ? Rien, par le fait, ne donnait un corps à ses soupçons. Et ces soupçons, même, n'existaient pas. Mais, depuis l'entrée de Frédéric Drogont, chez le général, César marchait de surprise en surprise, et il se laissait aller au flot de ses étonnements, sans réfléchir et sans avoir le temps de coordonner ses pensées.

Surchamp, heureux de retrouver en Drogont un homme qui rétablissait la liaison entre lui et des camarades anciens, dont sa campagne célèbre en Mauritanie l'avait depuis longtemps séparé, interrogeait le jeune homme :

— Parlez-moi de mes anciens soldats... Beaucoup sont morts, je le sais... Quelques-uns ont pris leur retraite... Mais il doit en rester un certain nombre de ceux que j'ai connus... Et d'abord, les capitaines Giraud, Louvet, les lieutenants Magitier, Brunot... le commandant Dupré... les sergents Bafou, Samba, que de souvenirs !... Et comme les années filent vite, là-bas, lieutenant ! Vous en savez quelque chose, vous qui avez passé votre vie dans le désert...

Dans la malle, dans les papiers de Drogont, au moment où il était entré dans la peau du mort, Falker avait trouvé des documents qui le renseignèrent sur certains soldats, officiers et sous-officiers des deux compagnies de tirailleurs composant la garnison du fort de Bir-Alali...

En somme, il n'était donc pas pris au dépourvu.

Par quelques tours de phrases ingénieux, où il n'appuierait pas trop sur les détails, il se sauverait peut-être de ce nouveau danger.

Il répondit, parlant avec lenteur, réfléchissant, pesant ses paroles.

— Capitaine Giraud, blessé deux fois, à Abêché, et passé deux années en France pour se rétablir... Il est de retour au Soudan où il est arrivé quelques jours avant mon départ... Je l'ai su par des camarades qui sont venus se guérir à Saint-Louis, pendant mon séjour à l'hôpital... Capitaine Louvet, invulnérable aux coups de lance et aux balles, inaccessible aux fièvres... Il est en fer... ainsi que notre commandant Dupré... Et pourtant, pour ce dernier, quelle mine trompeuse... Maigre, chétif, le teint olivâtre, il a toujours l'air d'avoir un pied dans son cercueil... Personne ne pourrait deviner l'étonnante énergie, le ressort puissant de ce corps émacié... Quant à Magitier et Brunot...

Mais le colonel l'interrompait, doucement, la voix restant très calme :

— Vous devez confondre, lieutenant... le commandant Dupré est un colosse... haut en couleurs et fort en chair... Il était mon camarade à Saint-Cyr. Je ne crois pas que, depuis lors, il ait à ce point changé...

— C'est juste, fit Drogont, sans se déconcerter... J'ai fait le portrait du lieutenant Magitier... J'ai eu souvent, depuis quelques mois, à la suite de ma fièvre et de mes blessures, de ces absences de mémoire...

Le colonel Surchamp répliqua avec bonté :

— Nous avons tous traversé ces moments difficiles... quelques mois de repos complet, de la tête et du corps, et il n'y paraît plus...

César Sanguinède se mordait les lèvres et se demandait :

— Défaut de mémoire, c'est bientôt dit... Et puis, cette voix !... cette voix ! !

Mais Surchamp se levait pour aller s'entretenir avec le général. Et bientôt ceux qui étaient là écoutèrent...

Le colonel disait :

— Mon général, j'ai profité de mon congé pour faire en ces derniers temps une tournée dans l'Est et le Nord-Est, pour mon éducation personnelle. Je suis des Ardennes et je compte de nombreux amis tout le long de la frontière... J'ai reçu de fréquentes plaintes... Les espions de l'Allemagne sont partout...

— Je le sais, fit Bénavant.

— Et le gouvernement ne fait rien contre ?

— La sûreté générale manque des crédits nécessaires... Elle ne peut rien ou si peu... Heureusement, il y a l'initia-

tive individuelle... Et là-dessus, voici quelqu'un qui pourra
vous renseigner mieux que personne au monde...

Il se tourna vers Cœur-qui-Tremble :

— Voulez-vous, mon cher ami, rassurer le colonel ?

Drogont, depuis quelques minutes, était distrait. Dans le
salon voisin, Chémery et Madeleine étaient seuls. Drogont
surprenait leurs moindres gestes dans une glace, en face, et
les jeunes gens ne pouvaient s'en douter. Mais ils étaient
trop loin et aucune de leurs paroles n'arrivait jusqu'à lui.
Avait-il besoin de les entendre et l'expression des visages,
les gestes entrevus n'avaient-ils pas assez d'éloquence ? Tous
les deux très pâles, tous les deux très émus, mais tous les
deux se contenant, essayant de dominer et de cacher leur
émotion... Ah ! comme il eût voulu être auprès d'eux pour
écouter !... Lui paraissait froid et sévère... triste aussi. Elle,
ardente, et parfois les mains jointes en un mouvement nerveux aussitôt réprimé... Quoi donc, entre eux ? Quelle intimité ? Quelle prière ? Quel refus ? Et qui sait même si rien
de tout cela existait ? Qui sait, même, si tout ce que Drogont
supposait, prières, refus, émotions, ne se dérobait pas
sous des paroles tout simplement banales et de politesse
mondaine ?... Il y a le ton dont les banalités sont dites, et
le regard d'anxiété qui les accompagne et le tremblement
qui assourdit la voix... Et tout à coup, sans que nulle parole décisive ait été échangée, on s'est compris, le malheur
et le bonheur sont venus... Un rien a décidé d'une joie ou
d'une larme... Et voici, justement, que Chémery a quitté
Madeleine... Il reste maître de lui, malgré son visage bouleversé... Il s'éloigne... Du désespoir passe dans ses yeux...
Drogont voit tout cela... dans un coup d'observation aiguë... Et ce qu'il voit également, pendant que Chémery
s'éloigne d'elle, c'est Madeleine qui s'essuie furtivement les
yeux !

A l'allusion du général Bénavant, pourquoi César hési-
tait-il à répondre ?

Un phénomène bizarre se passait en lui... Il avait peur !...

Il avait peur de dévoiler quelques-uns de ses actes mystérieux, en ce milieu composé pourtant d'officiers qui gar-
deraient le plus absolu silence... comme s'il avait redouté
quelque révélation de ce qu'il allait dire...

Mais qui pourrait-il soupçonner ?

De qui viendrait, de quel traître, cette révélation, cette
trahison ?

Ces murs de la villa du général entendaient souvent des choses graves où se débattaient les intérêts primordiaux de la patrie.

Et rien, jamais, n'avait transpiré au dehors...

Dès lors, pourquoi craignait-il, aujourd'hui, quand il ne craignait pas, hier ?

Vaguement, son regard tomba sur cet officier dont la présence le troublait si fort. Et, finalement, comme les fois précédentes, l'hésitation se termina par un haussement d'épaules.

— On a rogné le crédit affecté à l'espionnage, dit-il, on surveille bien encore par-ci par-là les agents qui travaillent sur la frontière, mais quant à établir un service de contre-espionnage, il n'y faut pas songer... On y songera quand l'Allemand sera chez nous, et quand nos enfants porteront le casque à pointe... Il sera trop tard... Alors, moi, j'ai vingt millions... grâce au cirage paternel, je gagne, en outre, quatre cent mille francs par an... Je ne suis pas soldat... Je suis libre... Et je me suis dit : « Ce que le gouvernement ne fait pas, je le ferai... »

Brusquement, Frédéric Drogont venait de relever la tête.

— Nous n'avons pas de plus grand ennemi qu'un agent de l'Allemagne nommé Jean Cabral, nommé aussi Tcherko, et surnommé Tête-de-Mort... Ce que cet homme a déjà fait de mal à la France ! ! Eh bien, Jean Cabral-Tcherko-Tête-de-Mort n'a pas de plus grand ennemi que moi !... Il ne fait pas une démarche que je ne la connaisse, et il n'est pas un seul de ses hommes, le long de la frontière aussi bien qu'au cœur même de la France qui ne soit doublé de l'un de mes apôtres comme par son ombre...

Drogont passa furtivement la main sur son front mouillé de sueur. Il eut un moment de vertige. Un danger formidable surgissait devant lui, tout à coup.

— Ce Tcherko est même à Paris en ce moment... Par un hasard ridicule, je l'ai perdu de vue au moment où, au Rond-Point, il rejoignait un complice.

Le cœur de Drogont, un moment, cessa de battre... Toute sa figure exprima une fatigue et une angoisse si intenses que le colonel Surchamp s'inquiéta :

— Vous souffrez, lieutenant, demanda-t-il à voix basse.

— N'y prenez pas garde, mon colonel, je suis habitué à ces crises.

César poursuivait, et cette fois, son récit s'accompagna d'un éclat de rire :

— J'ai même surpris Tcherko et sa bande, il y a quelques mois, dans une ferme de la frontière... où apparut un moment le grand chef de l'espionnage allemand, ou, si vous préférez, du service cartographique, saluez ! général Schweiber ! Je connais cette ferme de Bernicourt... Elle m'a appartenu... Je m'étais glissé dans le mur... J'ai entendu... leurs projets, le sabotage de nos chemins de fer, avec la complicité de nos anarchistes, l'écroulement de nos tunnels et de nos ponts... Et même...

Ici, le rire de César s'accentua...

— Et même, ce que je me suis amusé ! !... Non ! Vous ne devineriez pas !... Une bonne farce ! J'avais apporté une boîte à musique qui joue la *Marseillaise*... et tout à coup, pendant que leur haine et leurs convoitises battaient nos armées et se distribuaient déjà nos pauvres provinces de l'Est, voici qu'ils ont entendu :

Aux armes, citoyens !
Formez vos bataillons !...

« Alors, si vous aviez vu !... Cette frousse ! Cette fuite éperdue, le feu au derrière ! !... Moi, je ne pouvais guère les voir, dans le mur, mais je les devinais, et ce que j'ai ri ! Ce que j'ai ri ! Jamais je n'ai tant ri ! !...

Et de fait, les autres, en l'écoutant, riaient aussi... en écoutant ce prodigieux enfantillage qui aurait pu lui coûter la vie....

Surchamp demandait :

— Leur plan d'espionnage vous est connu... Et quel est le vôtre pour y répondre ?

Le lieutenant Ulrich von Falker, des grenadiers de la garde, écoutait César avec une ardeur presque maladive. Déjà ce qu'il venait d'apprendre était grave. A la ferme de Bernicourt, il avait entendu les chefs de sections révéler à Tcherko qu'ils étaient filés, suivis, devinés, devancés... Et nul n'avait pu dire le nom du terrible et invisible adversaire qui les tenait tous en haleine, sans répit, sans repos !...

Celui-là, Falker le savait, Tcherko le saurait, c'était César ! !

Et tout le plan de César, le faux Drogont allait l'apprendre... Cœur-qui-Tremble, joyeux, confiant, en plein triomphe, s'épanouissait et bavardait...

Eh bien, non ! Drogont se trompait !... César, brusquement, se tut.

C'est qu'il venait d'apercevoir Frédéric Drogont, le buste penché vers lui, le cou tendu, les lèvres entr'ouvertes laissant passer une respiration oppressée, et la main droite crispée sur le bras du canapé, où il était assis...

Cette attitude indiquait si bien une curiosité intense, presque anormale, que Sanguinède, une dernière fois, fut repris de ses étranges hésitations.

Il coupa court et ne dit plus mot...

Drogont se crut deviné...

Il y eut alors quelques secondes d'un drame intime entre ces deux hommes...

L'aventurier, prêt à faire face au danger, s'était dressé, ramassant ses forces pour bondir par la fenêtre et s'échapper dans la nuit...

Il était ainsi devant César qu'il touchait presque... Mais il ne le regardait pas... Ses paupières étaient baissées... il attendait... Quoi ?... Un mot, qui allait frapper le traître en pleine trahison ! Un signal, qui le désignerait !...

Le mot ne vint pas. Le signal ne fut pas donné.

César se contentait de dire, paisiblement :

— Un autre jour, mon général, je vous raconterai... quand je serai plus sûr de moi et que j'aurai définitivement arrêté ce que je veux faire...

Alors, Drogont retomba lourdement sur le canapé.

Et pour la seconde fois, il essuya une sueur d'angoisse.

Une heure après, il prenait congé... Avec une pareille tension d'esprit, il ne se sentait plus maître de lui... Il avait hâte de retrouver sa liberté.

Pourtant ce n'était pas fini.

Gracieusement, César s'approchait de Drogont et de Chémery :

— J'ai mon auto à la porte... Mon capitaine, je vous déposerai chez vous en passant rue de la Rochefoucauld... Quant à vous, mon lieutenant, vous ne refuserez pas que je vous conduise avenue de Suffren ?

Drogont aurait voulu refuser... Il n'osa... Il accepta...

En auto, la vive lumière d'une lampe électrique éclaira crûment le visage défait de l'aventurier... ses yeux troublés... ses lèvres affaissées...

César le remarqua. Il remarquait tout, impitoyablement, ce petit homme.

— Vous paraissez souffrant ?

— Oui, un peu... Veiller tard me fatigue encore... Je devrais être prudent !

Et c'était vrai. En toute évidence, cet homme souffrait. Dès lors, Sanguinède sentit se changer en pitié pour Drogont, en colère et mépris contre lui-même, toutes les fantastiques et affolantes pensées qui lui avaient traversé le cerveau.

Et Cœur-qui-Tremble fit des excuses.

Toute la nuit, César rêva, sans se coucher, faisant mille pas dans sa chambre d'hôtel, ou, s'appuyant à la fenêtre, regardant la solitude des Champs-Elysées. Un grand trouble l'agitait, qu'il essayait vainement d'analyser.

Des choses impondérables éveillaient chez lui l'instinct aiguisé, affiné à l'excès, par le genre d'existence qu'il menait au milieu des dangers de la frontière, et où le moindre détail était pour lui un champ d'observations.

Il se disait :

— Je suis fou de soupçonner cet officier... Le soupçonner de quoi ?

Puis, la même pensée lui revenait avec une énervante fixité.

— Il y a, autour de lui, un mystère !... Et je veux percer ce mystère...

Mais il n'était pas homme à s'endormir longtemps sur des soupçons sans essayer ou de les détruire, ou de les changer en certitude...

Pour la centième fois, parlant tout haut, sans ralentir la promenade fiévreuse, autour de sa chambre, il se disait :

— Résumons !

Un profil, une silhouette, quelque chose d'imprécis, rapidement entrevu au rond-point des Champs-Elysées, attire son attention... Où, déjà, l'a-t-il vue, cette silhouette ? Il lui semble que c'est à la ferme de Bernicourt. Ah ! s'il était sûr ! Mais il ne l'est pas.

Une voix !... La voix entendue dans une gare de la Lorraine annexée... « Vous ne faites pas aux Français l'honneur qu'ils méritent... » Et cette voix était celle de Frédéric Drogont... Oh ! prodigieuse invraisemblance ! de Drogont qui, à l'heure même où César entendait la phrase fameuse, était encore dans les sables de l'Afrique centrale...

Pourtant, d'autres vagues indices... après ceux-là...

Deux gaffes relevées par le colonel Surchamp... Tout à fait singulières... Le capitaine Chémery, héroïquement mort, il l'avait appelé lieutenant... Et ayant assisté à cette fin sublime, ayant vu l'officier prendre son revolver et se tuer, il avait dit : « Il s'appliqua le canon dans la bouche et se brisa le crâne... » alors que Chémery s'était tiré une balle en plein cœur...

Etait-ce tout ? Non... Ce portrait du commandant Dupré, représenté comme étant maigre et chétif, alors qu'il était un colosse !... Défaut de mémoire, suite de fièvre... quelques mois de repos et il n'y paraîtrait plus !...

Etait-ce tout, enfin ? Non ! quelle extraordinaire attention, lorsque César lui avait conté l'histoire de la ferme de Bernicourt, l'incident joyeux de la *Marseillaise*... Et l'émotion subite, presque l'évanouissement de Drogont, lorsque César avait fait allusion à Tcherko et au rond-point des Champs-Elysées !...

— Si je prévenais le général ?

Le prévenir de quoi ? En toute évidence, Bénavant le traiterait d'imaginatif... alors que César lui-même se traitait de fou...

Le jour le surprit ainsi sans s'être donné une minute de repos... Il se fit un bain, se mit sous la douche, calma ses nerfs, descendit déjeuner... après quoi, comme la matinée était belle, il remonta l'avenue jusqu'à l'Arc-de-Triomphe, descendit l'avenue du bois de Boulogne...

Et là, tout à coup, il sauta dans un taxi-auto et se fit conduire rue Saint-Dominique, au ministère de la Guerre.

Grâce à Bénavant il y avait ses grandes et ses petites entrées...

— Combien de temps, de quelle date à quelle date, le lieutenant Frédéric Drogont avait-il passé à l'hôpital de Saint-Louis ?... A quelle date avait-il quitté le Sénégal ?... A quelle date, et sur quel bateau était-il débarqué à Pauillac ?

Le soir, vers dix heures, un planton du ministère lui

apportait, sous pli cacheté, le renseignement secret qu'il avait sollicité.

Et le lendemain matin, par le premier train, César filait sur Bordeaux.

A Pauillac, il apprenait que le paquebot le *Sénégal*, arrivé l'avant-veille, ne repartirait pas avant trois ou quatre semaines. Il avait éprouvé des avaries dans une violente tempête, sur les parages de Guinée, et on l'avait conduit en cale sèche, où les réparations avaient commencé.

Le commandant Pouzoles était encore à Pauillac.

Le même jour un entretien avait lieu entre les deux hommes, complété bientôt par l'intervention du commissaire, que Pouzoles convoquait d'urgence par un coup de téléphone.

Une forte surprise chez les deux officiers.

Pourquoi cette enquête sur Frédéric Drogont ?

De quoi pouvait-on le soupçonner ?

César ne pouvait expliquer ses soupçons et ne répondit pas.

Il avait peur vraiment d'être ridicule... ou d'être taxé de folie.

Pourtant ce que disait le commandant, ce que contait le commissaire, prenait un grand intérêt et César écoutait avec passion le récit qu'on lui fit de la traversée...

Tout d'abord, aucun incident... Drogont fut à peine visible... Presque tout le temps renfermé dans son lit, couché, dormant fiévreusement... Vie monotone des passagers, du reste peu nombreux... la plupart malades, que le *Sénégal* rapatriait. Puis, tout à coup, un drame... un suicide... à peu près attendu... On avait à bord un certain docteur Marboré qui avait donné des signes de dérangement cérébral... Aucun doute... une lettre trouvée dans la cabine expliquait le suicide : « La vie m'est à charge depuis longtemps... Je m'en vais parce que je m'ennuie !... » Enfin, l'arrivée... C'était tout...

— C'est tout, interrompit le commandant Pouzoles, mais en ajoutant toutefois un détail bizarre, que nous n'avons pas pu expliquer...

Cœur-qui-Tremble fit un mouvement dans son fauteuil et dressa l'oreille.

— D'un détail insignifiant jaillit parfois la vérité...

— Vous en jugerez... Le valet de chambre Cyrille, affecté aux cabines de première classe, trouva dans la cabine n° 17, c'est-à-dire dans la cabine qui avait été celle du lieutenant Drogont, la clef de la cabine n° 21, c'est-à-dire de la cabine qui avait été celle du docteur suicidé...

César haussa les épaules.

— C'était cela la trouvaille ?

— Attendez, fit le commandant... La cabine du docteur Marboré était fermée lorsque j'y pénétrai à l'aide d'un passe-partout et l'on chercha la clef vainement... De telle sorte que nous nous sommes posé le problème suivant :

« Une cabine étant fermée à clef, celle-ci disparue, et le » passager de la cabine étant mort, noyé, comment la clef » de sa cabine se retrouvait-elle chez un autre passager, » son voisin ? »

— En effet, murmura César, la réponse est difficile... Et... s'il vous plaît... comment le problème fut-il résolu ?

— Il ne le fut pas, fit le commandant. M. le commissaire a rédigé son rapport qu'il a transmis aux autorités judiciaires, en arrivant au port. Depuis, nous n'en avons plus entendu parler...

— Où pourrai-je rencontrer le valet de chambre Cyrille ?

— Il a pris du service en supplément à l'hôtel d'Angleterre en attendant le départ du *Sénégal* auquel il est resté attaché.

Un quart d'heures après, dans une chambre de l'hôtel, César questionnait le garçon. Cyrille commença par faire le récit tel que nous le connaissons. Il était bavard, et César n'eut pas besoin de le prier. Il se fit donner le signalement du docteur Marboré et de Frédéric Drogont. Mais là surgissaient les difficultés.

— Par le fait, disait Cyrille, personne ne les a bien vus, pas même moi... Surtout l'officier, qui passait ses journées au lit... Et le docteur non plus ne se montrait guère... Un peu ballot, le docteur... Toutefois, si vous voulez des renseignements sur le lieutenant, je peux vous indiquer un de ses anciens copains aux tirailleurs... le caporal Walter, à présent dans les douanes... Comment j'ai connu Walter ? Vous allez voir... Le lendemain, comme je débarquais, il m'aborda en me disant : « Est-ce que le lieutenant Drogont est retourné à bord ? » — « Non, que je lui fais, et pourquoi ça ? — « Parce que, si je le voyais, je lui dirais son fait, que ce n'est pas poli d'inviter les anciens à dîner, pour parler un peu de l'Afrique, et de filer sans leur payer le dîner promis... »

Cyrille s'interrompit pour courir à la fenêtre, et souleva le rideau.

— Tenez, monsieur, le voilà... sur le quai... Il s'en va tout en boitant... son service fini... Voulez-vous que j'aille vous le chercher ?... Avec un petit verre que je vous servirai, vous lui délierez la langue, je vous en réponds...

Sans attendre, le garçon sortit, revint cinq minutes après.

Derrière lui, Walter, bonne et rude figure de vieux soldat, boitillait, tirant la jambe.

Il salua militairement, cligna de l'œil du côté de deux petits verres de fine champagne qui s'alignaient coquettement sur un plateau d'argent, et attendit.

Sans autre préambule, César interrogeait :

— Vous avez connu le lieutenant Drogont ?

— Oui. Et même qu'on a fait plus d'une campagne ensemble... Seulement... jadis, on n'aurait pas trouvé meilleur garçon à cent lieues à la ronde... Tandis que, maintenant qu'il a deux galons au képi, ça méprise les camarades...

Il lampa son verre d'un trait, s'essuya la moustache avec la langue...

— Si les galons changent le moral, je ne croyais pas tout de même qu'ils pouvaient changer tant que ça la figure...

— Expliquez-vous Walter ?

— Eh bien, voilà ! A sa descente du paquebot, c'est à peine si je le reconnaissais... Il faut dire à sa décharge qu'il était encore malade... Mais pour sûr que je l'aurais bien pris pour un autre, si on ne m'avait pas dit que c'était lui !...

— Et lui vous a reconnu, Walter ?

— Sans hésiter... Ça, faut l'avouer... Il m'a dit comme ça : « Es-tu remis de ta blessure, vieux ? » Comment aurait-il su que j'avais été blessé ? ajouta le brave homme, naïvement, sans comprendre le sourire amusé de César...

— Je vais vous dire, moi, Walter... D'abord, vous vous êtes nommé, hein ? en l'accostant ?... Oui ?... Très bien. Ensuite, pour votre blessure, camarade, elle se voit comme le nez au milieu du visage... Quand votre jambe gauche entre en ville, la droite est encore en province... Donc, faut pas être sorcier pour deviner...

— Doit-on vous dire le soupçon qui m'est venu ?

— Il faut tout me dire, Walter.

— Eh bien, j'ai pas du tout reconnu mon lieutenant...
et comme il m'avait invité à dîner pour le lendemain, j'ai
pas été surpris du tout de voir qu'il n'était pas à son
rendez-vous... Il m'avait posé un de ces lapins...

« Alors, j'ai pensé qu'il avait peur d'être embarrassé, et
que je ne lui fasse des questions... et que je ne sois trop
pressant...

— Puisque vous aviez des doutes, pourquoi les avoir gardés pour vous ?...

— Parce que, réflexion aidant, je me suis dit que j'étais
un imbécile, que Drogont était bien Drogont... voilà toute
mon histoire, mon cher monsieur.

— Et si, moi, je vous ménageais une nouvelle occasion de
le rencontrer ?

— Ah ! diable ! Ah ! diable ! Je vous jure bien que, en
ce cas...

— Je me charge de vous obtenir un congé de trois jours.
Vous me suivrez à Paris...

— Ça sera une occase pour moi de visiter la capitale...
on dit qu'il y a des petites femmes qui sont d'un rupin !
et qui aiment les anciens militaires...

Le lendemain, au quai d'Orsay, César descendait en compagnie de Walter.

Pendant le trajet, ils avaient longuement causé et le
douanier était dûment stylé sans doute, car, sur le quai
de la gare, ils se séparèrent sans plus un mot.

. . . .

Le lieutenant des grenadiers de la garde, Ulrich von Falker, venait d'achever sa toilette, avenue de Suffren, de re-
nouveler son maquillage et s'apprêtait à passer son uniforme d'officier français, pour aller faire un tour à l'Ecole
militaire, lorsque, vers huit heures on frappa à sa
porte.

Comme il avait pris son petit déjeuner, que la concierge
lui avait monté sa correspondance et les journaux, il n'attendait plus aucune visite ce matin-là, et puis on avait
frappé discrètement, timidement.

Il hésita à répondre.

Le lieutenant des grenadiers de la garde avait peur des
visites.

On frappa de rechef, avec la même réserve.

Chez Falker, la porte était toujours fermée à double tour de clef.

Il se décida à ouvrir.

Et devant l'homme qui apparut, la main tendue et souriant, il recula d'un pas.

L'homme, c'était Walter, l'ancien compagnon d'armes.

En un clin d'œil, Drogont comprit le soupçon et vit le danger.

Il para le coup, avec sa rapidité de décision habituelle.

— Walter, comme je suis heureux !... Et que d'excuses j'ai à te faire !... Qu'est-ce que tu as dû penser de moi, à Pauillac, en ne me trouvant pas au rendez-vous ? Rien de mal, j'espère ?... Dis-moi vite que tu ne m'en veux pas, camarade ?... Une dépêche m'est arrivée le soir même, m'appelant à Paris...

— Je ne vous en veux pas du tout, mon lieutenant...

Et le caporal Walter regardait Drogont, les yeux écarquillés. Etait-ce bien celui qu'il avait connu, des années auparavant, dans les déserts africains ? Oui ? Non ? Il n'en savait rien... Même taille, même carrure, même allure aussi... avec cet air souffreteux que donne la fièvre de là-bas... ces yeux battus, cette mine jaune ?... Mais quelle drôle de chose ! La fièvre ne change pas la couleur des yeux... Or, il croyait bien se souvenir que jadis Frédéric Drogont avait les yeux bruns, tandis qu'il le retrouvait avec des yeux bleus... Il ne les avait jamais bien regardés, probable ! se disait-il. Drogont tapotait la main du caporal qu'il gardait dans la sienne.

— Je me disposais à me rendre à l'Ecole militaire, mais rien ne presse et personne ne m'y attend... Je n'ai à faire qu'après midi... Nous déjeunerons ensemble.

— Dam ! mon lieutenant, si je ne suis pas une gêne ?...

— D'abord, je te le dois... Et nous causerons de l'Afrique, hein, Walter ?

— Tant que vous voudrez, mon lieutenant.

Venu avec un soupçon, le caporal déjà était à demi rassuré. Ce César Sanguinède, avec ses doutes et ses inventions romanesques, lui avait mis le cerveau à l'envers. Drogont ne serait pas Drogont ? Quelle folle idée ! Pourquoi ?

Et tout à l'heure, en causant, il verrait bien !

Ils sortirent... Drogont, à la dernière minute, avait passé des habits civils.

— Puisque je ne vais pas à la caserne !

Toutefois, dehors, devant un bureau de poste, Drogont s'arrêta.

— Je te demande cinq minutes... Un coup de téléphone... Rendez-vous à contremander.

— Mon lieutenant, je ne vous laisserai pas... A cause de moi...

Déjà l'officier était entré, jetait trois sous à l'employé et faisait inscrire :

— Central, 78-055...

Nasillard, l'employé redisait sur sa tablette, récepteur à l'oreille :

— Allô ! allô ! Central... 78... 055... Non, 3 et 2 font cinq... cinq deux fois. Allô ?... 78-055 ?... Bien... Restez à l'appareil... On vous parle...

Et se tournant vers Drogont :

— Cabine n°2...

Drogont entra, referma soigneusement derrière lui la porte feutrée.

Et d'une voix nette, quoique assez basse, en allemand, il dit :

— 78.055 ?

— C'est moi... dit-on à l'autre bout du fil.

— Parlez plus fort, je ne reconnais pas votre voix... Dites ce qu'il faut...

— Dites vous-même... je vous prie...

Des paroles mystérieuses d'entente s'échangèrent, énigmatiques pour tous autres.

— C'est bien vous, Falker ?

— C'est moi, Tcherko.

— Il était convenu que vous ne deviez me téléphoner que s'il se passait...

— Des choses très graves... C'est le cas... Je déjeune ce matin avec un de mes anciens compagnons d'armes, en Afrique... Il m'avait abordé, à Pauillac... Il me relance à Paris... Impossible de lui échapper... Il a des soupçons... Il s'en suivra une certitude...

A l'autre bout, un juron terrible... un accès de rage... un silence....

Puis, la conversation reprend :

— Où déjeunez-vous ?

— Je l'emmène au café Riche, en cabinet particulier... C'est plus sûr.

— Bon... Défendez-vous !... Ayez confiance et comptez sur moi... Le reste marchera tout seul... Adieu !

Drogont raccrocha le récepteur.

Sur le trottoir, en attendant, Walter avait bourré sa pipe... Ses petits yeux, allumés, regardaient complaisamment passer les femmes... Et, de temps en temps, un compliment partait, rude, asséné comme coup de poing, et qui les faisait rire.

— Un tour au Bois... Ensuite, nous irons déjeuner ?

Et dans le taxi qui les emmenait, tout à coup, Drogont, comme frappé d'une idée subite, demandait :

— Mais qui diable vous a donné mon adresse à Paris ?

Walter cligna de l'œil :

— Un ami !... Je vous dirai son vrai nom, peut-être... Ça dépendra.

— De quoi, mon vieux ?

— D'un tas de choses... Mais... si nous causions de l'Afrique, hein ?

— Avec bonheur !

Le taxi filait dans les Champs-Elysées. Il faisait un soleil radieux. L'avenue était encombrée d'autos montant et descendant. La plupart découvertes. Et, dans beaucoup, de jolies femmes aux toilettes élégantes.

Drogont s'était mis à parler, éveillant des souvenirs lointains.

Mais le caporal Walter n'écoutait plus...

Il était grisé de soleil, grisé d'élégances, grisé par ce tourbillon, grisé par l'air dangereux de Paris...

Il tétait sa pipe éteinte et souriait, dans un délicieux bien-être.

— Que de femmes ! Que de femmes !...

A midi, le taxi les déposait boulevard des Italiens.

— Pour être plus tranquilles, si nous prenions un cabinet ?...

— Comme vous voudrez, mon lieutenant. C'est vous qui régalez.

Installés à la table, une fenêtre ouverte sur le boulevard, Drogont étudiait la carte et dictait le menu au maître d'hôtel attentif, crayon en main. Après quoi, il appela le sommelier... Un vieux vin de Bourgogne, du Corton 93... pour commencer, pour se délier la langue.

— Et du champagne, n'est-ce pas, camarade ?

— Oh ! mon lieutenant, vous faites joliment les choses...

— Vous ferez rafraîchir dans un seau à glace... Pommery... deux bouteilles... Nous verrons après... Je me sens d'aplomb, moi...

— Moi aussi, mon lieutenant.

On apportait une dizaine de hors-d'œuvres : artichauts confits, champignons à la vinaigrette, crevettes roses, tomates, saumon fumé, beurre, museau de bœuf, salade de pommes de terre...

Walter faisait claquer sa langue.

— Chic maison, ici... Et ça doit coûter gros... en arrivant au cure-dents...

Alors, pendant les premières minutes, ils restèrent silencieux. Frédéric Drogont mangeait du bout des dents, attendait, se défiait, observait... prêt à tous les événements. Quant au caporal, il dévorait et trouvait le Corton à son goût. La fièvre de Paris persistait en lui, car de temps en temps il se penchait à la fenêtre et regardait l'animation du boulevard sous le soleil. Ce qui l'intéressait par-dessus tout, c'étaient les midinettes passant deux par deux, quatre par quatre, en se tenant par le bras. Et deux d'entre elles ayant aperçu sa bonne et rude figure barrée d'une énorme moustache, éclatèrent de rire à son air ahuri...

— Mon lieutenant, si on les invitait ?

— Walter, nous sommes venus pour parler d'Afrique...

— C'est juste, mais on a le temps... Et puis on se reverra, bien sûr...

Les plats se succédèrent et une bouteille de Pommery disparut alors que Drogont avait à peine trempé ses lèvres dans son verre... Walter s'égayait... Les yeux lui sortaient de la tête... Il était en plein paradis... Des camarades du Congo, de Mauritanie et du Tchad, il n'avait pas encore été question.

Une seule fois, Walter s'était arrêté d'avaler pour dire, brusquement :

— Et moi qui croyais, mon lieutenant, que vous aviez les yeux bruns....

— Vous ne m'aviez jamais regardé, mon bon Walter.

— Bien sûr, bien sûr... sans quoi ! !

Tout à coup, le maître d'hôtel entra, s'approcha de Drogont avec un sourire discret et lui remit un papier sur lequel quelques lignes étaient écrites au crayon.

Drogont réprima un geste de surprise... se remit... feignit l'embarras....

— Vous direz à cette dame que je suis en compagnie d'un ami... et que...

Mais Walter entendit :

— Une dame ?... Une connaissance ?... Faut la recevoir, tonnerre !... Peut-on lire ?

Et, simplement, avec désinvolture, il prit le billet et le parcourut.

« Je vous ai vu entrer... Je suis seule dans le cabinet .» voisin du vôtre. Je m'ennuie ! »

C'était signé : Jenny...

Et Drogont venait de reconnaître là, brusquement, l'intervention de Tête-de-Mort.

— Une amie, hein, mon lieutenant ?...

— Oh ! un peu... Maître d'hôtel, vous direz à cette dame...

— Tout de même, mon lieutenant, si elle s'ennuie ? Faudrait pas être impoli... Moi, ça ne me gênera pas, au contraire... J'ai... j'ai l'habitude des dames...

— En ce cas, c'est bien pour vous faire plaisir, Walter... Je vais l'inviter, et si vous le permettez, je l'inviterai de votre part, en insistant... Des égards, surtout, des égards, camarade... Vous aurez affaire à une dame du monde...

Il disparut pendant cinq minutes.

Dans le cabinet voisin, un colloque très vif, à voix basse.

Puis, Drogont reparut avec Jenny... Jenny plus fraîche que jamais, plus souriante, plus appétissante, avec ses beaux yeux de pervenche qui s'abaissèrent un instant sur le vieux soldat pendant qu'elle lui tendait sa main douce...

Et le contact de cette peau satinée et parfumée faisait tressaillir l'homme.

Subitement, l'appétit lui manquait... Mais, par contre, comme il avait besoin de montant et de se donner une contenance, la soif redoubla... La deuxième bouteille de Pommery était « séchée ». Le sommelier en déboucha une troisième.

Et la conversation s'engagea... Mais Walter avait déjà la langue pâteuse.

De temps en temps, il sentait le bras nu de la jolie fille lui frôler la main... Et les yeux de pervenche le faisaient frissonner... Et les dents merveilleusement blanches provoquaient un baiser... Une deuxième ivresse se mêlait à l'ivresse de Walter.

— Sûr que c'est une femme du monde ! se redisait-il tout bas...

Et soudain, son verre faillit lui tomber des doigts, sous le coup d'une émotion intense... Il venait de sentir, sous la table, le pied de Jenny qui, ayant rencontré le sien, s'arrêtait et, au lieu de reculer, le cherchait...

Du coup, la troisième bouteille y passa...

Et maintenant, sûr de vaincre, sachant qu'il allait pénétrer la vie mystérieuse de Paris jusque dans ses amours élégantes, il reprit son aplomb...

Il éclatait d'un gros rire, bruyant, interminable :

— Et à présent, si qu'on parlait des vieux souvenirs d'Afrique... mon lieutenant ?

— J'allais vous en prier, Walter, fit Drogont, posément.

Le rire du douanier redoubla :

— Ah ! sûr que vous ne voudriez pas, pour embêter madame ?... On a été copains, voyez-vous, madame ? On s'est battu... On a eu soif... On a eu faim... On a mangé, pour se sauver de la mort, des choses qui vous feraient rendre l'âme si qu'on vous les disait... C'était le bon temps... Et je suis bien content de le revoir... Mais ce n'est pas tout... non... il y a une bonne histoire qu'il faut que je vous conte... Oui, à Pauillac... quelqu'un est venu me dire... ce Frédéric Drogont, eh bien, y a des chances pour que ce soit pas Frédéric Drogont... Comprenez-vous ça ?... Comme si c'était possible !...

Jenny et Drogont échangèrent un rapide regard.

— Alors, moi, j'ai répondu : « Je vous renseignerai mieux que tous les autres... » Hein, mon lieutenant ? Faut-il tout de même qu'il y ait des gens assez... A votre santé, mon lieutenant... Et à la vôtre et à vos beaux yeux, ma belle dame...

— A votre santé, mon ami ! fit une voix très douce, dans un sourire.

Sous la table, le pied nerveusement s'appuyait sur le pied de Walter.

— Et qui donc est venu vous conter cette singulière histoire ?

— Un nommé... César... César Sanguinède, qu'il a dit...

Nouveau regard entre les deux complices. Oui, le danger avait été grand. Maintenant, il était conjuré. Mais Falker avait un peu pâli... Puis, contre ce petit homme, dont la toute puissante énergie le menaçait, dont la merveilleuse intelligence perçait à jour son infamie, il sentait surgir en lui une haine féroce.

Les projets les plus grandioses échouent parfois contre un grain de sable...

César avait failli être ce grain de sable !...

— Et vous devez le revoir, mon camarade ?

— Bien sûr, mon lieutenant... puisque c'est lui qui m'envoie... Il m'a dit : « A vous de le démasquer ! » Et je dois aller lui faire savoir si vous êtes bien Drogont, ou si vous n'êtes pas Drogont !... La bonne blague !... Je lui riverai son clou... A votre santé, belle dame, et à vos jolies quenottes si blanches, si blanches...

On servait le café et les liqueurs... Walter avait complètement perdu la raison. Pour le moindre prétexte, Jenny se penchait contre lui... Il respirait à pleins poumons tout le parfum grisant qui venait d'elle, de sa jeune chair saine et fraîche...

Drogont sonna, pour demander l'addition et paya...

Walter bavardait toujours...

— Camarade, je vous ai prévenu que je n'étais pas libre cet après-midi !... Il faut nous séparer... Une bonne poignée de mains et adieu !

Une douche froide dégrisa Walter à demi.

Il se tourna, hébété, vers Jenny, balbutiant :

— Alors ? Alors ?... On se sépare ? Et on ne se reverra plus...

Mais Jenny disait, la voix de plus en plus douce :

— J'ai mon auto à la porte... Voulez-vous m'accompagner jusque chez moi ?

— Si je veux ? Si je veux ? bégaya le pauvre ivrogne éperdu.

— C'est que je demeure très loin, hors Paris, à Boulogne...

— Tant mieux... Plus loin vous demeurez et plus longtemps nous resterons ensemble.

Walter se lançait. Il devenait galant.

Drogont lui tendit les mains :

— Allons, adieu, camarade... Quand vous reviendrez à Paris, n'oubliez pas l'avenue de Suffren... et lorsque vous reverrez César Sanguinède, dites-lui bien...

— Motus, mon lieutenant, pas un mot de plus ou je me fâche...

Il y eut alors, chez Drogont, un moment d'indécision

bizarre... Il regarda Walter avec une sorte de pitié, comme
si quelque danger de mort eût menacé l'ancien caporal...
Sans doute, il le savait sacrifié... sacrifié par Tcherko...
Sans doute, il avait compris qu'en l'emmenant avec elle,
chez elle, Jenny l'emmenait vers la mort...

Il murmura :

— Après tout, c'est la guerre !

Il haussa les épaules, tourna le dos et s'en alla...

Jenny, lentement, harmonieusement, descendait ; Walter la suivait, humant dans son sillage le délicieux parfum
qui ajoutait à son ivresse... Contre le trottoir, une limousine de louage attendait, le chauffeur somnolent au
volant.

Jenny le toucha légèrement à l'épaule :

— Chez moi...

L'homme sauta, donna un tour de manivelle et remonta.
Il n'avait même pas regardé Walter, soit qu'il fût complice, soit qu'il fût désintéressé...

A peine l'auto avait-elle démarré que Jenny baissait les
rideaux.

Et, brusquement, elle enlaça Walter et lui mit un baiser
sur la bouche.

— Toi, dit-elle, tu me plais et je te gobe !...

Walter vivait une heure étrange, emplie de luxe, de joies,
de fantasmagories... une heure où se réalisaient toutes les
imaginations jadis enfantées par le soleil africain, qui
rend fou... une heure délicieuse où il ne s'appartenait
plus ; où il eût répondu « Merci ! » à l'homme qui lui eût
dit : « Tu vas mourir ! » Et il rendit à l'espionne son baiser... Ce devait être son heure dernière... Il y entrevit du
moins le bonheur, une fois... le bonheur des rêves impos-
sibles...

Toute cette journée, César avait attendu, sans sortir de
sa chambre d'hôtel.

Pour lui, l'entrevue qu'il avait ménagée, entre Walter et
Drogont, devait être décisive, fixer ou bien dissiper ses soupçons...

Il avait dit à l'ancien caporal, en le quittant, instructions
données :

— Je vous attendrai toute la journée, toute la nuit... Je
ne bougerai pas...

Quand ce fut la fin de la journée et que s'écoulèrent les
heures du soir, sans que Walter donnât de ses nouvelles,

Cœur-qui-Tremble éprouva de l'inquiétude. Jeté ainsi dans la fournaise parisienne, Walter allait-il pouvoir se défendre ?

Mais César se mit à rire :

— Il n'aura pas pu se retenir... Il fait la bombe...

Alors, patiemment, il attendit au lendemain. Mais le lendemain s'écoula comme la veille. Cette fois, il eut peur.

— Ceci devient tout à fait grave ! pensa-t-il...

Le douanier avait un congé de trois jours. Or, César, qui comptait le retrouver après quelques heures, ne s'était pas informé de l'hôtel où Walter gîterait. Donc, impossible de savoir, et César se perdait en conjectures.

La nuit vint, la troisième journée se passa... et la nuit encore...

Est-ce que Walter était mort ?

Un coup de téléphone à son château d'Herbemont, manda à Paris, sur-le-champ, Vérimond et Bérode, les deux apôtres qu'il avait gardés à sa disposition.

En attendant leur arrivée, qu'ils annoncèrent pour le soir même, il courut avenue de Suffren et s'informa de Drogont :

— Parti depuis trois jours, dit la concierge.

— Son adresse ?

— Il n'a rien dit...

— Quand reviendra-t-il ?

— Il a dit en riant qu'il ne reviendrait peut-être pas...

Ce fut tout ce qu'il put obtenir. Mais il pensa :

— La chose est claire... Walter n'a pas reconnu Drogont... Et il a mis les pieds dans le plat... au lieu d'observer la prudence que je lui avais conseillée... Drogont a eu peur, s'est enfui... Mais Walter est mort... Est-ce vrai, tout cela, voyons ? Que serait donc cet officier ? Quel mystère ?... Je me défie de moi... avec toutes les imaginations qui me passent par la cervelle...

Le soir, Bérode et Vérimond arrivaient...

— Vous ne moisirez pas à Paris, dit César... Filez à Pauillac par le rapide... Vous trouverez vos instructions détaillées dans ces documents.

Et il leur remit une liasse de papiers.

Malgré tout, il espérait encore... Il ne pouvait croire qu'un crime eût été commis.

— Walter aura fait des bêtises, et il n'ose plus me donner de ses nouvelles... Quant à la disparition de Drogont, tu verras, vieux, qu'elle s'expliquera le plus naturellement du monde.

Il se trompa. Rien ne s'expliqua. Une dépêche de Pauillac, signée de ses agents, l'informa que le douanier n'avait point reparu. Cela devenait étrange !... Il fit une enquête discrète... Il se rendit à la préfecture et, le septième jour seulement, il reçut un avis du commissaire de police qui l'invitait à passer à la morgue.

A la morgue, au frigorifique, il y avait trois cadavres... Deux étaient de pauvres vieux, à longue barbe et à cheveux blancs, qui avaient voulu terminer dans la Seine une existence misérable.

Mais le troisième ? Comment le reconnaître ? Il était complètement défiguré. On eût dit qu'on avait haché sa figure de coups de marteau. En outre, il était rasé, alors que Walter portait une forte moustache à la gauloise... Pourtant, César regardait ce cadavre avec une attention fiévreuse... Ce cou musculeux, ces larges épaules carrées, c'étaient le cou et les épaules de Walter...

Il demanda au greffier :

— Est-ce qu'il n'y a pas eu un rapport médico-légal ?

— Oui, et le médecin conclut à un crime... D'abord, les hachures du visage ne viennent pas, comme cela se pourrait, du frottement contre les pierres du fond ou contre les bateaux... Elles ont été faites à coups de rasoir... Puis, l'homme portait la moustache... On la lui a coupée... Regardez de plus près... L'opération est inégale et a été mal faite, trop rapidement sans doute... Il reste, par-ci par-là, des poils très longs... Enfin, comme signe particulier, l'homme devait boiter, car il porte une grave blessure à la jambe droite.

— Cet homme s'appelle Walter, fit César. C'est un ancien caporal aux tirailleurs sénégalais... employé à la douane de Pauillac.

En sortant de la morgue, il sauta dans un taxi et se fit conduire au Parc des Princes. Il voulait voir Bénavant, à tout prix... Pour lui, en effet, plus de doute... Drogont avait trempé dans ce crime... Donc, il fallait démasquer cet officier dans les traits duquel on allait découvrir un traître...

Le général était chez lui et reçut César sur-le-champ.

— Oh ! oh ! mon cher garçon, comme vous paraissez ému ! fit Bénavant.

— Il y a de quoi, mon général... et vous-même, quand vous saurez...

— De quoi ou de qui s'agit-il ?

— Du lieutenant Frédéric Drogont, mon général.

Bénavant ne parut pas surpris. Il eut l'air seulement contrarié.

— Je sais, dit-il. Vous ne m'apprendrez rien... Mais vous, comment savez-vous ?... Les journaux commencent à ébruiter l'affaire, sans doute ?... C'est un malheur... Je croyais Drogont plus adroit... Se faire pincer par les Allemands alors qu'il avait réussi, ce n'est pas de chance !... Heureusement, voici la copie de son rapport... que le ministre me communique à l'instant... Le pauvre garçon ne s'en tirera pas à moins de cinq ans de forteresse.

Cœur-qui-Tremble écoutait, bouche béante, yeux écarquillés...

Qu'est-ce qu'on lui racontait donc ? Il ne comprenait pas un mot ! ! Drogont prisonnier en Allemagne ? Quelle histoire ! ! Et pourquoi ?

— Vous savez l'allemand, je crois ?

— Mais oui, mon général.

— Eh bien ! lisez... Voici la *Gazette de Cologne*, la *Gazette de Francfort*, la *Tægliche Rundschau*, de Berlin, et la *National Zeitung*, d'autres encore, qui rendent compte de l'affaire... Frédéric Drogont est un officier audacieux... De l'allant, du sang-froid, du coup d'œil... Je lui avais fait confier par le ministre une mission difficile, mais possible... celle de me rendre compte de l'état des nouveaux forts qu'ils construisent autour de Coblentz... et de quoi se composent les armements sur la frontière suisse... Vous savez comme moi quels sont les travaux exécutés par les Allemands dans la région de Bâle : fortification du roc d'Istein : percement d'un tunnel sous les hauteurs de Tullingen, pour relier directement la ligne ferrée stratégique Lorrach-Schopfheim aux lignes Leopolishœhe-Mulheim sur la rive droite du Rhin et Huningue-Mulhouse, sur la rive gauche, sans utiliser la gare badoise de Bâle. Malgré la violation formelle des traités, les Allemands ont construit à Huningue un important ouvrage bétonné, avec réseaux de fils de fer, interdiction de s'approcher, poteaux indicateurs **déterminant une zone dans laquelle toute construction est** interdite... Comme les travaux ne sont pas entièrement terminés, Drogont s'est fait embaucher... il a pu tout visiter... Son rapport est, ma foi, fort bien fait.

Cœur-qui-Tremble restait abasourdi...

— Mais qu'avez-vous donc, encore une fois, mon cher garçon ?

— Ainsi, mon général, Drogont est parti... là-bas... sur votre ordre ?

— N'avez-vous donc rien compris à ce que je viens de vous dire ?

— Excusez-moi, mon général... Voudriez-vous me permettre de vous demander depuis combien de temps le lieutenant Drogont a quitté Paris ?

— Depuis sept jours... Mais... pourquoi cette question ?

— Pour rien, mon général, pour rien...

— Lisez donc les feuilles d'Allemagne, puisque vous portez intérêt à cet officier.

César obéit. Il lut, d'abord à travers un brouillard où les lignes, les mots dansaient une sarabande sous ses yeux. Tout ce que contait le général, c'est vrai... Drogont avait réussi à pénétrer comme ouvrier, à tout examiner, à lever le plan du fort d'Huningue... et ses notes étaient parties lorsqu'il avait été reconnu pour un officier français et arrêté sous l'inculpation d'espionnage. On avait retrouvé chez lui, dans son garni, cachés sous une brique du carrelage, des décalques qui l'accusaient hautement. Toute dénégation était impossible. Il avait essayé de donner un faux nom, mais son identité fut rapidement établie par le service des fiches de Berlin. Dès lors, il devenait inutile de se cacher et Frédéric Drogont fit des aveux complets...

Il avait été interné, en attendant son jugement, au fort même.

— Dommage, oui, grand dommage... Je regrette de lui avoir confié cette mission, disait le général... en tendant le rapport de Drogont à César qui, machinalement et toujours en proie au même ahurissement, y jeta les yeux... Renseignements de premier ordre... nets, précis, techniques... Grosses pièces d'artillerie, une de 240... d'autres de 100... quatre mortiers de 300... position des tourelles blindées, des casemates... des magasins de munitions... des tranchées... des abris cuirassés... des puissants projecteurs électriques... et en outre du plan, des photographies...

Et voilà l'homme que César Sanguinède, par une singulière aberration mentale, soupçonnait de je ne sais quelle effroyable intrigue ?

— Un peu ballot tout de même, hein, vieux ?...

Ah ! il s'était arrêté à temps !... quelle gaffe il allait commettre ! Il frémissait en y pensant. Car, devant ce fait révélé par Bénavant, devant ce nouvel acte d'audace couronné de succès, en somme... tout disparaissait de ce qui lui avait été inspiré par ses premiers soupçons... Silhouette entrevue à Bernicourt, et à la gare de Fontoy, retrouvée au rond-point des Champs-Elysées... voix de l'officier allemand entendue dans le salon du général... erreurs étranges relevées au compte de Drogont... ses confusions... ses attitudes d'extrême curiosité... les doutes de Walter, confirmant ses propres doutes... et l'existence mystérieuse de l'officier pendant la traversée du *Sénégal*... et l'inexplicable trouvaille de la clef du docteur Marboré dans la cabine du lieutenant... et la disparition de Walter, son assassinat... le soin qu'on avait mis à le défigurer... Tout cela s'enfuyait dans une sorte de nuit de son esprit, où ne restait plus que l'inexprimable et douloureuse confusion de s'être à ce point trompé...

Le pauvre Cœur-qui-Tremble pensait :

— Et il n'est pas là pour que je lui fasse des excuses !...

Au même instant, la sonnerie du téléphone se faisait entendre.

Le général prit le récepteur, s'accouda sur son bureau... et prêta l'oreille...

Et aux premiers mots, son visage énergique exprima la stupéfaction la plus complète... en même temps que ses yeux trahissaient une joie intense.

On aurait dit que quelque coup de théâtre venait de se produire... annoncé là-bas, au bout du fil, par une bouche invisible.

Bénavant raccrocha le récepteur, vint à César et lui frappa sur l'épaule.

— On vient de me téléphoner du ministère de la Guerre...

— Communication intéressante, à ce que j'ai deviné.

— Au plus haut point... Le lieutenant Drogont s'est évadé du fort d'Huningue.

Cette fois, Cœur-qui-Tremble tomba, comme aplati, dans un fauteuil. Décidément, c'était un héros de roman, que ce Frédéric Drogont... A tous ses exploits d'Afrique, il ajoutait ce dernier exploit : l'évasion d'une forteresse allemande...

Il allait devenir la coqueluche de Paris pendant toute une saison... Et dire que lui, César, avait pensé !...

— On n'est pas bête à ce point-là ! fit-il soudain, à haute voix.

Le général tressaillit.

— Hein ? De qui parlez-vous avec un pareil mépris ?...

César se mordait les lèvres. Certes, il n'avoua point qu'il parlait de lui-même.

— Je pensais aux Allemands, mon général, aux Allemands qui n'ont pas su le garder et qui viennent de se laisser faire la pige... Ah ! Ah !

Mais il riait faux !...

— Evadé, oui... Par exemple, on manque de détails... bien qu'on ait la certitude... C'est Drogont lui-même qui a téléphoné de Belfort au ministère... Il sera à Paris ce soir...

— Des excuses, sûrement je lui dois des excuses ! murmurait César.

Le général lui tendait la main... César prit congé... sortit, le crâne bouillonnant.

. . . .

Le soir même, à cinq heures quarante-cinq — ou, pour employer le nouveau langage, à dix-sept heures quarante-cinq, Drogont descendait du train de Belfort, à la gare de l'Est.

Sans désemparer, il se rendait au ministère de la Guerre.

Le bruit de son arrestation et de son évasion s'était déjà répandu dans les rédactions des journaux parisiens, mais tous ces événements s'étaient passés avec une rapidité si foudroyante que personne n'était à la gare... Et du reste, Drogont, et pour cause, allait se refuser à toute interwiev... surtout à laisser prendre sa photographie.

Certes, il ne pourrait pas empêcher les journaux de publier des détails sur le drame d'Huningue, mais sa photo, répandue à des milliers d'exemplaires, c'était là un redoutable danger, car comment empêcher qu'une de ces feuilles, avec ce portrait, ne s'en allât éveiller quelque souvenir, ou récent ou lointain, dans la mémoire d'un camarade du régiment ?

Rue Saint-Dominique, il fit passer sa carte ; le ministre rentrait de la Chambre et l'huissier, sans doute, était prévenu, car Drogont n'attendit pas, il fut introduit sur-le-champ. Le ministre avait hâte de l'entendre.

Une heure après, un taxi le déposait au Parc des Princes, chez Bénavant.

Bénavant travaillait avec le sous-chef d'état-major et deux généraux du conseil supérieur de la guerre, lorsque l'ordonnance lui passa la carte de Drogont.

Il sourit, échangea quelques mots avec ses camarades et dit :

— Priez-le d'attendre quelques instants au salon...

Ce salon, Frédéric Drogont le connaissait bien. C'est là qu'il avait senti grandir en lui la passion profonde que Madeleine lui avait inspirée. Et, en cette villa silencieuse où reparaissait le traître, il écoutait maintenant s'il n'entendait pas quelque part, le bruit des pas légers de la jeune fille ou sa voix au timbre d'argent, cette voix qui lui avait caressé le cœur, mais cette voix aussi, qui pouvait être hautaine et orgueilleuse — il l'avait bien vu — lorsqu'il avait hasardé un compliment trop direct qui était presque un aveu de son amour...

Et, tout à coup, il tressaille...

Cette voix !... Non, il ne se trompe pas... c'est bien elle qu'il entend... Madeleine est dans le petit salon dont la portière rabattue atténue peut-être les paroles, mais pas assez pour que Drogont ne puisse comprendre...

Et il a un geste de jalousie et de haine lorsqu'il devine quel est celui avec qui elle s'entretient.

Chémery !

Il ne lui vient même pas à l'esprit d'éveiller leur attention, par quelque bruit qui leur dirait qu'un étranger les écoute.

Le hasard le sert. Il profite du hasard. Et, à pas feutrés, il se rapproche de la portière et s'assied dans un grand fauteuil dont le siège est tourné vers la véranda pleine de plantes vertes et dont le haut dossier le dérobe complètement. à la vue...

Chémery et Madeleine ne savent pas qu'on les espionne.

Ils parlent librement...

Ils parlent d'amour ! Ou si le mot amour, le verbe aimer, ne sont pas prononcés, on les devine au tournant de chacune de leurs phrases, on les devine à la voix qui tremble sous les sursauts du cœur, on les devine jusque dans les silences. Et c'était Madeleine qui paraissait le plus émue.

— Est-il vrai, monsieur Chémery, que vous soyez lassé

du service de mon père et que vous ayez l'intention de rentrer dans un régiment ?...

— Il est vrai, mademoiselle... et je quitterai avec le plus grand regret cette maison où je me considérais comme dans ma famille...

— Dès lors, demeurez ! Qui vous force ?

— Il le faut, mademoiselle.

— Je ne comprends pas à quelle obligation vous cédez, monsieur Chémery.

Silence du jeune homme.

A ! si Drogont avait pu les voir et saisir ainsi, sur les physionomies, les nuances de ces paroles ! Une fois, du petit salon, il les avait aperçus déjà, conversant ensemble, et il avait vu leurs gestes et constaté leur trouble sans que leurs paroles arrivassent jusqu'à lui... Maintenant, c'était le contraire... Il entendait et ne voyait pas...

— Il me serait difficile de vous le dire, mademoiselle, et pourtant je sens que je vous dois de m'expliquer... parce que je voudrais partir en gardant votre amitié...

— Mon amitié ? Qu'avez-vous donc fait, pour risquer de la perdre ?

— Madeleine, lorsque le général, ami et frère d'armes de mon père, m'a fait l'honneur de me choisir pour officier d'ordonnance, il s'est établi forcément entre vous et moi une sorte d'intimité et de confiance dont je ne suis pas peu fier, dont j'ai été très heureux, mais qui n'est pas sans quelque péril... Du moins je le crains, et on me l'a fait comprendre...

— Qui ?

— Des amis inconnus... Des propos rapportés.

— Qu'importe !

— Il importe, Madeleine, pour vous surtout, pour moi un peu... Il importe qu'on ne dise pas que l'on songe autour de nous à une union qui, vous le savez, entre vous et moi est impossible...

— Pourquoi impossible ?

Et ici Drogont entendit que la voix était plus basse et plus tremblante.

— Pourquoi me forcez-vous à préciser des choses qui me brûlent le cœur... depuis si longtemps que je voulais les dire ?... Et pourquoi jeter ces détails brutaux de la vie injuste et de la nécessité humaine dans l'affection fraternelle qui nous réunissait ? Notre union est impossible, Ma-

deleine, parce que l'on sait que votre père est très riche, et
ce qui lui fait pardonner sa très grande fortune, c'est qu'il
en fait le plus noble emploi... Mais parce que l'on sait,
d'autre part, que le capitaine Chémery est très pauvre... Il
est ce qu'on appelle, par une image qui n'est point sans
ironie, un officier de fortune. Il n'a que sa solde pour vivre
et, comme tous les autres dans le même cas, il vit mal...
Or, pour vous, Madeleine, et pour moi, il ne faut pas qu'on
dise que le capitaine Chémery a fait un mariage d'argent
et d'ambition... qu'il a épousé la fille d'un général influent,
le premier parmi ses pairs, parce qu'il a calculé sur cette
influence, de même qu'il avait calculé sur sa fortune.

— Oh ! monsieur ! fit une voix éplorée.

— Vous ne pouvez vous blesser de mes paroles. Elles
ne sont dures que pour moi. Certes — fit-il après une pause
— l'homme que vous aimerez sera digne d'envie entre tous,
si vous répondez à son amour... et ma vive affection vous
suivra, de loin, dans votre bonheur...

— De loin ?

— On va se battre au Maroc, Madeleine... J'aime la
guerre... Et j'ai demandé...

— Pourtant, j'avais cru...

Ce fut comme un cri étouffé d'angoisse et de surprise,
suivi d'un silence.

Et longtemps, longtemps après :

— Oui, j'avais cru, certains jours, que votre affection, à
laquelle je me suis confiée, était... plus tendre... que celle
d'un frère... J'avais cru comprendre que... Mais je vous
demande pardon...

Ah ! comme il aurait voulu voir, Drogont !

— Vous partirez bientôt ?

— Dans quelques mois... quelques semaines, peut-être..

— Eh bien, que notre explication soit décisive, voulez-
vous ?

— Je le veux, Madeleine.

Mais cette fois, Drogont entendit que la voix de Chémery
s'enrouait de détresse.

Alors, il mentait ? Il mentait donc ?

— Vous ne m'aimez pas ?

— Non... non, Madeleine, pas ainsi que vous voulez dire.

— Et vous ne m'avez jamais aimée ?

— Non, Madeleine... Je m'en suis toujours défendu et
j'ai conquis le calme de mon cœur en pensant que vous

ne pouviez pas être pour moi et qu'un doute, odieux et déshonorant, planerait sur mon amour...

— Cela ne veut-il pas dire que vous m'aimeriez si j'étais pauvre ?

— Je vous l'ai dit, Madeleine... J'aime la guerre... Je ne me marierai pas...

Elle répliqua, et c'est à peine si l'espion aux aguets put saisir :

— Ne croyez-vous pas, monsieur Chémery, qu'il est bien tard pour me faire connaître votre résolution... et que, peut-être, vous auriez dû vous y arrêter il y a longtemps ?

D'une voix humble et frémissante de son émotion contenue :

— Si j'ai commis une faute, je vous demande pardon, Madeleine... au nom de notre affection, me pardonnerez-vous ?

Drogont ne sut pas si elle avait répondu... Presque aussitôt il entendit la draperie qui s'écartait, dans un frôlement lourd... Des pas — des pas d'homme — traversèrent le salon... Chémery sortait... Il se passa quelques minutes... Sans doute, avant de sortir elle-même, Madeleine essayait de reprendre un peu de calme... essuyait des larmes...

Un long moment s'écoula ainsi...

Alors, Drogont se leva, se dirigea vers la porte, l'ouvrit, la referma, avec bruit... et demeura dans le salon.

Au même instant, Madeleine apparaissait, avait un geste de frayeur et demandait :

— Vous attendez mon père, monsieur ?

— Oui, mademoiselle.

— Et... il y a longtemps que vous êtes là ? fit-elle avec une frayeur visible.

— J'arrive à l'instant, mademoiselle.

Madeleine se rassura. Sa pauvre figure était toute défaite. Certes, elle venait de souffrir. Sa souffrance était encore visible dans le trouble de ses yeux, dans l'altération de ses traits, dans le tremblement qui agitait ses mains.

Et devant cette pauvre créature qui venait de renoncer à un joli rêve d'amour, Frédéric Drogont avait peine à retenir sa joie triomphante...

Entre Madeleine et lui, il existait un obstacle... deviné depuis longtemps.

Et il n'est pas d'obstacle plus insurmontable que celui de l'amour...

Or, Drogont apprenait que cet obstacle disparaissait... Chémery n'aimait pas Madeleine... Chémery renonçait à se faire aimer de Madeleine... Chémery songeait à quitter la France, à s'éloigner de Madeleine !... Et le champ restait libre pour Drogont, libre pour toutes les tentatives et pour toutes les aventures.

Entre Madeleine et lui, plus rien !...

Et le voici qui revenait, lui Ulrich von Falker, auréolé de gloire et avec l'attrait, si puissant sur les jeunes imaginations, d'un héros de roman...

Déjà, devant cet homme, Madeleine avait repris un peu de sang-froid...

Tout à coup, en une grande surprise, des souvenirs s'éveillaient en elle.

— Monsieur, dit-elle... on s'est donc trompé... Je vous croyais prisonnier ?

— J'ai été, en effet, emprisonné au fort d'Huningue, mademoiselle... sous l'accusation d'espionnage pour le compte de mon pays...

— Et l'on a reconnu votre innocence, puisque vous voici ?

Drogont se mit à rire.

— Non, mademoiselle... Et d'abord, je n'étais pas innocent. J'étais allé à Huningue pour y exécuter les ordres du ministre, et la mission donnée par le général votre père... Ensuite, bel et bien pris, et sûr d'être condamné à cinq ou six ans de forteresse, j'ai pris le parti de m'évader...

Madeleine releva sur l'officier ses beaux yeux, qui s'emplirent d'admiration. Elle connaissait les exploits de cet homme en Afrique... et voici qu'il les continuait, ces exploits, sur la terre plus ingrate et moins propice de l'Europe... Et c'était ce même homme élégant, joli garçon, de manières raffinées, qui les avait arrachées, elle et sa mère, aux violences des apaches, certain soir... Certes, quelle que fût, en cet instant, la désolation de son cœur, devant la ruine de ses rêves, elle devait rendre justice à l'officier.

Elle lui tendit la main, et dit, simplement :

— Vraiment, c'est très bien... oui... très bien !... quel bruit cela va faire !... Mais comment avez-vous pu, si vite, si facilement, leur échapper ?... C'est inconcevable !...

— Le hasard m'a servi, mademoiselle, mon seul mérite est d'en avoir profité...

Et, en souriant, il fit le récit, longtemps médité, préparé avec soin... de l'évasion !...

Lorsqu'il avait accepté d'aller inspecter le nouveau fort d'Huningue et ceux de Coblentz, Falker était bien sûr d'accomplir sa mission jusqu'au bout. Il avisa Tcherko. Les commandants des forts furent avertis... Drogont, lorsqu'il se présenta, avec le bourgeron et la cotte de l'ouvrier, fut invité au mess des officiers et reçut du major Kranpach quelques renseignements, du reste faux, sur l'armement du fort... Arrestation, évasion, tout cela fut une comédie...

Il avait dit à Tcherko :

— A Paris, un danger me menace... César Sanguinède me soupçonne... Mon congé de convalescence va expirer bientôt et je vais prendre mon service au régiment. J'aurais besoin d'un coup de maître.

— Vous serez servi ! avait répliqué Tête-de-Mort !

Et voici comment il contait à Madeleine son évasion... pendant que la jeune fille l'écoutait avec la curiosité fiévreuse que l'on met à entendre un merveilleux chapitre de roman...

Depuis trois jours, il avait parcouru le fort... Toutes ses notes étaient parties avec les plans et les photos qu'il avait relevés... Dix fois il avait été sur le point d'être surpris... Et ce fut miracle, s'il détourna les soupçons durant ces trois jours...

A la dernière heure, alors qu'il se croyait sain et sauf, quand il se disposait à quitter Huningue dans la nuit même pour filer sur Coblentz, où l'appelait la seconde partie de sa mission secrète, au moment où il traversait un petit bois de chênes qui s'étend sur la pente d'un coteau en haut duquel le fort allonge ses canons au ras du sol, il s'était vu entourer par des gendarmes et par des soldats allemands... commandés par un lieutenant.

La résistance était impossible...

Comme il avait sur lui des papiers compromettants, il essaya de s'en débarrasser en les jetant dans des broussailles, à la faveur des ténèbres.

Le geste fut vu, les papiers furent ramassés...

Et en excellent français le lieutenant — un artilleur — disait goguenard :

— Cela nous évitera la peine de vous fouiller... En avant, garçon, et puisque vous aimiez tant le fort d'Huningue, remontez là-haut, s'il vous plaît !...

Entre dix soldats qui l'entouraient, baïonnette au canon,

il repartit vers le sommet. A l'entrée du fort, le lieutenant voulut lui faire bander les yeux.

Devant cette intention, le prisonnier s'était mis à rire :

— Pourquoi faire ?... D'abord, vous me tenez... Vous n'avez donc pas à craindre mes indiscrétions... Et, si elles ont été commises, il est trop tard.

La réflexion était juste. On le laissa. Mais le lieutenant grommela une menace.

— Je connais, je connais, fit Drogont... Dix ans de forteresse, pour le moins...

Il suivait un chemin étroit, sur le glacis, entouré de cent tours de fils de fer entrelacés sur des piquets plantés sans régularité... Il franchit le fossé sur un pont-levis où veillait un poste, factionnaire sur le pont, passa près d'un corps de garde devant lequel un autre factionnaire faisait les vingt pas réglementaires, fusil à l'épaule, crosse basse, ou fusil sous le bras, à la manière des chasseurs, mais qui, brusquement, automatiquement, se redressa, raide, claquant les talons, au port d'arme, sur le passage de l'officier et des hommes. Il traversa une grande cour, bordée par de lourds bâtiments bas, au bout de laquelle il entra dans un couloir qui coupait en deux un second corps de bâtiment pour aboutir, de l'autre côté, à une courette étroite.

Dans le couloir, le cortège s'arrêta.

On le fit entrer dans une grande salle blanchie à la chaux au fond de laquelle, sur un piédestal, il y avait le buste de l'empereur, entre deux drapeaux noir, blanc, rouge, les couleurs de l'empire d'Allemagne ; puis une table, puis des chaises, puis un banc.

On le fit asseoir sur le banc. Des officiers entrèrent, un major d'artillerie, un capitaine, un sergent avec une serviette bourrée de papiers.

Et l'interrogatoire commença...

Il ne pouvait être long. Drogont, en somme, avait été arrêté en flagrant délit. Mais il refusa de dire son nom. Ce fut encore une inutile prudence, car un coup de téléphone à Strasbourg, suivi d'un coup de téléphone au service particulier de Berlin, dirigé par le général Schweiber, devait renseigner dans la nuit même sur la véritable personnalité de Drogont...

L'interrogatoire terminé, Drogont fut conduit en cellule, sur l'étroite courette large comme un puits et abandonné à lui-même pendant une heure....

Devant la lourde porte à la solide serrure et aux deux verrous énormes qui le retranchait de la liberté, il entendait la marche monotone d'une sentinelle.

Ah ! c'était une histoire bien combinée, que racontait là Ulrich von Falker, et bien faite pour retenir l'attention. Du reste, plein de sang-froid, il savait graduer l'émotion et cette émotion, il la lisait, intense, sur la physionomie mobile de Madeleine.

— J'avoue, qu'en cette minute, quand je me retrouvai seul, dans cette cellule à peine assez haute pour me permettre de m'y tenir debout, derrière cette porte qui me rejetait loin des vivants et me condamnait à la mort lente des prisonniers, je fus pris d'un affreux désespoir... Je pleurai à chaudes larmes... Mais je ne pleurai pas longemps, et j'avais une bonne raison pour cela... C'est que, mademoiselle, je ne pouvais pleurer que sur moi-même, et cela n'en valait pas la peine... Oui, sur moi-même... Je suis seul au monde... Je n'ai ni père, ni mère... ni frère, ni sœur... Je suis un enfant trouvé et personne, en dehors de mes chefs, ne s'intéresse à moi... Donc, ma suppression des vivants ne pouvait attrister qui que ce fût... Nulle part, en un coin de France, il n'y aurait des yeux doux de femme qui s'apitoieraient sur mon malheur... Et ce fut peut-être la seule fois de ma vie où je me réjouis d'être seul !...

— Pauvre garçon ! pensa Madeleine.

Drogont continuait :

— J'étais à peine enfermé, je m'étais à peine remis de mon émotion, que la première pensée qui me vint fut celle de ma fuite. Oui, coûte que coûte, je voulais m'enfuir ; quand bien même ma tentative eût dû me coûter la vie. J'aimais mieux mourir qu'accepter cette réclusion, cette fin lente du corps et de l'esprit... Mais comment faire pour exécuter un pareil dessein ?... N'était-ce pas impossible, invraisemblable ? Oui, sûrement... C'était un acte de folie... J'étais fou ! A présent, quand je repense à ce qui s'est passé, à la rapidité des événements qui suivirent et qui m'emportèrent, je me demande si j'ai véritablement vécu de pareilles et aussi sombres heures... et quelle fut la fée mystérieuse et bienfaisante qui écarta de moi des dangers tragiques !....

Il s'arrêta.

On eût dit qu'il était troublé, troublé infiniment par de pareils souvenirs et qu'il avait besoin d'un peu de calme.

La vérité, c'est qu'il était ému, certes, mais par la touchante beauté de Madeleine, et si sa voix venait de trembler, c'est qu'un flot de passion lui était monté jusqu'au cœur...

— Dites, monsieur, dites comment vous vous êtes enfui !... suppliait-elle.

Et elle était si belle, ainsi penchée sur lui, qu'il ferma les yeux pour ne plus rien voir, parce qu'il sentait qu'il était près de céder au geste brutal du soudard qui attirerait l'enfant contre ses lèvres !...

— Oui, une fée mystérieuse et bienfaisante... Elle existe... Son pouvoir, la magie de sa toute-puissance a veillé sur moi... Sans elle, je n'aurais pas réussi... Il me semblait la voir, marchant dans l'ombre en me tenant par la main, pendant que de son autre main elle m'indiquait à l'horizon un point lumineux qui était la liberté !... Ah ! comme elle était séduisante et belle ! Quel doux regard ! Et quel sourire d'ivresse !....

Il passa la main sur son front, comme pour chasser l'image évoquée.

Mais le trouble de ses yeux avait été trop éloquent.

Et Madeleine venait de comprendre qu'il s'agissait d'elle.

— La nuit était venue... Une lanterne posée sur une table scellée à la muraille par des crochets de fer donnait une pâle lueur jaunâtre autour de moi... Quelle heure était-il ? Je ne savais ; on m'avait pris, en me fouillant, ma montre et tous les menus objets que je possédais... Un grand silence régnait... Rien n'arrivait jusqu'au fond de cette courette où était ma cellule... Je me disais qu'il fallait d'autant plus m'enfuir cette nuit-là que ma détention au fort n'était que momentanée et que le lendemain, très sûrement, j'allais être conduit à Strasbourg où s'instruirait mon procès. Or, de Strasbourg, toute évasion deviendrait impossible. Que faire ?... La porte était très épaisse, renforcée par des barres entre-croisées ; la fenêtre, extrêmement étroite et grillée, n'aurait pu être assez large pour me laisser passer... Je tremblais de fièvre, de haine, de désespoir... Et, tout à coup...

Il s'arrêta, sa voix devint rauque...

— Tout à coup, des pas lourds, qui s'arrêtent... la porte qui s'ouvre, après le glissement de son verrou et le grincement de sa lourde serrure... et un sous-officier d'artillerie

qui entre... Dans l'entre-bâillement, j'aperçois le factionnaire qui paraît et disparaît, au long de sa promenade
dans le couloir obscur... Le sous-officier est chargé de
m'apporter mon repas... On sait que je suis officier dans
l'armée française, et, malgré tout, on a pour moi des
égards... Sur la table, il a déposé un panier avec des pro-
visions... Pas un mot n'est échangé... Il me tourne le dos...
Déjà, j'ai repoussé légèrement la porte et mes mains, derrière lui, se lèvent pour le serrer à la gorge... lorsqu'un
nouveau bruit m'arrête... suspend la mort... sauve le
malheureux... C'est un officier qui entre... pour m'adresser
quelques nouvelles questions... Le sous-officier est ressorti... Je l'entends qui s'éloigne... Le factionnaire, seul,
reste et je perçois toujours sa promenade monotone... Mais
le projet vague de ma fuite s'est précisé en mon esprit...
Je sais maintenant ce que je veux faire... Et je l'accomplis... Un homme décidé à mourir est bien fort... et devant
lui disparaissent les obstacles qu'il croyait insurmontables
et qui sont comme s'ils n'existaient pas !... L'officier est un
capitaine d'artillerie de ma taille, de ma force... Je l'ai
jugé d'un de ces coups d'œil qui trahissent quand ils sont
surpris, mais l'homme consulte un carnet, devant moi, et
ne me regarde pas... Alors, alors...

Il s'arrêta encore, et dit très bas :

— Je vous demande pardon, mademoiselle, mais puisque
vous avez voulu savoir ! Alors, mes mains se soulèvent de
nouveau vers cette gorge, et la saisissent, dans un si violent effort que toute résistance est rendue vaine du coup.
Le souffle lui manque. Je le sens qui faiblit et s'affaisse au
bout de mes bras. Et je le laisse tomber en travers de mon
lit... Du couloir, le factionnaire n'a rien vu... La porte est
poussée, empêche toute curiosité... Puis, il n'oserait hasarder le regard... Il sait qu'il y a là un officier... Et moi,
pour mieux le tromper, je parle... Oui, je me mets à parler,
et de temps en temps, je prends une autre voix... Ainsi, on
peut s'imaginer qu'il y a des questions et des réponses...
Et durant cette sinistre comédie, je ne perds pas mon
temps... J'ai déshabillé le capitaine et revêtu son uniforme... J'ai jeté son manteau sur mes épaules, coiffé son
casque... Car, étant de service, il portait le casque...
L'homme ne bougeait pas... Je tâtai le cœur... il battait
faiblement... Le tuer ? L'achever ? Non, je ne le voulus
pas... Je ne voulus point reparaître avec un meurtre, du

sang aux mains, devant la jolie fée mystérieuse et bienfaisante qui me protégeait... Que sa syncope dure seulement un quart d'heure... et j'aurai le temps de sortir du fort... à moins qu'au premier pas que je ferai tout à l'heure, je ne sois repris !... C'est maintenant, mademoiselle, maintenant que la vraie folie commence... J'ai passé l'uniforme... Les ombres de la nuit me protègent... Mon cœur ne bat plus... J'ouvre la porte brusquement et je sors dans le couloir... Deux soldats, des clefs à la main, et dont je ne soupçonnais pas la présence, se tiennent au dehors... Le factionnaire présente les armes... J'entends la lourde porte de ma cellule qui se referme... J'entends le factionnaire qui reprend sa promenade... J'entends, mais tout cela comme dans un rêve, les deux soldats qui me suivent... à distance... Que faire ? Et que vais-je devenir ? Je longe le couloir... je traverse la courette... autour de laquelle s'élèvent des bâtiments nus contre lesquels se plaquent tristement des rayons de lune... J'entre dans une grande salle vide, que je reconnais pour l'avoir traversée tout à l'heure... puis une autre... puis une autre encore... Il est tard... Les hommes et les officiers sont couchés... Dans la grande cour qui s'étend jusqu'aux remparts, on parle !... Mais je me souviens... Là, à gauche, c'est le corps de garde... Dix hommes, un sous-officier, une sentinelle sous les armes... Et ce n'est pas tout... Plus loin, dernier obstacle, dernier danger, la poterne et le pont-levis, avec un factionnaire encore... On donne le mot de passe pour entrer... Donnet-on le mot de passe pour sortir ? Même les officiers circulent-ils librement la nuit dans le fort ? Mais je n'ai pas le temps de réfléchir... Une minute d'hésitation et je suis perdu... je suis examiné, je suis reconnu... On donne l'alarme, et c'est fini... Je n'hésite pas et je ne réfléchis pas... Je traverse la cour... A la manière allemande, devant le corps de garde, tous les fusils des hommes sont en râtelier, alignés dehors... Le factionnaire se promène derrière... Je vais passer devant lui...

Le soldat rectifie sa position et dit :

— On ne passe pas !

Comme si je n'avais pas entendu, je vais droit au râtelier... Je prends un fusil, je fais jouer la batterie, je l'examine à la lueur de la lampe électrique... Je le replace... j'en prends un autre... J'appelle le sergent de garde.

Le sergent dormait sur sa planche...

Il accourt, ensommeillé, le casque de travers... tunique mal boutonnée.

Je lui donne huit jours de consigne pour se présenter à moi dans une tenue débraillée... et je fais marquer huit jours de prison au soldat auquel appartient le fusil sur lequel j'ai remarqué des traces de rouille...

Ahuri, le sous-officier, la main à la visière, raide, écoute et dit :

— A vos ordres, monsieur le capitaine...

Je passe !... Et, ahuri comme le sous-officier, le factionnaire ne me demande plus le mot...

Devant la poterne, la sentinelle n'a pas d'ordre pour laisser sortir... ou pour en empêcher... Je réponds à son salut...

Je franchis le pont-levis...

Je suis libre...

Mon cœur bondit par soubresauts et m'étouffe, mais je marche, je marche sans me hâter... J'attends, pour courir, d'être certain que j'aie disparu dans les ténèbres... Alors, je jette casque et manteau... Je me débarrasse du sabre et c'est une course éperdue, affolée, dans les champs et dans les bois...

La fée mystérieuse et bienfaisante me donnait des forces.

Je la voyais, oui, distinctement, qui fuyait devant moi comme une ombre légère ne touchant pas le sol...

Et sa main toujours tendue me montrait l'horizon qui, peu à peu, pâlissait, devint gris, puis bleu, puis rayonnant et tout empli des feux du soleil au moment où, épuisé, à bout de forces, mais fou de joie, je franchissais la frontière suisse...

Et après un long moment, pendant lequel avec une joie profonde, il jouissait du trouble où son récit avait mis la jeune fille :

— Vous le voyez, mademoiselle... Il n'y eut rien de bien héroïque en tout cela... et sans le hasard, grand maître de toutes choses...

Il se reprit comme dans une sorte de confusion :

— Sans ma fée mystérieuse et bienfaisante, j'étais bel et bien perdu...

L'entrée de l'ordonnance sauva Madeleine en lui épargnant de répondre.

Bénavant attendait Frédéric Drogont dans son cabinet.

Il s'inclina respectueusement devant Madeleine.

Mais alors, elle se rappela le mouvement d'orgueil et de réprobation par lequel elle avait accueilli, quelques jours auparavant, certain geste de l'officier, lequel avait laissé voir, trop hardiment et trop brutalement, l'amour qui naissait en lui.

L'avait-il compris ? Et n'en avait-il pas été humilié et attristé ?

Elle le craignit...

Et gentiment, les yeux timides, elle lui tendit la main.

Il se pencha, la retint un instant et l'effleura d'un baiser léger.

Ensuite, il se rendit chez le général.

Ce fut une heure après, seulement, qu'il en sortit, la joie du triomphe dans les yeux.

. . . .

César arpentait, de bout en bout, l'avenue de Suffren.

Et ce manège durait depuis une heure.

Il avait demandé au concierge si Drogont était rentré chez lui.

Mais on continuait d'être sans nouvelles du lieutenant. Là-dessus, sur son voyage comme sur son retour, César était mieux renseigné.

Sachant que Drogont était à Paris, Cœur-qui-Tremble s'était dit que, sans nul doute, sa première visite serait pour son domicile de l'avenue de Suffren où il aurait à changer de toilette et à prendre connaissance des lettres parvenues pendant son absence.

Or, César se trompait.

Les heures se passèrent. La soirée s'avança. Pas l'ombre de Drogont.

Et que lui voulait César ?

C'était un brave garçon, que notre Cœur-qui-Tremble ! Il reconnaissait au fond de l'âme qu'il s'était grossièrement trompé sur le compte de l'officier, et qu'il avait échafaudé là-dessus toute une histoire qui ne tenait pas debout... Alors, repentant, humilié, il s'était dit :

— Je lui avouerai tout et je lui ferai des excuses... de plates excuses !...

Il consulta sa montre. Il était près de onze heures.

— Il ne viendra pas ! se dit César, désappointé et résigné !

Juste, comme il se disposait à partir, un taxi-auto s'arrêta devant la maison de l'avenue de Suffren. Un homme en descendait prestement, refermait la portière. Et cet homme, en se trouvant tout à coup devant César, faisait un geste brusque d'effroi et de surprise, et du reste, se remettait aussitôt.

Un réverbère éclaira la courte scène qui se passa.

— Monsieur, disait César à Drogont — car c'était lui — quand j'ai une idée dans la cervelle, il est bien difficile de me la déloger. Je suis coupable envers vous... et j'aurais attendu toute la nuit votre retour pour vous adresser mes excuses...

— Coupable ? fit Drogont, sur ses gardes. Et en quoi, s'il vous plaît ?

— Je vous l'expliquerai tout au long, si vous voulez bien me faire l'honneur d'accepter à déjeuner au Splendid Hôtel, où je suis pour quelques jours encore...

— En principe, oui, à charge de fixer le jour plus tard... J'aurais pourtant bien voulu savoir... Mais puisque vous promettez de m'expliquer...

— Je vous promets... vous acceptez mes excuses ?

— Sans comprendre, oui ! fit Drogont en riant.

— Merci. Ainsi, je dormirai tranquille.

Or, il se passait une chose singulière...

Drogont, debout sur le trottoir, ne bougeait pas, et César remarqua qu'il essayait de cacher la portière du taxi... Et par un malencontreux hasard, le taxi ne repartait pas. Le moteur, bloqué, s'obstinait à garder le silence et le chauffeur, lassé de tourner sa manivelle, avait soulevé le capot, et la tête ensevelie sous le couvercle, cherchait la panne...

César se dit, avec une angoisse aiguë :

— Il y a quelqu'un dans le taxi... quelqu'un que je ne dois pas voir...

Une femme ?... L'idée ne lui en vint même pas !... Alors, qui ?

Il fait un saut de côté et crie au chauffeur :

— Voulez-vous un coup de main, garçon ?... Je m'y connais !

— Merci, monsieur... Ce n'est rien... C'est le trembleur... Ça y est...

Il referme le capot... Un dernier tour... le moteur ronfle... Il est sur son siège... manœuvre ses manettes et part...

Mais César, d'un coup d'œil vif, a pu voir à l'intérieur. Et du fond de son cœur monte un cri d'épouvante, un

cri de stupéfaction aussi, qui vient expirer sur ses lèvres...
Oui, il a la force de se retenir et c'est un soupir seulement qu'il exhale et qui trahit son angoisse... Mais si le
vent n'avait point agité follement la flamme du réverbère...
s'il avait fait jour... sa pâleur mortelle, étrange, l'horreur
exprimée par son regard l'eussent trahi...

Oui, elles l'eussent trahi, car il avait vu, se dérobant
dans le taxi, un homme qui se renfonçait et semblait se
faire tout petit...

Et cet homme, c'était Tcherko...

Tcherko, accompagnant jusque chez lui le lieutenant
Drogont, le jeune et vaillant officier du Tchad, du Congo
et de Mauritanie.

L'évadé du fort d'Huningue ! !...

Frédéric Drogont, souriant, s'avançait vers Cœur-qui-
Tremble :

— Non seulement j'accepte vos excuses... mais, somme
toute, je ne tiens pas à savoir pourquoi vous me les feriez...
Et j'irai plus loin, monsieur... Je vous offre mon amitié...
Je ne la donne pas à tout le monde...

— De grand cœur, je l'accepte...

C'est à peine si César put prononcer ces mots... Effaré,
il sentait une faiblesse qui l'envahissait... un nuage sur
ses yeux... et de grosses gouttes brûlantes coulaient sur
son front, qui se glaçaient aussitôt...

Alors, les deux hommes se tendirent et se serrèrent les
mains...

— Amitié veut dire confiance ? Ne l'oubliez pas ? disait
l'officier.

— Je serai digne de votre amitié, mon lieutenant.

La porte de la maison de l'avenue de Suffren s'entr'ouvrit, au coup de sonnette. Drogont s'y engouffra. Et César
descendit l'avenue en titubant.

Il se cogna contre deux gardiens de la paix qui grognè-
rent :

— Faudrait voir à vous en aller au pieu, garçon... Ça
vous fera du bien ! !

Il n'entendit pas, et continua ses zigzags d'ivresse en se
répétant :

— Tcherko et Drogont ! Ensemble ? Est-ce que la folie
me reprend ?

V

Des découvertes étranges.

César se réveilla le lendemain avec une forte migraine.

Il avait mal dormi et sa nuit avait été pleine de cauchemars. Dans ces cauchemars flamboyait un numéro formé de trois chiffres et d'une lettre ; tantôt il prenait des proportions monstrueuses et tantôt il se rapetissait au point qu'il devenait invisible ; puis, tout à coup, les trois chiffres se mettaient à danser une farandole à la fin de laquelle ils se retrouvaient réunis.

Et la lettre et les chiffres étaient ceux de l'auto qui, la veille, avait amené Tcherko avec Drogont jusqu'à la maison de l'avenue de Suffren.

— G-235...

C'était bien par hasard qu'il avait remarqué ce numéro et par une habitude d'observation des plus petites choses qui était devenue toute sa vie... Il avait également remarqué la voiture... C'était une Renaud. Retrouver le chauffeur n'était pas difficile. Le garage était à Levallois. Il s'agissait, ce matin-là, d'arriver avant le départ général et la prise du travail. Il consulta sa montre : il était un peu plus de cinq heures.

Il se leva en toute hâte et s'habilla.

Par moments, toutefois, il s'arrêtait, l'œil fixe, le front soucieux... dans une attitude d'effroi si visible qu'il était évident qu'il se demandait, en ces instants-là, quelle sombre et terrible intrigue se déroulait autour de Drogont. Il n'osait même plus penser à cet homme. Ses réflexions s'enchevêtraient, devenaient confuses, en un inexprimable et douloureux désordre. Il donnait de la tête partout sans savoir où découvrir la vérité... la vérité, c'est-à-dire un peu de lumière...

Il descendit. Déjà, l'avenue des Champs-Elysées s'emplissait de va-et-vient. Il faisait une matinée jolie et fraîche.

Sur le vaste trottoir, sous les marronniers qui commençaient à bourgeonner, deux hommes se promenaient lentement, les mains dans les poches en fumant leur pipe. César les reconnut et alla droit à eux : c'était Bérode et Vérimond.

— Nous descendons du train de Bordeaux... Nous ne voulions pas vous réveiller de si bonne heure... Vous savez déjà que nous n'avions réussi à rien là-bas et nous rentrons pour nous mettre à votre disposition.

— Accompagnez-moi... Peut-être allons-nous trouver du travail...

Un fiacre passait. César se fit conduire à Levallois. De garage en garage, il arriva juste à temps pour rencontrer le chauffeur du G-235, au moment où il se disposait à filer vers la barrière. C'était un garçon aux yeux intelligents et vifs, tout jeune, de manières polies et prévenantes. Cinq minutes après, les quatre compères étaient attablés autour d'une table sur laquelle on posa deux bouteilles de vin blanc.

Aux questions posées par César, le chauffeur répondait avec précision.

Oui, la veille, vers dix heures et demie du soir, comme il rentrait, en passant boulevard Malesherbes et un peu au-dessus de la place Wagram, il avait vu la porte d'un immeuble s'ouvrir, deux hommes sortir et l'un d'eux qui lui faisait un signe avec sa canne. Alors, il avait rangé son auto contre le trottoir. Les deux hommes étaient montés et l'un d'eux avait donné l'adresse de l'avenue de Suffren...

— Leur portrait ? Pouvez-vous le faire ? Les avez-vous regardés ?

— Pas les deux... Un des deux seulement, monsieur... le plus grand, qui avait l'air d'être le plus âgé... une sale tête... Il ressemblait à un mort...

— L'adresse de la maison du boulevard Malesherbes ?

— 171 *bis*... Je la connais... J'y prends des clients presque tous les jours.

— Et, en partant de l'avenue de Suffren, où avez-vous reconduit l'homme ?

— Il m'a arrêté au beau milieu de la place de la Concorde... Ça indique suffisamment qu'il a des raisons pour qu'on ne connaisse pas son adresse...

Le chauffeur n'en put dire davantage. Il y avait là une piste, peut-être, bien vague, dans tous les cas. Tcherko habitait-il par là ? Et sous quel nom ? Ou plutôt ne se rendait-il pas chez un complice ?... Et Drogont, quel rôle jouait-il en tout cela ? Drogont, officier français, l'un des plus braves, l'un des meilleurs ! ! En le poursuivant ainsi, César n'allait-il pas se jeter au travers de tout un plan savamment combiné par la contre-police, pour pincer le fameux agent de l'espionnage allemand ? Et, en se jetant comme un étourneau au travers de ce plan, César n'allait-il pas attirer sur lui la colère et la risée universelles, en commettant une incommensurable gaffe ! !

Mais une force le poussait en avant, malgré sa volonté.

Il consulta le Bottin, le Bottin mondain, l'Annuaire de Tout-Paris, l'Annuaire du téléphone, afin de chercher quels étaient les locataires du mystérieux immeuble. Il en trouva une partie. Il ne les trouva pas tous.

Un quart d'heure après, les trois hommes étaient devant la maison. César entrait, montait jusqu'au sixième, redescendait, traversait une vaste cour, remontait dans un autre corps de bâtiment, et, tout à coup, ayant pénétré par le boulevard Malesherbes, il ressortait par l'avenue Wagram.

— Pas mal choisi ! murmura-t-il.

Et il rejoignit les deux apôtres qui l'attendaient le long du chemin de fer de ceinture.

— Bérode, vous interrogerez les concierges de l'avenue Wagram... Vous, Vérimond, ceux du boulevard Malesherbes... Soyez généreux... Mais, comme il faut s'attendre à ce qu'ils refusent de parler... car nous ne sommes pas de la police officielle, moi je vais attaquer le taureau par les cornes... L'immeuble appartient à la Banque Universelle... Je suis un des gros actionnaires... Rue Taitbout, au siège social, j'aurai la liste des locataires... Nous la discuterons... Rendez-vous au restaurant du Rocher... à midi...

A midi, tous les trois attaquaient un fort châteaubriant, entouré de pommes de terre soufflées, accompagné d'une bouteille de vin mousseux de Saumur, au restaurant,

Et César résuma les renseignements recueillis dans la matinée :

— De tout ce que vous avez appris, de tout ce que je sais, il résulte qu'il y a, dans la maison, un locataire suspect... On l'appelle Jean Simon... Il faut que ce soir, il faut que cette nuit, nous sachions sur lui à quoi nous en tenir...

. . . .

La maison comprenait, nous l'avons dit, deux corps de bâtiments, et chaque corps de bâtiments comprenait, à son tour, les grands appartements donnant sur le boulevard et sur l'avenue et de petits logements donnant sur la cour.

Jean Simon demeurait dans un ces petits logements.

Demeurer est un mot impropre, car il n'y venait que rarement, n'y couchait jamais, avait meublé sommairement, avait voulu payer une année d'avance, bien que la banque s'y fût opposée, et en somme menait une existence équivoque.

Signalement : assez grand, maigre, barbe roussâtre, cheveux franchement roux.

Quelles visites recevait-il ? Rares... on ne connaissait qu'un homme qui fût venu demander Jean Simon à plusieurs reprises et sans donner son nom. Signalement : très grand, très maigre, décharné, une figure de cadavre...

Celui-là portait son nom inscrit sur son front :

Tête-de-Mort !

Ce même soir, vers une heure du matin, deux hommes entrèrent dans l'immeuble, par le boulevard Malesherbes, en sonnant, comme d'honnêtes locataires... En passant devant la loge, ils jetèrent des noms que le concierge connaissait bien sans doute, car il ne se dérangea point de son lit...

En même temps et juste à la même minute, un troisième individu pénétrait dans la même maison, par la porte donnant sur l'avenue Wagram, jetait un nom connu au concierge numéro deux, et les trois mystérieux personnages se trouvèrent tout à coup au pied de l'escalier — lequel escalier ne desservait pas les grands appartements, mais seulement les logements plus modestes et les cuisines.

Ils n'échangèrent pas un mot et montèrent.

Comme toute lumière, à cette heure-là, était éteinte, ils allumèrent leurs lampes électriques de poche et à pas feutrés, chaussés d'espadrilles, retenant leur souffle, grimpant au plus près du mur pour ne pas faire craquer les planches, ils montèrent sans s'arrêter jusqu'au quatrième étage.

Là, ils s'arrêtèrent sur un étroit palier, où donnaient deux portes, l'une qui conduisait dans la cuisine d'un grand appartement — où ils entendirent encore, malgré l'heure tardive, remuer de la vaisselle et des voix qui causaient — l'autre qui était celle du petit logement.

L'un des trois hommes retira de sa poche un petit sac d'outils... Il y avait là, du dernier cri, des pinces, des rossignols, des leviers dont l'acier brilla...

En une demi-minute, la porte fut forcée... On n'entendit pas un grincement... Ces gens paraissaient travailler dans du velours avec des mains de laine.

— Parfait ! dit la voix rieuse de César... Du travail hors ligne ! !

Ils eurent soin de refermer la porte. Là, tout près, on bavardait toujours...

Ils se trouvaient dans un étroit vestibule nu... entrèrent dans une salle à manger où il n'y avait pas une chaise, puis dans un salon où un meuble de brocante, acheté parmi les laissés pour compte de l'hôtel des ventes, étalait du reps défraîchi, fauteuils disparates, tabourets étranges, canapé prétentieux, méthodiquement rangés comme en l'attente des visites, devant une cheminée où les chenêts étaient vierges de toute flamme... puis dans un bureau où il y avait une table avec un fauteuil de rotin, des cartons, une bibliothèque fermée, puis une chambre à coucher où il y avait un lit de cuivre avec un sommier et un matelas sans draps ni couverture, et enfin dans un cabinet de toilette... sans toilette.

Un tour de rossignol, dans la bibliothèque fermée, l'ouvrit bientôt, étalant aux yeux stupéfiés des trois hommes un assortiment complet de perruques et de fausses barbes... Il s'en trouvait de toutes nuances... Et des teintures et des cosmétiques... Et des vêtements vieux et neufs, qui pouvaient s'adapter du haut en bas de l'échelle sociale... en un mot l'arsenal complet, soigneusement entretenu, d'un individu qui devait changer à loisir sa personnalité pour l'exécution d'une œuvre inconnue...
vous en dites ?

— Eh bien, patron ? demandait Bérode... qu'est-ce que

— Je dis que le Jean Simon, qui vient ici se camoufler,

doit en avoir gros sur le cœur à nous raconter... Et que sa conversation serait intéressante...

Ils allaient refaire le tour de l'appartement, dans l'espoir d'y rencontrer quelque autre découverte, lorsque Vérimond, qui avait l'oreille fine comme celle d'un Peau-Rouge, tout à coup leur souffla :

— Attention !... Quelqu'un vient de s'arrêter dans le vestibule...

Ils écoutèrent...

— Diable ! murmura César... Si l'on entre, nous sommes frits... Nous allons être pris pour des cambrioleurs... trois balles sont vite avalées.

Vérimond, penché, retenait sa respiration :

— Il a tiré ses clefs... Entendez-vous ?... Il les introduit dans la serrure... Nous avons bien fait de refermer la porte... Autrement, du premier coup, il se serait douté...

Ils avaient poussé le bouton de leurs lampes... L'obscurité les protégea... Mais ils allaient être surpris... L'autre, en entrant, ferait de la lumière... Et alors ?... Alors, il devait être armé et, se voyant découvert, il n'hésiterait pas... à moins...

— A moins, disait César, qu'il ne craigne la justice plus que nous...

Glissant dans l'ombre, ils gagnèrent rapidement la cuisine...

A peine y entraient-ils que le locataire pénétrait chez lui... faisait craquer une allumette... allumait les deux bougies d'un candélabre... puis restait immobile, comme pensif, dans le rayon d'indécise lumière... bien pâle, bien vague, suffisante pourtant pour le trahir, et faire graver ses traits dans la mémoire.

Caché à plat ventre sur le carreau de la cuisine, César avança un peu la tête...

C'était bien le Jean Simon qu'on lui avait dépeint... roux... barbe courte... cheveux drus... Mais ces cheveux, cette barbe, était-ce bien à lui ?... Que ne cachait-il pas là-dessous ?...

L'homme restait étrangement immobile, comme dans une rêverie profonde... mais ses yeux n'étaient pas fixes, au contraire, ils erraient sur le parquet, dans la pièce froide avec une rapidité extraordinaire...

Un instant, ils se dirigèrent vers la cuisine...

Un léger frisson courut dans l'échine de Cœur-qui-Tremble...

Il murmura :

— Apprêtez-vous !

Les muscles des deux apôtres se tendirent, prêts au bond qui les délivrerait...

Et soudain, une volte-face... L'homme a tourné le dos, s'est dirigé vers le salon... Ils l'entendent qui, d'un pas solide, traverse les pièces nues et ne s'arrête que dans le bureau...

Alors, César balbutie cette phrase :

— Je ne sais pas si nous avons refermé la porte de la bibliothèque aux perruques.

Ils écoutent. Ils attendent.

En toute certitude, si la bibliothèque n'a pas été refermée, l'homme se doutera de la surveillance dont il est l'objet...

Et qui sait si, tout à l'heure, un indice ne la lui avait pas révélée déjà ?... Ces yeux fureteurs, cette attitude de fauve prête à l'attaque...

Les minutes s'écoulent... n'apportent aucun changement... L'homme n'est pas ressorti de son cabinet de travail... Sans doute, il se déguise ? Il lui faut le temps...

Mais, aux minutes les minutes succèdent...

Cette attente devient singulière...

Ce silence obstiné, cette solitude que rien ne trouble plus, tout cela les impressionne...

Les premières lueurs de l'aube apparaissent derrière les fenêtres sans rideaux...

Sanguinède se relève, enfin, et dit, presque tout haut :

— Nous sommes joués...

Il s'élance dans la salle à manger... personne... dans le salon, dans la chambre, dans le bureau, personne... La bibliothèque est toujours béante, mais le fond s'est déplacé, et les tablettes disparues font apercevoir une porte qui s'ouvre vers le vestibule...

— Envolé ! firent les deux apôtres...

Alors, César sentit renaître en lui la même angoisse... l'incertitude cruelle... l'effroi de commettre, en soupçonnant un homme, une redoutable erreur, une injustice accablante pour celui qui la provoquerait, et la crainte de laisser s'accomplir jusqu'au bout je ne sais quelle terrible et diabolique intrigue...

Car, pendant qu'il restait debout, figé, attentif, aux aguets, la flamme des bougies avait éclairé les yeux de l'inconnu.

Et César avait cru reconnaître les yeux de Drogont.

VI

L'entrée de Drogont au régiment.

Les journaux allemands n'avaient donné que peu de détails sur l'aventure du fort d'Huningue. Ils n'aiment point, en général, révéler les fuites qui sont constatées dans les documents intéressant leur défense et leurs projets militaires. D'autre part, ainsi que nous l'avons expliqué, Falker avait tout intérêt à ne rien divulguer qui pût attirer sur sa propre personne trop de curiosité. Des notes, des allusions plutôt furent bien publiées, c'est à peine si son nom fut prononcé. Et bientôt nul n'en parla plus. Alors, Drogont respira.

Les trois mois de son congé de convalescence étaient écoulés, mais avaient été prolongés de quatre semaines en vue de la mission secrète qui lui avait été confiée et qui, en somme, avait recueilli un plein succès.

Les dernières semaines s'écoulèrent également.

Le jour arrivait enfin — jour redouté — où Ulrich von Falker, lieutenant aux grenadiers de la garde, à Berlin, allait faire son entrée au 179e régiment d'infanterie, à l'Ecole militaire, en qualité de lieutenant français. On était au milieu de juin.

Jusqu'alors, tout avait marché, en somme, sans encombre. Il avait vécu de la vie civile, en dehors du régiment, et cette vie-là écartait les principaux dangers qui pouvaient le menacer...

Maintenant, au contraire, il allait se trouver aux prises, à chaque heure du jour, avec des difficultés, des situations imprévues, des ignorances, qui peut-être frapperaient d'étonnement soldats, sous-officiers et supérieurs... et qu'il ne saurait expliquer... Certes, il avait fait une étude précise, minutieuse, approfondie, des devoirs de l'officier, des règlements, des habitudes, de tout ce qui pouvait l'aider dans une tâche aussi périlleuse, mais au détour d'un détail insignifiant, d'un ordre donné ou d'un ordre reçu, ne recevrait-il pas le choc brusque, sans parade possible, qui l'atteindrait en pleine figure et soulèverait son masque ?

Mais il était jeté dans un tourbillon qui l'emportait.

Il fermait les yeux, ne se raidissait pas, se laissait bousculer sans résistance.

Il s'était familiarisé, déjà, de longue date, avec les officiers de son régiment. A plusieurs reprises, il les avait rencontrés dans la cour de l'Ecole... Il s'était donné le plaisir d'accompagner le régiment dans ses promenades, même sur le terrain de manœuvres d'ensemble ou par sections, aussi bien à l'Ecole qu'avenue de Suffren ou avenue de Saxe et, en dernier lieu, il s'était rendu aux tirs d'honneur que le 179e avait exécutés à Issy. Sa figure était devenue familière aux soldats. Son nom, même, était connu, il ne restait à faire que la présentation officielle, réglementaire.

Et sans savoir pourquoi, sans qu'un danger se précisât, le misérable tremblait...

C'était le lendemain, le grand jour !... Le jour qui consacrerait son infamie...

Il écrivit au colonel Davignaud la lettre habituelle :

« Mon colonel,

» J'ai l'honneur de vous rendre compte que, par décision
» ministérielle, j'ai été nommé lieutenant au régiment que
» vous commandez, m'affectant à la 5e compagnie du 2e ba-
» taillon... Appelé à servir sous vos ordres, je vous renou-
» velle la promesse de faire tous mes efforts pour mériter
» votre estime et votre bienveillant intérêt... J'aurai l'hon-
» neur de me présenter demain à dix heures au rapport,
» pour y recevoir vos ordres.

» Veuillez agréer, mon colonel, l'assurance de mon res-
» pectueux dévouement... »

Le jour même, il recevait la cordiale réponse du colonel Davignaud.

De ce côté-là, il était en règle...

Depuis longtemps lui était parvenue sa carte d'identité, avec sa photo dans le coin de la carte, la désignation de son grade, la signature du chef, et portant au verso copie de certains règlements... Désignation y était fait également, comme signes particuliers, de deux graves blessures, reçues par Frédéric Drogont, l'une qui avait intéressé le cœur, l'autre dans l'aine, qui le faisait encore boiter légèrement...

Enfin, le jour parut. Il avait passé cette nuit dans la fièvre.

Il se leva de grand matin, se mit en tenue du jour, fut prêt bien avant l'heure.

Et ainsi qu'il arrive parfois aux hommes vraiment braves, qui frissonnent en pensant au danger, et qui, à l'instant où le danger apparaît, font preuve d'un calme prodigieux, lorsque le baron Ulrich von Falker descendit son escalier, se montra avenue de Suffren, et, à pied, gagna l'école, il était redevenu parfaitement maître de lui... Depuis quelque temps déjà, il ne se maquillait plus, ne bistrait plus le tour de ses yeux, n'affaissait plus le coin de ses lèvres, n'épandait plus sur son front, et sur son visage la couleur terreuse des fiévreux atteints d'hématurie... Il était peu à peu redevenu lui-même comme si, de jour en jour, la santé avait repris la pleine possession de son corps.

Et il remontait l'avenue, grand, bien découplé, élégant sous la tenue modeste de l'officier français, point guindé, les yeux clairs, sa blonde moustache légèrement retroussée, très joli garçon.

Une dernière hésitation devant la grille, en répondant au salut du factionnaire, mais ce fut imperceptible et il entra...

Il se nomma au sergent du poste et gagna la salle du rapport... Le colonel s'y trouvait, avec des officiers que Drogont connaissait déjà, les commandants Lauriot et Le Grœnek... le commandant Denis, du 2e bataillon, des capitaines et des lieutenants... Le commandant Denis le présenta aux officiers du bataillon... C'était, en quelque sorte, la répétition officielle d'une présentation qui avait été faite déjà... Le capitaine Laurent, de la 5e compagnie, présenta à son tour Drogont à ses camarades, lui nomma les sous-officiers de la compagnie.

Il fut invité séance tenante à déjeuner à la pension.

En même temps, le colonel Davignaud le prévenait que le jour même, à trois heures, il y aurait prise d'armes de la 5e compagnie et qu'il serait procédé à sa réception devant la troupe... Jusque-là, il était libre... Trois jours après, au cercle militaire, à l'occasion d'une promotion récente, on devait donner un punch. Drogont y assisterait.

C'étaient les cérémonies ordinaires d'une arrivée au régiment. Il les connaissait. Il y était préparé... Ce chemin uni de petites fêtes cordiales cachait des fondrières et même des abîmes où l'aventurier pourrait verser... Il était sur ses gardes.

Le déjeuner fut très gai : Drogont fut l'objet de la part de ses camarades, de même que de la part de ses supérieurs immédiats, des attentions les plus flatteuses.

Là aussi, il dut redire, une fois de plus, les histoires d'Afrique qu'on lui demandait un peu partout, et avec lesquelles il était maintenant si familiarisé qu'il n'hésitait plus dans aucun de leurs détails...

Mais la conversation dévia bientôt, se fit plus grave encore, et ces récits de guerre lointaine évoquèrent bientôt chez ces jeunes hommes à l'âme d'héroïsme et d'opiniâtre volonté, le fantôme de la grande guerre d'Europe, que chaque événement diplomatique semblait vouloir faire naître.

Et alors, Drogont se tut.

Drogont écouta, car en l'envoyant en France pour y tuer l'âme de l'armée française, Tête-de-Mort lui avait dit :

— Vous serez officier parmi les officiers, soldat parmi des soldats... Vous aurez à scruter leurs cœurs, à provoquer leurs confidences, pour savoir ce qu'ils pensent, ce qu'ils espèrent, ce qu'ils veulent... Cela aussi fait partie de la mission que vous acceptez. Ne l'oubliez pas !

Et Drogont ne l'oubliait pas... pendant que les autres s'ouvraient chaleureusement, s'abandonnaient aux perspectives de l'avenir qu'ils rêvaient dans les ambitions de leurs âmes guerrières, sur lesquelles, transmis par les pères, pesait toujours le cruel souvenir des désastres de 1870.

Le misérable, étonné, faisait, au fond de lui, la comparaison entre ces jeunes hommes de France, auxquels il se trouvait mêlé par un acte criminel et d'autres jeunes hommes d'Allemagne, auxquels il avait été mêlé de par sa vie d'autrefois... Il les avait entendus, les uns et les

autres... Et quelle était sa surprise ! Quelle était sa cons-
ternation !

Ceux-là, qu'on représentait si légers et si frivoles, coureurs de femmes et tuant dans les cercles et les cafés leur
vie uniforme de garnison, il les retrouvait tout à coup sérieux et réfléchis sur toutes choses, d'un jugement sûr, et
surtout, ah ! surtout, évaluant à leur valeur l'armée qu'ils
auraient à combattre, discutant les méthodes allemandes,
avec une telle sûreté de coup d'œil qu'il apparaissait en
évidence que rien ne leur échappait de toutes les chances
adverses, qu'ils avaient songé à tout, paré à tout... et que,
se rendant compte de l'énormité des efforts à accomplir
pour conquérir la victoire, ils étaient, eux autres, à la hauteur de ces efforts...

Tandis que là-bas, vers le Rhin, aux mess des officiers
d'Allemagne !...

Que de fois ils les avait entendues, ces discussions provo-
quées par une question directe :

— En somme, que vaut-elle, leur armée, en France ?...

Séparés de nous par les brins d'herbes de Lorraine où il
ne peut y avoir de frontière ; séparés de nous par les sapins
des Vosges, ils ne connaissent rien de l'âme française...
L'âme française est lointaine pour eux, comme serait l'âme
du dernier des indigènes de l'Australie, errant dans ses
arides déserts... Depuis quarante ans, ils vivent dans l'orgueil, l'orgueil de leurs victoires... tranquillisés par la
masse d'hommes qu'en deux jours ils jetteront sur notre
pays envahi.

La phrase court, bien connue, dans les rangs de leurs
troupes :

— Nous serons à Paris quinze jours après le premier
coup de canon !...

Et c'est là-dessus qu'ils comptent... l'effrayant espoir
qu'ils donnent... l'exaltante ambition qu'ils enseignent...
Pas un d'entre eux n'a prévu la défaite...

Le capitaine Laurent, froid, les yeux aigus, la moustache
rare, disait :

— Notre armée, ils la méprisent !...

Un éclair passa dans les yeux des jeunes hommes... éclair
de révolte fière qui se troubla dans un peu de tristesse... Et
le capitaine, ses quatre poils hérissés, continua :

— Ils ont tort... s'ils la méprisent, c'est qu'ils ne la connaissent pas... Nous autres, nous estimons leur armée,

nous l'admirons même... Et... retenez ceci, camarades, c'est justement parce que nous la connaissons mieux et que nous savons ce qu'elle vaut, que nous aurons des chances de la vaincre... Laissons-nous mépriser... Ils auront un dur réveil... Oui, leurs hommes sont surchauffés pour la guerre... De même qu'on prépare jeunes gens et jeunes filles, par des discours enflammés, par des lectures, par des exemples, par des retraites, avant la première communion, à recevoir Dieu... de même leurs soldats ont des cœurs tout prêts pour le grand effort... Il faut savoir cela et le retenir... J'ai parcouru l'Allemagne à plusieurs reprises et j'ai tâché de vivre partout avec leur armée... Elle vaut la nôtre, messieurs, dit le capitaine avec un peu d'émotion ; cet éloge les ferait sourire, de l'autre côté des Vosges, et pourtant c'est le plus bel éloge que je puisse en faire... moi qui connais nos défauts et qui connais leurs qualités...

— En somme, fit Drogont, pour qui pariez-vous, mon capitaine ?

— Camarade, si vous aviez adressé pareille question à un officier français avant la guerre d'il y a quarante-trois ans, il eût dédaigné de vous répondre... Je crois que pour nos prédécesseurs de ce temps-là, la victoire française ne faisait point de doute. Nous étions, alors, dans l'état d'âme où justement se trouve à l'heure qu'il est le soldat allemand... « Quinze jours après le premier coup de canon... » Une pareille conviction est une bien grande force, quand ce n'est pas un terrible danger... Nous l'avons bien vu !... L'histoire recommence toujours... mais ce ne sont pas toujours les mêmes qui... trinquent !...

Un lieutenant, pâle et mince, l'air d'un collégien, murmura d'une voix douce :

— Leur plan de campagne est bien connu... Trois cent mille hommes passeront par la Belgique, venant de Trèves, et essayeront de forcer notre gauche par le Nord-Est, Sedan-Mézières... En même temps, ils entreront une nuit chez nous, par les plaines de Lorraine, qui s'étendent jusqu'à Nancy, et par les plaines de la Woëwre qui, jusqu'aux côtes de Meuse, n'est pas défendue !... Vous savez qu'ils se vantent de prendre dans son lit le régiment des dragons de Lunéville, celui de Pont-à-Mousson, et d'entrer sans coup férir à Nancy ?... Pendant ce temps-là, nos Chambres, appelées en toute hâte, délibéreront s'il faut faire la guerre !...

Drogont réprima un sourire de haine et de triomphe... le sourire du baron Ulrich von Falker !...

Oui, c'était bien sur ce retard des troupes françaises, sur cette avance des troupes allemandes, qu'ils comptaient, outre-Rhin !

La France, surprise, envahie et battue, au premier matin du premier jour !...

Avant même d'avoir eu le temps de se frotter les yeux pour se réveiller ! !...

Les autres officiers haussèrent les épaules. Cette situation, ils la connaissaient. Ils en rageaient, prêts à fondre en avant, comme un boulet, au mépris de toute politique et de toute manœuvre diplomatique, en une heure où se jouait la vie du pays.

— Est-ce possible ! Serait-ce possible !

— Mais oui, fit Drogont... la voix tremblante de donner son avis dans une aussi formidable discussion... L'Allemagne peut attaquer... sans déclaration de guerre... sur l'ordre de son empereur, par dépêche, un soir... *Vous autres*, vous ne pouvez en faire autant... *Votre* article 9 de la loi constitutionnelle *vous* le défend et *vous* êtes obligés de subir et de suivre, du premier jour, la volonté de l'adversaire...

Tous les yeux s'étaient tournés vers Drogont.

Et, dans tous les yeux, un effarement se lisait !...

Cet homme — ce nouveau venu parmi eux — venait de s'exprimer, devant ces officiers français, en parlant de la France, comme s'il avait été un étranger !... Il avait dit : *Vous autres !... Vous êtes obligés de subir...*'

Il n'avait donc pas pensé qu'il en était lui, de ceux-là ?...

Mais quel soupçon pouvait venir à ces âmes loyales ?

Le capitaine riait, rabaissant ses quatre poils :

— Dites donc, camarade, l'armée d'Afrique n'en serait-elle pas, du grand coup ?

Et Drogont comprit... Non, jamais, jamais, il ne dépouillerait le vieil homme !... Malgré sa prudence, sa mesure, son sang-froid, mille choses le trahiraient sans cesse. Mais l'effarante audace de son aventure éloignait même la pensée d'une trahison... Et après le premier frisson de glace qui parcourut son dos, lui-même se mit à rire....

— J'ai vécu si loin de vous depuis que je suis au service, là-bas, dans la brousse, que lorsque nous rêvions à la **grande guerre, nous nous disions, en nous endormant sous** la tente : « *Eux autres*, peut-être vont-ils se battre demain ! » Pensez que, pour vous rejoindre, il nous aurait fallu trois ou quatre mois !... Nous serions arrivés trop tard...

— Du reste, rassurez-vous, lieutenant, fit le capitaine... Ils ne prendront pas nos régiments au lit, comme ils s'en vantent... et les plaines qui s'étendent entre Metz et Nancy seront jonchées de cadavres, à la première heure où ils auront franchi la frontière... Le secret d'une attaque, si brusque qu'elle soit, ne serait pas plus possible pour eux que pour nous... Un coup de téléphone, le tocsin, une dépêche, déclancheront la guerre en France... Et quand les Chambres se réuniront, ce sera pour enflammer la nation... Ce serait trop tard pour lui montrer l'ennemi... Et rassurez-vous encore, jeune homme... aux premiers roulements des trains de mobilisation, chez eux, répondront les roulements de notre mobilisation... Nous ne nous laisserons pas surprendre... L'article 9 de notre Constitution n'a rien à voir là dedans... Et rassurez-vous toujours, mon camarade, nous ne nous défendrons pas... nous attaquerons... La frontière des Ardennes et du Nord sera barrée par les cœurs vaillants de trois cent mille soldats qui sauront qu'ils combattent pour la vie du pays... et pour sa liberté... Et le long de la Lorraine, des plaines marécageuses de la Woëvre à la trouée de l'Alsace sur Belfort, le reste de la France en armes n'attendra pas... il bondira...

— Vous le voyez, mon capitaine, fit Drogont, si vous vouliez parier...

— Un peuple qui ne veut pas mourir est un peuple invincible...

— Ils ont une armée brillante, une discipline de fer... Dans les rouages de leur mécanisme, les plus petits à-coups ont été prévus et rien ne bronche...

— Oui, fit le capitaine un instant pensif, c'est une merveilleuse pièce d'horlogerie... Malheur s'il y tombait un grain de sable !...

On changea de conversation et le déjeuner s'acheva gaiement.

L'après-midi, sonnerie du rassemblement pour la 5e compagnie qui dégringola en armes dans la cour, où l'attendait le chef de bataillon. Drogont alla se placer à la gauche du commandant Denis, au port du sabre, tête haute, les yeux fixés sur la troupe.

— Ouvrez le ban !

Et aussitôt après, le chef de bataillon prononça :

— Soldats, vous reconnaîtrez pour votre lieutenant, le lieutenant Frédéric Drogont, et dans tout ce qu'il vous ordonnera, vous lui obéirez avec votre dévouement habituel et votre respect de la discipline... Fermez le ban !... Reposez, armes !

La compagnie reposa les armes...

Drogont salua du sabre le chef de bataillon, le buste droit, la tête haute, et attendit... Alors, le commandant Denis lui tendit la main et lui souhaita la bienvenue, cordialement...

Aussitôt, Drogont alla se placer à la droite de sa section.

C'était dans un profond trouble qu'il faisait toutes ces choses, il les répétait comme une leçon depuis longtemps apprise, et il se rappelait qu'en Allemagne, lorsqu'il avait reçu sa nomination de premier lieutenant aux grenadiers de la garde, pareille cérémonie, plus stricte, plus officielle, plus automatique, une cérémonie où les gestes passaient avant le cœur, avait accompagné la prise de possession de son grade... Il faisait un ciel gris, là-bas, et une lumière douteuse et triste tombait comme un voile de deuil sur les beaux uniformes brodés d'or... tandis qu'aujourd'hui, sur la simplicité latine de ces costumes, le soleil radieux d'un printemps de France brillait... Et c'était la première fois qu'il les voyait et regardait en face ces soldats, dont on parlait tant de l'autre côté des Vosges, la première fois qu'il sentait sur lui, scrutant l'âme de ce chef nouveau qu'on leur imposait, auquel ils devaient l'obéissance jusqu'à la mort, les regards des soldats du pays rival, de l'ennemi d'hier, de l'adversaire de demain... Du coup d'œil rapide du chef habitué à manier les hommes, Falker, sur le front, les jaugea, les jugea, évalua ces forces et ces cœurs... Il oublia un instant ce qu'il était, ce qu'il allait essayer d'être... le traître à son pays, le renégat et l'infâme... cent fois criminel et cent fois misérable... le lâche qui se cachait sous cet uniforme pour accomplir ici la terrible mission de trahison qui le rachèterait, là-bas, auprès de ses pairs, et lui rendrait — triste et inconcevable dérision — l'honneur ! !... Il oublia qu'il était Falker et qu'il était Drogont... Il oublia qu'il était parjure deux fois... Il ne se souvint plus que d'une chose, c'est qu'il était officier, c'est-à-dire conducteur d'hommes, et qu'il avait devant lui des hommes...

Et il les admira...

Ils n'avaient rien d'admirables !

C'étaient de bons petits soldats de France, au regard hardi et franc.

Mais il savait que ces soldats obéissaient avec intelligence et qu'on ne les conduisait pas comme des brutes... On passait par leur cœur pour arriver à leur cerveau... Il en était ainsi depuis lontemps en France... On commandait à des âmes pensantes, non à des corps... Et Falker réfléchissait qu'on essayait depuis peu cette méthode en Allemagne... On la recommandait du moins... Les manuels ne manquaient pas... « Tant que l'on est dans le service, il faut être sérieux, vif et bref. Pas de verbage superflu et nuisible. Mais dans les pauses, entre les exercices, dans les chambres, et partout où l'occasion se présente, il faut songer que nous n'avons pas affaire à une masse inerte, à une machine à exercice, mais à des hommes sentant et pensant, dont les membres doivent, sans contredit, se mouvoir à commandement, mais doués d'une intelligence qui doit nous comprendre, d'un cœur qui doit s'ouvrir à nous, et d'une volonté qui doit se joindre à la nôtre de sa propre impulsion. » C'était la nouvelle théorie allemande... Combien d'officiers, pleins de morgue, orgueilleux de leur haute naissance, la mettaient en pratique ?... Et depuis combien de temps ?... En France, c'étaient tous ! Et depuis toujours ! !...

Et dans ces clairs regards des jeunes gens qui le cherchaient, respectueux, sans bassesse, dévoués et crânes, Falker sentit une force nouvelle... une force qui n'était pas la même que celle des régiments de là-bas, de l'autre côté des Vosges...

Le soir même de cette réception, Frédéric Drogont, en grande tenue de service, se présentait à son colonel, au lieutenant-colonel, au chef de bataillon et à son capitaine... Et quand il rentra avenue de Suffren, il fut content...

Le lendemain il prit son service... mais il laissa le commandement de la section au sous-officier Landron et n'intervint pas...

Il commanda seulement une revue de détail...

En outre, il se fit présenter le livre d'ordres par le sergent-fourrier, afin de prendre connaissance de tous les

ordres de l'année parus avant son arrivée au régiment. Il
les signa. Il parcourut également le cahier de rapports et
de consignes permanentes afin de se mettre, sans retard,
au courant des prescriptions du colonel ou des notes et
circulaires administratives.

Le troisième jour après son entrée au service, le commandant le pria de faire au régiment une conférence sur
les campagnes d'Afrique auxquelles il avait été mêlé, et
sur ses impressions de guerre personnelles.

Il accepta.

Cela aussi faisait partie de sa mission, puisque de cette
façon, il tâterait le pouls du régiment, entrerait mieux
dans le cœur de ces jeunes gens, de race si guerrière, desquels on disait tant de mal, outre-Rhin, en déclarant qu'ils
n'étaient plus les fils de ces grands soldats qui avaient conquis, à la baïonnette, la plus magnifique gloire du monde !

Déjà, en dessous, depuis quelques jours, il avait entrepris, dans les ténèbres, son œuvre d'espionnage en interro-
geant les hommes de sa section, ceux seulement sur lesquels il avait une action plus directe.

C'était aux bleus qu'il s'adressait indistinctement, comme
à ceux de la classe.

— Nivelot, vous n'avez pas envie de rengager, vous qui
êtes caporal ?

— Oh ! non, mon lieutenant, pas possible... Le père, à
Romorantin, a un petit commerce de rouennerie... Il a des
infirmités, presque tout le temps au lit. La maman me réclame, et alors, je sens que je vais leur être bien utile, là-
bas... Vous saisissez ?

— Oui, et quand viendra le grand jour, ça sera dur de
les quitter ?

— Quel grand jour, mon lieutenant ?

— Eh ! la guerre donc, la guerre dont on parle sans
cesse...

— Et qu'on ne voit pas venir ? Ah ! dame, mon lieutenant, on ne la désire pas, pour sûr, mais si les « Alboches »
nous y obligent, on cognera ferme, moi et les camarades.

Une autre fois, il avisa deux soldats, un soir de dimanche, qui rentraient éméchés :

— Ah ! Ah ! mes garçons, et au pieu, n'est-ce pas, et
plus vite que ça...

— Sûr, mon lieutenant, fit l'un des deux en se redres-
sant.

Il y avait Nicaise, un premier soldat, et Lubot, de la classe tous les deux.

— Vous devriez donner l'exemple aux jeunes... N'oubliez pas que ce ne sont pas les mauvaises têtes, ni les casse-cou, qui se battent le mieux... en guerre... Les plus braves sont toujours ceux qui ont été les mieux disciplinés...

Les deux hommes s'étaient dégrisés du coup, et se tenaient raides, rectifiant.

— Mon lieutenant, vous ne voulez pas dire qu'on est des mauvais soldats et qu'on ne se battrait pas bien, parce qu'on a bu un verre de trop ?... Ça serait injuste... On vous montrera le contraire, si qu'un jour les « Alboches » nous embêtent comme on dit qu'ils le veulent tout le temps, parce que, voyez-vous, mon lieutenant, il paraîtrait que leurs journaux nous traitent comme on ne traiterait pas des animaux, sauf votre respect...

— C'est bon, c'est bon, regagnez votre chambre, fit Drogont, coupant court.

Une autre fois, ce fut à un bleu, Drouet, qu'il posa la question :

— Pas trop dur le métier militaire, pour vous, un aristo... un artiste, je crois ?

— Artiste en herbe, mon lieutenant... Architecte et peintre... Elève des Beaux-Arts... Trop dur ?... Dam, oui dans les premiers mois, à cause des pieds que j'avais trop tendres... Pour le reste, non !... C'est amusant surtout au tir et au service en campagne... L'ennui, c'est d'avoir à cirer tout le temps ses godillots...

— Vous savez qu'on parle de guerre ?...

Le jeune homme dit, simplement :

— Mon père a été blessé à Saint-Privat... mes deux oncles sont morts à Sedan... On se battra bien, au 179ᵉ, mon lieutenant, vous pouvez y compter...

Une autre fois, ce fut un petit soldat, aux yeux bleus, naïfs, le visage tout mâchuré de taches de rousseur, rablé, mal équarri, qui lui répondit, en montrant ses dents mal plantées, mais saines et blanches, dans un large sourire épanoui :

— Moi, mon lieutenant, la guerre ?... Mais je ne rêve que ça !...

Il y en avait deux qui avaient, avant leur entrée au régiment, mauvaise réputation... On les disait antimilitaristes... décidés à tout... Pourtant, ils faisaient bien leur service et ne méritaient jamais de punition...

Il les aborda et leur dit crûment :

— Vous deux, vous déserteriez, hein ?

Les deux hommes se troublèrent, ainsi attaqués, devinrent pâles...

Puis, l'un d'eux répliqua, la main au bonnet de police, très correct :

— Mon lieutenant, il ne faut pas nous accuser par avance d'une chose qu'on ne ferait pas. Nous avons des opinions... Elles ne sont pas celles des camarades, mais nous sommes des hommes... et pas des lâches... On se battra, et on se battra rudement, parce que ce sera la dernière guerre, nous l'espérons, parce qu'on nous embête, et que nous voulons qu'on nous fiche la paix, et aussi parce que nous nous rendons compte que ce serait la fin de tout, pour notre pays, si on ne se battait pas bien... C'est de notre pays que viennent les grandes idées... Il ne faut pas qu'il meure... C'est rigolo, mais nous tuerons de notre mieux pour faire le bonheur de l'humanité... Voilà !...

Et Frédéric Drogont, lieutenant, sous le nom de Falker, aux grenadiers de la garde, après avoir ainsi interrogé ses hommes, se disait :

— Chez nous, ils se trompent... sur la valeur de ces petits soldats... Je leur dirai la vérité...

Le soir de la conférence, la grande salle était pleine... Trop petite pour contenir tous ceux qui avaient demandé à l'entendre, Drogont avait promis d'en donner une seconde, et même une troisième, s'il le fallait.

Quelques officiers y assistaient, curieux de ces impressions de guerre.

Longuement Drogont parla. Il connaissait son sujet. Il fut écouté. Il avait retrouvé dans les journaux, aux dates de ces engagements, les relations, les souvenirs qui s'y rattachaient et qui fourmillaient d'anecdotes auxquelles il en ajoutait d'autres... Puis, peu à peu, devant ces regards attentifs, il se grisa...

Oui, il oublia que c'était un officier français qui devait parler à des officiers et à des soldats de France un langage où nulle image, où nulle idée ne devait les froisser... où pas un mot imprudent ne devait heurter la fierté patriotique ombrageuse de ces fils des vaincus de 1870.

Tant qu'il parla de l'Afrique, ce fut bien.

Mais voici que, peu à peu, il fit des allusions à la guerre européenne... à celle dont personne ne veut... que l'on éloigne sans cesse... et qu'un hasard peut-être déchaînera un jour...

— Vous avez vu, par le Congo, que lorsque les Allemands n'auront plus de place chez eux, ils en prendront chez les autres !... Ils en prendront surtout *chez vous !*

Telle fut la parole, par laquelle il marqua le début de la seconde partie de sa conférence. Et sans y prendre garde, une fois de plus il venait de dire : *chez vous...*

Mais il se reprit aussitôt :

— Nous sommes la nation dont ils se défient et qu'ils jalousent, de même que l'Angleterre est la nation qu'ils haïssent... mais depuis quarante ans ils travaillent à être aussi forts que la France et l'Angleterre réunies... Et ils sont prêts à faire face à un troisième adversaire, la Russie, car ils ont confiance dans la domination germanique sur le monde entier... Ils comptent, dans cette suprême lutte, en finir une fois pour toutes avec la Gaule, et la réduire au troisième rang des puissances du monde... Un de leurs généraux a écrit :

« Nous ne pouvons remplir notre mission que si notre
» travail est appuyé par une puissance politique croissante
» qui doit se manifester par l'augmentation de notre do-
» maine colonial, par l'influence du teutonisme sur toutes
» les contrées du monde... La guerre prochaine sera une
» guerre au couteau et nous laisserons la France saignée à
» blanc, si faible qu'elle ne s'en relèvera jamais plus !... »

Drogont avait mis tant d'âpreté dans ces paroles, que le commandant Denis se pencha vers un de ses lieutenants et murmura :

— On dirait que j'entends parler un officier allemand !...

— L'Allemagne met sa vie entière à préparer la lutte... Elle se dit que la guerre est fatale, cruelle, mais non haïssable... nécessaire comme la maladie et la mort pour donner, comme on l'a dit, du goût à la vie... Elle travaille à faire des soldats... Un autre de ses généraux a dit : « C'est une maison d'éducation grandiose que l'armée allemande... Les élèves sont tous des Allemands capables de porter les armes... Les classes s'appellent les compagnies... les escadrons... les batteries... Les éducateurs sont les officiers et les sous-officiers et au sommet plane dans sa magnificence (*an der Spitze steht als Rector magnificus*) le grand chef de l'armée d'Allemagne... l'empereur. C'est sous le tonnerre des canons que professeurs et élèves montreront leur savoir-faire, et malheur aux classes et aux professeurs qui se comporteront mal dans cette lutte de géants ! »

— Pourquoi ne nous citer que des paroles allemandes ? faisait Denis, mécontent.

Mais Drogont, d'un regard rapide, avait compris la pensée de son chef.

— C'est un Français qui, récemment, nous l'a dit : « Un pays ne peut vivre sans une foi... sans la foi dans sa force et dans la nécessité de sa force... puisque la foi dans les idées croule sous la poussée des faits... Il faut que le métier des armes nous apparaisse comme le plus noble et le plus recherché des métiers, que l'idéal militaire soit le plus haut pour une jeune Français et ainsi l'existence de la France sera assurée... La force apparaît plus que jamais maîtresse du monde. La maudire ne sert de rien. Il est mieux de chanter sa beauté, sa valeur éducative et son pouvoir moralisateur... » *Vous avez* un maréchal de France...

Ici encore, il y eut des yeux surpris... Drogont alla jusqu'au bout, sans s'interrompre :

— *Vous avez* un maréchal de France qui a dit : « La force morale est à la force physique comme 3 est à 1. On prépare cette force morale en élevant l'âme du soldat, en lui donnant l'amour de la gloire, l'honneur régimentaire et surtout en rehaussant le patriotisme dont le germe est dans tous les cœurs... Aux hommes ainsi **préparés**, il est aisé de faire faire de grandes choses, quand on a su gagner leur confiance et qu'on leur a prouvé qu'on est capable de les conduire... »

Le commandant Denis murmura :

— Il a bien fait de terminer en citant Bugeaud ! Il était temps, ma foi !

Mais Drogont n'avait pas fini !

Drogont sentait bouillonner en lui la brutalité allemande. Il ne gardait plus de mesure.

Certes, si le moindre doute avait pu naître, il se fût changé tout de suite en certitude.

Mais, où l'eussent-ils pris, ce soupçon ?

De quelle preuve serait-elle sortie, cette certitude ?

— Cette force morale, ils l'avaient en 1870, les Teutons...

Il appuya sur ce mot « Teutons » avec un orgueil d'écrasement.

— Ils l'avaient *contre vous*, ils l'avaient donnée à leurs soldats et ils ne l'avaient pas rencontrée *chez vous*... Ils ont trouvé *chez vous* la désorganisation et l'incertitude. Ils n'ont pas trouvé, comme chez... *comme chez eux* (il allait se trahir en disant : *chez nous*) la grande, la merveilleuse idée de l'Allemagne unie et au-dessus de tout, pour les jeter aux fatigues, aux misères, aux privations qui sont tout dans la guerre, — car la mort n'est rien. — La flamme qui les brûlait a purifié la guerre qu'ils ont voulue... Il en est toujours ainsi pour les victorieux, dans l'histoire... Et demain, si de nouveau éclatait la guerre, ils y courraient d'un même enthousiasme et d'un même élan...

Cent voix crièrent, d'une seule et même voix :

— Nous aussi, mon lieutenant...

Pendant que le commandant pensait :

— Mais, qu'est-ce que c'est que ce coco-là ?

Brusquement, Drogont reprenait du sang-froid et terminait :

— *Nous autres*, instruits par la défaite, rendus défiants par le malheur, nous savons quel adversaire se lève *devant nous*... Nous avons évalué sa force et sa faiblesse... Travaillons à le vaincre... L'Afrique a été une source féconde d'énergie pour nos chefs... Elle a montré à des milliers de soldats français, qui le rediront à cent mille autres, lesquels le proclameront à tous, la rude école d'héroïsmes et d'admirables vertus qu'est la guerre... En Afrique, comme en France, *nous aurons* puisé l'ardeur nouvelle qui revivifiera *nos cœurs* et... qui *nous rendra* invincibles...

Denis applaudissait :

— La fin est bien... Toutefois, il se trompe. Ce n'est pas d'Afrique que nous vient la lumière qui éclaire nos âmes de soldats... Mais de l'Est, à la frontière...

Et il alla, reconquis, serrer les mains glacées de Drogont.

Pourtant dans sa rude franchise, il ne put s'empêcher de lui dire :

— Ma parole, lieutenant, il y a eu des passages de votre conférence où je me serais cru à Berlin !... sans reproches, d'ailleurs... C'est se grandir vis-à-vis de soi-même et vis-à-vis des autres que de dire beaucoup de bien de ses ennemis... Et à ce compte-là, si les Allemands nous imitaient, il y aurait moins d'inquiétudes dans le monde !

Drogont sourit, un peu pâle, et évita de répondre.

Nous avons dit qu'à l'occasion d'une promotion récente, Drogont avait été invité à une réception cordiale au Cercle militaire.

Le punch était offert par les officiers des régiments de la garnison de Paris auxquels s'étaient joints, pour fêter Drogont plus particulièrement, les anciens officiers de l'armée d'Afrique (Algérie-Tunisie) de l'active, de la réserve et de la territoriale.

La veille de cette petite fête, il se fit excuser.

Il vivait, en effet, depuis huit jours qu'il était au régiment, sur un qui-vive de toutes les minutes qui l'entretenait dans un énervement extraordinaire. Le spectacle constant de la vie militaire française, qu'il avait sous les yeux et dont il était acteur, qu'il observait en toutes ses manifestations les plus minutieuses, le troublait étrangement... Il voyait sourdre, au régiment, une vie puissante, primesautière qu'il ne soupçonnait pas... Une discipline lui apparaissait, cordiale mais réelle, aisément obtenue, sans injures, sans brutalité, un respect vrai des chefs, et chez tous une vigueur, un élan, un entrain qui le rendaient inquiet et qui, reportant sa pensée vers ce qui se passait dans les régiments d'outre-Rhin, lui faisaient dire à nouveau :

— Ils ne savent pas ! Non, ils ne se doutent pas... *chez nous !*... Et lorsqu'ils sauront, il sera trop tard...

VII

Cœur-qui-Tremble marque un point.

Encore une fois, ce matin-là, dans son luxueux appartement du Splendid-Hôtel, avenue des Champs-Elysées, où il élisait domicile, quand il venait à Paris, encore une fois, vers huit heures, César Sanguinède venait de se réveiller la tête lourde, après une nuit de fièvre et de cauchemars. Depuis quelque temps, la migraine ne le quittait plus. Elle marchait avec son idée fixe, l'idée qu'un mystère s'agitait autour de ce Frédéric Drogont ; et une autre idée fixe, c'était qu'il se trompait et que rien n'existait, si ce n'était sa propre folie de toutes les extravagances qu'il s'imaginait.

Il consulta sa montre, constata qu'il n'était pas trop tard, pour un homme qui n'avait pas l'habitude de se lever de bonne heure, et se tourna et se retourna dans son lit.

Mais dormir, en plein jour, avec le va-et-vient du Tout-Paris qui passe dans l'avenue, va faire son tour du Bois, et s'en reviendra tout à l'heure, c'était un problème ardu.

— Tiens, au fait, murmura-t-il, si je prenais un bain ?...

Son appartement du Splendid-Hôtel était composé d'un salon, d'une chambre à coucher, d'un vaste cabinet de toilette qui était en même temps une salle de bains.

Il aurait pu — et il le faisait quelquefois — préparer son bain lui-même : deux robinets à tourner, l'un d'eau chaude, l'autre d'eau froide, et les peignoirs dans la chaufferie. Dix minutes après, c'était fait.

Mais il paressait au lit, les tempes battantes, sous la migraine tenace.

— Je prendrai mon bain et je me recoucherai après.

Et il sonna deux coups au bouton électrique, pour le valet de chambre.

Celui-ci, presque aussitôt, entr'ouvrit la porte et attendit les ordres.

— Frédéric, vous allez me préparer mon bain... après quoi, lorsque j'y serai entré, vous viendrez me prévenir au bout de vingt minutes... et vous me donnerez une vigoureuse friction à l'alcool, au gant de crin !...

— Bien, monsieur... Je dois dire pourtant à Monsieur qu'il y a deux personnes en bas qui attendent le réveil de Monsieur pour lui parler... Ce sont les mêmes, justement, qui déjà, l'autre jour, dès le matin...

— Bien, bien... Priez-les de monter... Mais alors.

— Alors, monsieur ? faisait poliment Frédéric.

— Vous viendrez préparer mon bain seulement lorsqu'ils seront partis.

Deux minutes après, les deux apôtres Bérode et Vérimond, faisant le salut militaire, se tenaient debout devant le lit, que César n'avait pas quitté.

— Du nouveau ? demanda-t-il négligemment.

— Oui, patron.

— De bonnes nouvelles, au moins ?

— Il y a peut-être des chances, patron.

— Bon. Racontez-moi votre histoire, garçons. Votre mine réjouie me fait plaisir.

— L'histoire sera courte, patron... Patron, il y a de la Tête-de-Mort partout autour de nous... Vous vous en doutiez, oui... je ne vous apprends rien... Depuis notre cambriolage du boulevard Malesherbes, vous nous avez chargés de surveiller le lieutenant Drogont...

Bérode, qui parlait, s'arrêta et se gratta le nez avec un geste d'embarras.

— Oui, patron, fit Vérimond, ce que le copain ne veut pas vous dire, c'est qu'au fond, ça ne nous plaisait qu'à moitié, cette besogne-là... Filer un officier français, c'est le soupçonner... et dame ! ça nous faisait mal au cœur. Enfin, nous nous sommes dit que vous deviez avoir vos raisons... et que nous avions confiance en vous... et que nous ne devions pas les discuter... Et nous voilà en route... Moi, je m'étais déguisé, pour l'occasion, en zingueur, avec ma boîte d'outils sur l'épaule... Quant à Bérode, jamais je ne l'ai vu si bien mis... Il avait l'air d'un professeur ou d'un académicien en petite tenue, quoi ! Chapeau haut de forme, longs cheveux gris, des lunettes, de la barbe blanche, un col de chemise bien net, une redingote et un pantalon noirs, avec un gilet blanc... Et, sous le bras, une serviette bourrée d'un tas de journaux qui, sûrement, devait le faire prendre pour un de ces vieux savants qui absorbent la poussière des bibliothèques... Oui, de la poussière, il semblait qu'il s'en était mis partout, depuis les bottines jusqu'au chapeau.

— Au fait ! au fait ! interrompit César, qui n'était pas patient.

— Donc, reprit cette fois Bérode, j'avais vu sortir le 179ᵉ à cinq heures ; il s'en allait manœuvrer à Issy... J'attendis patiemment son retour... Il rentra vers neuf heures et j'aperçus le lieutenant Drogont devant sa compagnie, à cheval, faisant fonction de capitaine... Je ne sais pas si c'est aux tirailleurs sénégalais qu'il a appris l'équitation, mais c'est un beau cavalier, je m'y connais... j'ai monté toute ma vie... Un peu raide, pas tout à fait la mode française... Tenez, patron, les officiers allemands montent un peu comme lui...

César tressaillit légèrement, mais ne dit mot.

— Une heure après la rentrée du 179ᵉ à l'Ecole militaire, le lieutenant ressortait seul et prenait la direction de l'avenue de Suffren... Il s'arrêta, tira son calepin, écrivit quelques mots rapidement... Pendant qu'il écrivait, un homme misérablement vêtu, s'était rapproché de lui... reçut la feuille arrachée au calepin et s'éloigna... Il faut vous dire, patron, que Vérimond n'était pas loin, en zingueur. Je lui fis un signe. Moi, je ne voulais pas quitter Drogont... Lui, se colla au miséreux et je les vis disparaître, l'un filé, l'autre filant, en me demandant ce que tout cela voulait dire...

César s'était accoudé commodément sur son oreiller, pour mieux écouter.

— Drogont rentra chez lui, ressortit en civil... alla déjeuner... J'avalai un morceau de pain avec la moitié d'un saucisson et un demi-setier... Ce repas pouvait me conduire jusqu'au soir... Drogont passa l'après-midi chez lui. En face, il y a un caboulot, où j'ai fait, avec le patron, des parties de manille, de dominos, de jacquet et de zanzibar, jusqu'à cinq heures du soir... A cinq heures, mon homme, toujours en civil, alla se promener, puis dîna à la pension... rue de Rennes... A sept heures moins le quart, il ressortit et c'est ici que ça va commencer à être rigolo... Est-ce qu'on peut fumer une cigarette chez vous, patron ?

— Tu sais bien que je n'aime pas ça, mais je te permets quand même.

— Pendant que je vais la griller, le zingueur parlera.

Il fit un signe à Vérimond, qui continua le récit.

— Moi, je suivais le miséreux, qui. me conduisit à pied jusqu'à l'avenue Trudaine. C'est une trotte. Au numéro 6 *bis*, il y a un marchand de vins qui a installé trois ou quatre tables sur le trottoir. L'une des tables était occupée. Un cocher y déjeunait... Le miséreux lui remit le mot de Drogont. Le cocher fit un signe. L'autre partit. Ils n'avaient pas échangé un mot. Je pris place à une autre table et commandai un déjeuner. Je voyais le cocher en face. Ah ! patron, quand on ressemble à tout le monde, il est facile de se camoufler, et de ne plus se ressembler à soi-même. Mais quand on ne ressemble à personne, on a beau faire... Il y a des choses qui vous trahissent toujours... C'est ainsi que partout où nous avons rencontré Tcherko, nous l'avons reconnu, sous quelque déguisement que ce fût... Le cocher... Eh bien ! c'était Tête-de-Mort !... Son déjeuner terminé, il entra dans la maison... Je savais bien qu'elle avait deux issues, l'une avenue Trudaine, où je me trouvais, l'autre rue Say, mais quoi faire ? Je ne pouvais pas abandonner l'une pour l'autre... et j'étais sûr que Tête-de-Mort, qui ne me connaît pas, ne pouvait avoir de soupçon sur moi... Je restai avenue de Trudaine... Mais, patron, puisque vous le permettez, j'en fumerais bien une aussi et voilà Bérode qui a fini la sienne...

— Va !

— Donc, fit « l'académicien », continuant le récit du camarade, à sept heures moins le quart, le lieutenant prenait un taxi rue de Rennes... Il avait bien jeté un coup d'œil par-ci par-là pour voir sans doute si rien ne le gênait... Moi, je venais justement de laisser choir mon portefeuille sur le trottoir et je tournais le dos en le ramassant... J'étais à la station de la rue de Rennes, près de la gare... Le taxi de l'officier fut suivi par le mien... Du moins, je l'ai cru, mais toutes ces voitures Renault se ressemblent... avec leur peinture rouge et leur court capot taillé en biseau... Me suis-je trompé ?... Toujours est-il que, rue Say, j'ai vu descendre de voiture non plus l'officier, mais un vieillard vénérable, longs cheveux blancs, barbe blanche, pardessus noir, qui paya et entra dans un logis en contre-bas, où, du trottoir, il fallait descendre deux marches... J'étais sorti de mon taxi et je demeurai stupéfait. J'avais filé une voiture qui n'était pas la bonne !... Mais je fus bientôt rassuré... car le chauffeur de l'autre paraissait non moins stupéfait que moi... Je compris et je m'approchai... Le chauffeur écarquillait encore des yeux énormes. Je lui dis :

— On a vite fait de vieillir, hein, camarade ?

— Pour sûr ! rigola-t-il.

J'eus l'idée de tourner l'angle de la rue Say et d'aller voir un peu avenue Trudaine ce qui s'y passait... Le zingueur était là... nous échangeons deux mots... Ça se corsait... Tcherko entrant d'un côté... Drogont entrant de l'autre... Mais était-ce bien Drogont ? Etait-ce vraiment Tcherko ?... Tant pis... Il fallait aller jusqu'au bout... Moi, je retourne à mon poste... Lui, reste au sien... Moi, je n'ai plus rien à dire... J'ai passé une partie de la nuit rue Say... Je n'ai rien aperçu de suspect, ni Tête-de-Mort, ni le vieillard à barbe blanche, ni l'homme roux du boulevard Malesherbes, ni le lieutenant Drogont... Pour moi, tout cela s'était évanoui.

— Heureusement pas pour moi ! fit Vérimond... Vers huit heures du soir, j'ai vu sortir un gros monsieur à lunettes d'or enveloppé des épaules aux pieds dans un vaste manteau qui, je ne sais pourquoi, me parut suspect. On a de ces pressentiments dont on ne pourrait dire la raison... Il prit un taxi à la station d'en face... Ma foi, je sautai derrière et je réussis à m'y accrocher... Je n'étais pas trop à mon aise, surtout quand on traversait des caniveaux et des trous, et Dieu sait s'il y en a, des trous et des caniveaux, dans le Paris d'aujourd'hui ! Et la course a été longue ! Jusqu'au Lion de Belfort... Là, j'entendis le client qui, penché à la portière, criait au chauffeur, d'arrêter... Je me hâtai de descendre... Je laissai filer le taxi... Il faisait nuit... Et savez-vous ce que j'ai vu, quittant la voiture d'un pas alerte... après un regard circulaire, prudent et rapide ?

— Drogont ?

— Pas du tout... Un homme grand, jeune, roux... toute sa barbe... Et l'homme descendit les avenues... gagna et contourna le Luxembourg, sans le traverser, entra sous les galeries de l'Odéon, entra au contrôle du théâtre... Je me hâtai d'en faire autant... Je pris un billet au guichet...

Malheureusement on souleva des difficultés... J'avais ma boîte de zingueur à l'épaule... Paraît que ma tenue n'était pas convenable... Enfin, quand j'entrai, je ne vis personne sous le péristyle, mais je me doutai du coup... L'homme n'avait pas eu le temps de passer au contrôle s'il avait un billet de faveur ou de location, attendu qu'au contrôle, il y avait plus de vingt personnes qui faisaient la queue... On donnait une pièce à succès : *L'honneur japonais*, où un acteur s'ouvrait le ventre, à la mode du pays... Alors, mon Drogont, si c'était lui, avait dû entrer par une porte et repasser par l'autre, sans s'y arrêter. J'en fis autant... sur la place, des fiacres, des autos, des taxis s'arrêtaient, déposant un tas de monde... Nulle part, je ne voyais mon rouquin... Toujours avec le même instinct, toujours sans raison, je me jette dans un taxi, je donne l'adresse de l'avenue de Suffren... Nous partons... Et j'arrive juste pour voir Frédéric Drogont, en chair et en os, tel que je l'avais vu pendant tout l'après-midi, en petit chapeau melon, noir, en complet gris foncé, pardessus de même, descendant tranquillement d'un fiacre et rentrant chez lui... Je paye mon chauffeur et je saute dans le fiacre en disant au cocher :

— Votre voyageur qui vient de descendre, où l'avez-vous donc chargé ?

— Place de l'Odéon, bourgeois, comme il sortait du café Voltaire !

Et en même temps qu'il me faisait cette réponse, j'entendais se fermer la porte de la maison. Elle était restée entrebâillée. Et le lieutenant, sans nul doute, nous écoutait. Voilà toute l'histoire, patron, et nous voulons bien être coupés en trente-six morceaux si nous y comprenons quelque chose !...

— Il y a un détail que tu oublies, fit Bérode : boulevard Malesherbes, nous avons fait notre petite enquête. L'homme roux n'a pas reparu. Congé a été donné par le nommé Jean Simon... Et on fait reprendre les meubles... qui ont été conduits chez un tapissier du boulevard Magenta, chargé de les bazarder...

Après quoi, les trois hommes firent silence... plongés dans leurs réflexions et leur incertitudes... incertitudes que César traduisit par une exclamation de rage :

— Est-ce lui ? Voyons, dites-le, est-ce lui ?

Mais le zingueur et l'académicien avaient des airs si penauds qu'il se contint.

— Il y a du pour, il y a du contre, fit Béroda.

— Dire oui, c'est impossible ! Dire non, nous ne le pourrions pas ! fit Vérimond...

— C'est tout, camarades, laissez-moi ! Je vais penser à ce qu'il convient de faire.

Les deux apôtres s'en allèrent et César sonna deux coups pour Frédéric.

— Mon bain, tout de suite !... Et dans vingt minutes ma friction... Entendu ?

Et le bain préparé, Cœur-qui-Tremble s'y plongea voluptueusement...

. . . .

Il avait posé des journaux du matin à portée de sa main, afin de parcourir les nouvelles. Il déplia le premier et le tint devant ses yeux, au-dessus de l'eau, pendant que ses coudes nus s'appuyaient sur chaque côté de la baignoire de marbre.

Tout à coup, il crut entendre marcher dans sa chambre à coucher. Il tourna à demi la tête, car la porte était derrière lui, et s'écria :

— Est-ce vous, Frédéric ?

Mais rien ne répondit et il crut s'être trompé !

Alors, il reprit sa lecture.

Un second craquement sur le plancher de sa chambre à coucher n'attira plus son attention...

Cependant, derrière lui, une main venait de s'agripper, prudente, au chambranle de la porte... Puis, il n'y eut plus un mouvement... après la main, au ras du sol, apparut une tête, coiffée d'une casquette qui descendait exactement sur les sourcils qu'elle couvrait, pendant qu'un foulard se relevait jusqu'au-dessus du nez... laissant les yeux, seuls, visibles, des yeux ronds, profondément creusés, brûlants de flammes et, en ce moment, de haine...

Ayant montré la tête, l'homme attendit encore... et regarda la fenêtre... une fenêtre qui s'ouvrait sur une vaste cour... mais une fenêtre qui, placée, comme la porte, derrière la baignoire, constituait un danger...

Car l'homme, s'il se levait, allait interposer son corps devant la lumière.

Et César, averti, aurait le temps peut-être de se mettre sur la défensive.

Alors, l'homme rampa, avec des ondulations flexibles et souples de serpent.

Il rampa, faisant, sans le moindre bruit, les deux mètres qui le séparaient de sa victime.

Même si l'on eût prêté l'oreille, on n'eût rien entendu...

Il avait à la main une arme bizarre...

Etait-ce une arme ?

Une sorte de bâton, long de trente à quarante centimètres... peau remplie de sable fin... qu'il tenait par un bout... et qui avait la dureté d'une pierre.

Contre la baignoire émergeait la tête tranquille de César, avec ses cheveux noirs dont l'épaisse toison était coupée en brosse...

L'homme se mit soudain à genoux, brandit son assommoir.

Et il frappa en plein sur le crâne...

Les deux bras de Cœur-qui-Tremble se déplièrent, inertes.

Le journal que tenaient les deux mains retomba sur l'eau...

La tête de César s'affaissa sur la poitrine, puis le corps également s'affaissa, entraînant la tête, qui se trouva au ras de l'eau, baignant dans l'eau...

Le pauvre garçon n'avait pu se rendre compte de rien.

Il n'avait même pas poussé un soupir.

Alors, l'homme redressa sa haute taille maigre...

Il se pencha par-dessus la baignoire.

Et il alla ouvrir le robinet d'eau bouillante.

Après quoi, il s'esquiva, vivement...

On n'entendit plus que le torrent d'eau qui, bruyamment, s'engloutissait dans la baignoire... Peu à peu, elle s'emplit jusqu'aux bords... Elle déborda... Peu à peu, l'eau, à trente-cinq degrés, monta à quarante, puis à quarante-cinq, puis à cinquante... Un nuage de vapeur humide et chaude emplissait la salle...

Et le corps tout entier de Cœur-qui-Tremble avait disparu sous l'eau...

Trois jours après, une feuille à en-tête du Splendid-Hôtel, le général Bénavant reçut une lettre aux caractères assez déformés, signée d'un nom qu'il reconnut, mais dont il ne reconnut pas l'écriture...

Une lettre qui le surprit fort et qu'il ne comprit pas très bien.

« Mon général, excusez-moi si je ne vais pas jusqu'au

» Parc des Princes... Je suis au lit et pourtant, il faut,
» d'urgence, que je vous parle... »

C'était signé :

« César Sanguinède. »

Et la signature était suivie de cette phrase énigmatique :

« Cuit au court-bouillon, mais pas à point pour mou-
» rir... »

Flairant un mystère, un drame peut-être, Bénavant courut aux Champs-Elysées...

Il trouva, en effet, César au lit, la figure et le corps tout
entier enveloppés de bandages, les traits boursoufflés, les
yeux à peine visibles... couvert de tant d'ouate qu'il semblait avoir enflé de trois ou quatre fois son volume...

— Mon Dieu, mon pauvre garçon, que vous est-il arrivé ?

— On a voulu me faire cuire, mon général, je vous l'ai
écrit... mais vous n'avez peut-être pas pu déchiffrer... J'ai
encore les doigts un peu lourds...

— Mais si, mais si... mais de là à deviner...

— Je vais vous dire... J'étais au bain, depuis dix minutes, quand j'ai cru voir une ombre qui se dressait entre
moi et la fenêtre... C'est tout... Je ne me souviens de rien
autre... Et bien, certainement, je n'aurais pas l'honneur de
vous entretenir en ce moment si je n'avais pas été sauvé
par un hasard vulgaire... et sauvé d'une mort plutôt cocasse... cuit dans mon bain... Voilà qui n'est pas ordinaire... Le hasard est venu, sous la forme du valet de
chambre Frédéric... La baignoire débordant, laissait couler
l'eau sous la porte et de là dans le corridor de l'hôtel...
Frédéric entra et me trouva plongeant dans le court-bouillon, évanoui... mais le cœur, mon pauvre cœur, tremblait
encore un peu... Un médecin accourut... Et me voici...
Dans une huitaine, mon général, j'espère pouvoir vous rendre votre visite...

— Mais votre récit ne m'explique pas ce singulier accident..

— Ni à moi non plus, fit César, piteusement... Tout ce
que je peux dire, c'est que j'avais cru entendre du bruit,
dans ma chambre... Et je ne m'étais pas trompé... Puis un

violent coup sur la tête... Et c'est tout... Quant à avoir
laissé ouvert en grand le robinet d'eau bouillante, jamais
de la vie !... Donc, un accident, point. Mais bel et bien une
tentative d'assassinat... merveilleusement combinée pour
faire croire à un accident... Le plus clair, pour l'instant,
c'est que, lorsque je me suis mis au bain, j'avais une migraine violente... et quand je repris connaissance, la migraine avait disparu... Mais quel remède, mon général,
quel remède !... Dans tous les cas — je l'ai voulu ainsi —
pour tous les gens de l'hôtel, c'est un accident...

— Soupçonnez-vous quelqu'un ?

César resta longtemps pensif... si longtemps que le général pouvait s'imaginer que le malade n'avait pas entendu
la question.

A la fin, il dit :

— Je ne sais rien, je ne possède aucun indice qui puisse
me donner des soupçons, et pourtant, mon général... je
n'hésite pas à dire que... je suis sûr...

Bénavant se pencha vivement sur César et, très bas,
questionna encore :

— Qui ?

Du même souffle, Cœur-qui-Tremble répondait :

— Tcherko, parbleu !

— Qui vous le fait croire ?

— Bien des choses, mon général, et que j'ai tenu à vous
confier sans retard. Voilà pourquoi j'ai pris sur moi de
vous demander ce rendez-vous... dès que le médecin qui
me soignait me l'eut permis et dès que, moi-même, je me
suis senti assez de force pour ouvrir la bouche... Car
voyez-vous, mon général, j'en ai long à vous dire... de
toutes façons, mais j'irai jusqu'au bout...

Tout à coup, il fit un brusque mouvement d'attention.

Penché hors du lit, il désigna la porte.

— Vous n'avez rien entendu ?

— Quoi donc ?

— Un craquement... On vient de passer là... on s'est arrêté... on a écouté...

Le général alla ouvrir la porte qui donnait sur le corridor...

Le long du vaste couloir, sur lequel s'ouvraient vingt ou
trente appartements, personne... ni un valet de chambre,
ni une femme de chambre. Cependant, le général crut percevoir le bruit d'une porte qui se refermait.

— L'homme qui a essayé de me faire cuire sait à l'heure
qu'il est que je n'en mourrai pas... Il doit espionner autour
d'ici... Il doit également savoir que je vous ai prié de venir
auprès de moi... et que vous avez bien voulu vous déranger... Nous ne sommes pas en sécurité... On va tenter d'entendre ce que j'ai à vous dire... Défions-nous... Avancez ce
fauteuil auprès de mon lit, mon général... Prêtez l'oreille...
Penchez la tête... comme si vous étiez un prêtre et comme
si j'avais à me confesser... Je parlerai tout bas...

Et le général obéit à cette singulière prière.

— Déjà vous savez beaucoup de choses, mon général...
Je vous ai raconté moi-même, et Chémery vous l'avait raconté lui aussi, notre aventure de Bernicourt, et plus
tard, les confidences de la femme de Tcherko.

— Je n'ai rien oublié... Je sais que Tcherko, dont nous
avons retrouvé l'intervention lors du mariage de ma pauvre Nicole, a organisé ou tenté d'organiser contre moi une
vaste intrigue qui a pour but de provoquer un scandale
immense dans lequel je serais déshonoré... Mais quelle est
cette intrigue ? Et d'où viendra ce scandale ?... L'avez-vous
découvert ?.. Auriez-vous, du premier coup, triomphé complètement ?

Mais César secouait la tête.

— Ce sont des incertitudes cruelles, mon général, dont je
vais vous faire la confidence... Tantôt, j'ai cru ; tantôt, je
me suis traité d'halluciné... Mais il m'a paru qu'il était de
mon devoir de ne pas garder plus longtemps pour moi ce
que je rêve, même si je dois être traité de fou... Je ne vous
rappellerai donc rien de ce qui s'est passé à Bernicourt, ni
la réunion des espions de Tcherko, sous l'œil de Schweiber, ni ce qui fut dit, ni les ordres qui furent donnés. J'insisterai seulement sur la présence d'un inconnu qui venait
là pour la première fois... D'après ce que je pus surprendre, dans le creux de muraille où j'écoutais, cet inconnu doit s'appeler Falker. Quelque temps après, Catherine me redisait son nom... avec des paroles bizarres...
Moi-même à Fontoy, je l'avais entendu dire : « En croyant
que vous aurez raison de la France dans six mois, vous ne
faites pas aux Français l'honneur qu'ils méritent... » Le
son de la voix m'est resté dans l'oreille. La silhouette
m'est restée dans les yeux ; je me suis imaginé retrouver
la voix, découvrir la silhouette à Paris. Depuis ce jour-là,
je ne vis plus, et je me demande sans cesse si l'on

ne va pas bientôt me conduire dans une maison de santé...

— Je connais l'homme ? faisait le général à voix basse.

— Mon général, permettez-moi de ne vous répondre qu'à la fin de mon discours. Pour le quart d'heure, puisqu'il paraît s'appeler Falker, appelons-le ainsi... Dans tous les cas, c'est bien cet homme qui est l'exécuteur des hautes œuvres de Tcherko, puisque c'est à lui — Catherine nous l'a révélé — que Tête-de-Mort a dit : « J'ai compté sur vous pour déshonorer le général Bénavant. » Or, il est un détail dont il faut que je vous fasse souvenir... les trois lettres écrites par Tcherko et dont Catherine est venue me remettre copie... L'une de ces lettres semblait adressée au même Falker, pour lui donner rendez-vous. Et comme ce rendez-vous était aux Champs-Elysées, il faut en conclure que Tcherko n'a pas perdu son temps et qu'autour de vous les premiers travaux ténébreux de son intrigue ont commencé... Une lettre ne disait-elle pas : « Toutes les chances sont pour nous... Pas un nuage à l'horizon... » ?

Après un silence, Cœur-qui-Tremble ajouta :

— Au rond-point, j'ai reconnu Tcherko... Je n'ai pas reconnu l'autre... Et maintenant, quelque temps après, d'autres événements se déroulaient qui n'ont pas l'air, le moins du monde, de se rattacher à mon histoire et qui, pourtant... mais nous verrons cela tout à l'heure... Figurez-vous, mon général, que sur un paquebot faisant le service de nos possessions d'Afrique et revenant à Bordeaux, un médecin est mort, s'est suicidé dans un accès de neurasthénie... On a constaté que la porte de sa cabine était fermée à clef, et cette clef, qui aurait dû être à l'intérieur, a été retrouvée dans une cabine voisine, qui était celle d'un lieutenant aux tirailleurs... Figurez-vous, mon général, que ce lieutenant a rencontré à Pauillac un ancien caporal de son régiment, retraité, qui ne l'a pas reconnu... Figurez-vous, mon général, que j'ai rencontré cet officier à plusieurs reprises... et je suis tellement hanté par le souvenir de la voix de l'autre : « En croyant que vous aurez raison de la France... » que je me suis imaginé reconnaître la voix de l'Allemand dans celle du Français... Oui, mon général, vous me regardez comme si j'étais un peu piqué, n'est-ce pas ? Vous avez raison, il faut que je le sois pour m'être attaché à surprendre gestes, paroles, attitudes de cet homme, à incriminer des erreurs de dates ou quelques manques de mémoire, comme si cela prouvait quelque chose... à trouver étrange, suspecte la curiosité sympathique et amusée avec laquelle il m'écouta lorsque je me mis à parler d'espionnage... Figurez-vous encore, mon général, que, n'en pouvant plus d'impatience et honteux de mes soupçons, j'ai voulu en avoir le cœur net... J'ai fait venir à Paris l'ancien caporal Walter... Je l'ai abouché avec le lieutenant, bien certain que, cette fois, je saurais à quoi m'en tenir... Et figurez-vous enfin, mon général, que ce pauvre Walter, de qui j'attendais la vérité, je ne devais plus le revoir... je ne l'ai revu qu'à la morgue... et si défiguré que, seul, j'ai pu rétablir son identité. Il avait été assassiné... C'est vraiment jouer de malheur... Et devant tant de déveine, il ne me restait qu'à abandonner la partie... mais après vous avoir averti... Et j'allais vous avertir lorsque... autant dire qu'il m'est tombé un coup de massue sur le crâne...

— Vous ne m'avez pas encore nommé l'officier que vous poursuivez d'un soupçon si... je ne voudrais pas vous faire de la peine...

— Oh ! dites le mot, mon général... un soupçon si extravagant, n'est-ce pas ?

— Oui... veuillez m'excuser, mon cher garçon !... mais je vous vois depuis quelque temps nerveux et fiévreux...

— Voilà bien ce que je me dis, mon général, je deviens fou, c'est évident... Enfin, j'irai jusqu'au bout... Tant pis... Je vous ai dit que vous alliez entendre ma confession...

— Ce nom vous brûle les lèvres, et cependant vous n'osez...

— C'est vrai, mon général, je n'ose... Je vous demande pardon de ce que je vais dire... J'ai peur de vous faire de la peine et, en même temps, de vous révolter et de vous indigner.

— Dites quand même...

— Le lieutenant Drogont...

Bénavant sursauta, se leva dans un geste si brusque que son fauteuil se renversa.

— Vous êtes fou !

— Je vous disais bien... Oui, sûrement, je suis fou à lier...

— Et c'est sur d'aussi vagues indices... sur des impossibilités... sur des invraisemblances que vous allez soupçonner un des meilleurs soldats de l'armée d'Afrique ?... Mon pauvre garçon, si vous vous étiez donné la peine de réfléchir... oh ! seulement une minute, vous auriez découvert ceci : le lieutenant Drogont, qui est un enfant de l'Assistance publique, s'est exilé de France pour s'engager, à l'âge de dix-huit ans, et depuis lors il n'y a plus remis les pieds... il n'a plus quitté l'Afrique... Et dès le jour de son arrivée vous le mettez en rapport direct, intime, avec Tcherko... Bien mieux, c'est avant son retour en France que ces rapports sont établis... Le lieutenant Drogont est encore au Congo, ou pour le moins à l'hôpital de Saint-Louis, que vous, mon ami, vous le voyez et vous entendez sa voix à Bernicourt, sur la frontière...

Et le général considérait César avec une stupéfaction profonde.

Cœur-qui-Tremble ne disait mot, honteux et triste.

— Je ne vous fais, certes, aucun reproche. Je sais dans quel but vous travaillez. Mais gardez-vous de confier à quiconque pareille folie... Non point que l'homme en serait atteint... vous seriez le seul à en souffrir.

— Oui, oui, je m'en doute...

Le général marchait nerveusement dans la chambre.

Il répétait, tout bas :

— C'est inconcevable !

Et il tournait vers le pauvre César son regard mécontent.

— Oui, oui, répétait César... inconcevable, n'est-ce pas ? Voilà pourquoi j'étais allé chez vous, mon général, une première fois, pour que vous entendiez l'aveu de si étranges choses, et je m'apprêtais à vous parler — vous souvenez-vous ? — lorsque tout à coup vous m'avez parlé vous-même du lieutenant... Vous m'avez appris que vous lui aviez donné une mission secrète, extrêmement grave et dangereuse, et qu'il s'était fait pincer au fort d'Huningue... Or... ceci coïncidait, mission et arrestation... avec l'assassinat de Walter...

— Eh bien, vous auriez dû être convaincu ?

— Je le fus si bien qu'en vous quittant je me suis rendu, sans désemparer, avenue de Suffren, pour conter ma folie au lieutenant Drogont et lui faire mes excuses.

— Très bien ! Très bien !...

— Oh ! ne vous hâtez pas, mon général... J'ai attendu le lieutenant assez tard, en me promenant devant sa maison, parce que j'en avais trop sur le cœur et je voulais m'en débarrasser... Lorsque le lieutenant arriva, en voiture, je lui demandai pardon, tout bonnement...

— Sans lui rien dire ? Sans lui expliquer ?

— Sans lui rien dire... sans qu'il pût comprendre...

— Et il vous répondit ?

— En m'offrant son amitié et en me demandant toute ma confiance...

— Et cela ne vous a pas suffi ?

— Oh ! si, mon général ; j'en ai été touché jusqu'au fond du cœur... Mais...

— Quoi encore ?

— Mais je vous ai dit que le lieutenant était arrivé en voiture... J'avais remarqué qu'il n'y était pas seul... et qu'il était gêné... et qu'il s'obstinait à me masquer la portière pour me dérober la vue de son compagnon...

— Ou de sa compagne ? fit le général en souriant.

— Non, c'était un homme et je réussis à l'entrevoir et je crus reconnaître...

— Tcherko, fit le général, paisiblement.

— Oui.

— Avec votre idée fixe, c'était fatal.

Et il haussa les épaules.

— Je m'attendais à ce que vous ne me croiriez pas, mon général, et je n'en suis pas surpris, puisque je ne me crois pas moi-même...

— Vous avez bien fait, mon cher garçon, de me choisir pour confident de ces choses. Elles fermentaient dans votre cerveau et vous eussent amené à commettre quelque imprudence fâcheuse... Maintenant que vous avez fait votre devoir — car c'était votre devoir de parler — il n'en sera plus question et vous aurez vite retrouvé votre tranquillité d'esprit... celle qu'il vous faut pour mener à bien vos vastes et généreux projets.

Mais Cœur-qui-Tremble balbutiait :

— C'est que je n'ai pas fini... Mon général, vous n'avez pas trouvé que l'on s'évade bien facilement des casemates du fort d'Huningue ?...

Au brusque tressaillement de Bénavant, César comprit cette fois que le coup venait de porter et que sa réflexion heurtait, chez l'officier, d'autres réflexions que celui-ci s'était faites, sans doute...

— Vous n'avez pas trouvé surprenant que les journaux allemands n'aient parlé de rien, eux qui ne perdent jamais l'occasion d'outrager la France en son armée, à tel point que si la moitié de ces injures était envoyée à l'adresse d'un citoyen français en particulier, il répondrait aussitôt par une paire de gifles ?...

— Je l'ai remarqué et n'en ai pas été surpris... La presse a pu recevoir un mot d'ordre...

— Je l'admets... En est-il de même chez nous ?... Comment se fait-il que nos feuilles parisiennes n'en aient pour ainsi dire pas soufflé mot ? Elles sont pourtant bien avides de ces nouvelles à sensation... autour desquelles il y a tant à broder, du vrai comme du faux ?

— On ne l'a pas voulu... L'Allemagne ne disant rien, nous nous sommes tus...

— Soit...

Et César, cette fois, s'animait... Et dans tous ses détails il raconta les derniers événements, c'est-à-dire le cambriolage du boulevard Malesherbes, avec cet homme roux dans les yeux duquel il avait cru reconnaître les yeux de Drogont... et puis il raconta cette extraordinaire poursuite de Drogont avec les multiples déguisements, les maisons à double sortie, la transformation des personnages, leur disparition, depuis l'Ecole militaire jusqu'à l'avenue Trudaine, jusqu'au Lion de Belfort et jusqu'à l'Odéon...

— A présent, vous savez tout, mon général... C'est à vous qu'il appartient de résumer et de tirer une conclusion de tout ce que vous venez d'entendre...

— Je vous ai montré tout à l'heure l'inanité de vos premiers soupçons en vous prouvant qu'au moment où vous le rencontriez à Bernicourt et le recherchiez à Paris, le lieutenant Drogont était et ne pouvait être qu'en Afrique... Quant au meurtre de Walter, il peut s'expliquer par le fait que ce garçon a fait la fête à Paris et s'est mêlé à des compagnons qui ont profité de sa naïveté et de son ignorance pour le dévaliser et le tuer ensuite... Là encore, du reste, vous ne pouvez soupçonner Drogont, puisque le lieutenant, le jour même où il devait se rencontrer, selon vous, avec Walter, partait pour l'Allemagne... L'évasion du fort d'Huningue vous paraît, et elle me paraît à moi aussi, romanesque, mais toutes les évasions tiennent du roman... Il y a toujours, dans une évasion, une part de combinaisons hardies, d'imprévu et de hasard, qui fait qu'elle frappe l'imagination comme le meilleur des récits... Les documents livrés par Drogont au péril de sa liberté et

même en risquant sa vie, nous ont paru d'un intérêt supérieur... de premier ordre, en un mot... Et ils écarteraient
toute arrière-pensée de trahison si une telle pensée pouvait me venir, à moi !... Que reste-t-il de vos soupçons ?...
Le fantôme de Tête-de-Mort, qui vous poursuit... de ce sinistre personnage, chef de l'espionnage allemand chez
nous, et qui serait devenu l'ami, bien plus, le chef et le
complice du lieutenant Drogont ?... Pour l'admettre, cette
hypothèse, mon cher garçon, il faudrait admettre d'abord
qu'à Bernicourt, c'était ce même Drogont que vous aviez en
face de vous... C'est l'impossibilité même... Et cette impossibilité fait s'écrouler tout votre échafaudage de supposi-
tions... aventurées...

César ne répliqua rien... En réalité, il souffrait... Tout ce
que Bénavant venait de lui dire et pouvait lui dire, que de
fois il se l'était répété... après quoi il était retombé dans
les mêmes incertitudes...

Et il finit par dire :

— Je me trompe, c'est évident... Et pourtant, si je ne me
trompais pas ?...

— Je vous estime si haut et j'ai si grande confiance en
vous, mon ami, que je ne demande pas mieux que de tenter
avec vous l'épreuve suprême que vous me demandez...

— Oh ! mon général, mon général... je n'aurais pas
osé...

— Je devine que vous avez encore quelque chose sur le
cœur...

— Oui...

— Eh bien, dites...

— Je vais vous demander une chose très grave.

— Demandez... mais retenez bien ceci, mon ami : je suis
absolument convaincu que vous commettrez, en ce qui regarde le lieutenant Drogont, une erreur... redoutable... et
regrettable infiniment... Je souffre moi-même de voir cet
officier soupçonné par vous et si je consens d'avance, et
sans savoir, à faire ce que vous allez me proposer, ce n'est
pas le moins du monde dans l'intérêt de Drogont, que je
mets hors de cause, c'est afin de vous sauver de vous-
même... et de vous empêcher de pousser plus loin d'odieux
soupçons... De pareils soupçons vous causeraient à vous le
plus grand dommage... enlèveraient toute confiance à ceux
qui, comme moi, croyaient en vous, et vous perdraient...

— J'ai envisage cet avenir, mon général... non sans effroi,

je l'avoue... et puisque vous voulez bien vous prêter à l'épreuve qui serait décisive, je vous remercie de tout mon cœur...

— De quoi s'agit-il ?

— Puisqu'il est un homme que Tcherko a chargé de votre ruine morale... et puisque, moi, j'ai soupçonné cet homme... mandez-le, mon général... Donnez-lui des fonctions qui l'attachent à votre personne... Faites qu'il soit intime dans votre maison et que toute liberté lui soit donnée d'aller et venir, d'entrer et de sortir... Répandez-vous, vis-à-vis de lui, en paroles confiantes... Vous saurez ne lui dire que ce qu'il faudra jusqu'au jour où je viendrai vous crier : « Cet homme est un ami... Je me suis trompé !... Traitez-le en ami ! », ou lorsque je viendrai vous murmurer tout bas : « Cet homme est un traître, en voici des preuves ! » Et alors nous l'exécuterons !... Ma proposition vous effraye-t-elle par son audace, mon général ?

— Continuez !

— Il m'était venu une idée folle, comme presque toutes celles que j'ai, et cette idée, — ne vous effrayez pas, mon général — c'était de vous faire prendre Drogont, à la place de Chémery, comme votre officier d'ordonnance.

Un vif mouvement d'attention, chez Bénavant.

— Et ce qui vous a retenu ?

— Une simple réflexion... Puisque l'on veut faire sombrer votre honneur dans un scandale inouï, qui sait si le scandale ne viendrait pas de ce que l'on apprendrait tout à coup que l'officier d'ordonnance du généralissime de l'armée française était purement et simplement non pas un officier français, mais...

D'une voix altérée, le général répliqua :

— Savez-vous que si pareille chose était possible — mais je déclare que tout ceci est de la fantasmagorie — si pareille chose arrivait, je n'aurais plus qu'à me faire sauter la tête ?

— Et c'est ce que l'on veut peut-être, mon général...

— Achevez.

— D'un poste auprès de vous, d'un poste de confiance officielle, j'entends, il n'en faut pas... Il ne faut pas qu'on puisse vous jeter ce reproche mortel à la face de la France éperdue et de l'Europe surprise... Mais à côté d'un poste officiel, n'y a-t-il pas pour vous d'autres manières d'attirer Drogont dans votre intimité, de le faire graviter autour de

vous ?... Car c'est là le champ d'épreuves !... Il faut qu'il
soit chez vous, mon général, parce que nulle part autant
que là il ne rencontrera de tentations, s'il est ce qu'une de
mes hypothèses le suppose... Nulle part, entouré de tentations et d'occasions de vous trahir, il ne pourra mieux suc-
comber qu'étant près de vous, de même que nulle part,
avertis comme nous le sommes, il ne pourra être mieux
surveillé par nous...

Un voile de tristesse assombrissait le visage de Bénavant... un accablement douloureux.

— Il faut que je vous aime et vous estime bien, mon cher
garçon, pour vous laisser tenir, en ma présence, un sem-
blable langage.

— Mon général, vous avez une occasion toute prête d'attirer chez vous Drogont, de le faire travailler sous vos yeux,
mais surtout chez vous, loin de vos yeux... Vous avez à lui
demander la mise au point de ses renseignements sur le
fort d'Huningue, intérieur et extérieur, plans, rapports,
détails de toute nature... C'est l'affaire de deux semaines,
que vous prolongerez au besoin... Pendant ce temps, j'agi-
rai... et nous saurons... Je saurai, moi, entourer Tcherko
d'une surveillance telle que pas une de ses démarches ne
m'échappera, à moi ou à mes hommes, et que, s'il est vrai
que j'aie bien vu, s'il est vrai que Tcherko et Drogont se
connaissent et se rencontrent, je vous jure que j'y laisserai
la vie ou que je les prendrai sur le fait...

— Vous ne prendrez personne, mon pauvre ami ; vous en
serez pour votre courte honte et pour vos tribulations...

— Je le souhaite de toute mon âme !

— Je ferai donc ce que vous souhaitez...

Mais le général restait mécontent... Ses yeux bleus étaient
durs et sévères...

— J'ai tort, peut-être, oui, j'ai tort... Et ma conscience
me reproche de vous donner cette satisfaction... Vis-à-vis
de moi-même je me sens coupable de me laisser influencer
par vous et de me laisser aller à paraître soupçonner cet
officier... un héros !... Je connais ses états de service et ses
notes... Vous n'avez donc pas regardé sa poitrine, où sont
accrochés les insignes de l'honneur ?... la croix et la médaille ?... Savez-vous bien que si un jour le hasard apprenait à ce brave et loyal soldat quels épouvantables soupçons ont pesé sur lui et que moi, connaissant ce soldat, j'ai
pu prêter la main à... la combinaison que vous me propo-

sez... savez-vous bien que je n'oserais plus regarder cet homme en face, sans baisser les yeux et sans rougir ?...

— C'est moi le seul coupable... Je m'en accuse et voici que je regrette de vous avoir mis ces idées dans la tête... Mais la souffrance morale où je vous vois, mon général, me fait vous prier de ne tenir aucun compte de tout ce que je vous ai raconté et de ce que vous m'avez accordé... Oubliez tout, oubliez tout !... J'ai toujours été un imaginatif, un romanesque... une sorte de toqué... Je n'ai jamais envisagé la vie comme elle est... c'est-à-dire beaucoup plus simple qu'on ne croit... Je me suis plu, en tous temps, à l'entourer de péripéties absurdes, de complications raffinées... La réalité et moi, ça fait deux et je n'ai jamais passé pour être un homme pratique !... Ah ! ce n'est pas moi qui aurais gagné les vingt millions que je possède... et si je n'avais pas eu mon bonhomme de père, inventif, et débrouillard, pour mettre au monde le *Cirage à la Maréchale* et faire concurrence à la poudre de riz — une idée de génie — je pataugerais à gagner mes trois francs par jour, bien sûr !...

Il soupira, se retourna péniblement dans son lit :

— Je comprends très bien ce qui s'est passé en moi... et tout le travail de concentration qui s'est fait dans mon cerveau... Il y a eu comme une autosuggestion... Oui, je me suis suggestionné... C'est un roman que, petit à petit, je bâtissais autour de cet officier... Je me rends compte de tous les obstacles... Ils m'irritaient, m'énervaient, tant et si bien qu'il a dû m'arriver ce qui arrive aux gens qui fixent trop longtemps et avec trop d'intensité le même objet... Ils finissent par ne plus l'apercevoir. Je n'ai plus vu clair autour de moi... Mon général, il me faut votre pardon... ou je ne dormirais plus... Quant à soumettre à l'épreuve que je vous ai demandée un officier tel que le lieutenant Drogont, non, mon général, non, ce n'est pas possible... et je ne veux pas, dans votre vie, introduire un pareil remords...

Un peu pâle, très ému, en dépit de son calme ordinaire, et de son empire sur lui-même, le général l'interrompit, et sa voix était triste et grave, empreinte de je ne sais quel reproche et quelle crainte :

— Il est trop tard... Vous avez, malgré tout, malgré l'invraisemblance, malgré l'extravagance de vos soupçons... vous avez jeté le trouble et l'inquiétude plein mon cœur... Je connais la noblesse de votre caractère, votre vive intelligence, votre ardent patriotisme, qui va jusqu'au sacrifice de votre fortune et au besoin de votre vie, sacrifice ignoré, qui n'aura pas, pour être héroïque, le grand jour de l'exaltation de la bataille... Je sais que ce ne peut être sans de profondes réflexions, sans des hésitations torturantes que vous venez de me parler comme vous l'avez fait... et que vous vous êtes décidé à m'apporter... ce que vous pensez être la vérité... Je dois tenir compte, en tout ceci, de vous-même, mon cher garçon... et je vous tiens en très haute valeur... L'épreuve que vous me demandez aura lieu...

— Non, mon général, non... je vous jure...

Mais d'un ton ferme auquel il n'y avait plus de réplique :

— Elle aura lieu... ainsi que vous le désirez, aussi complète, aussi absolue... Mais que nul se se doute !... Pour vous, pour moi, pour lui surtout, oh ! pour lui... s'il n'est pas coupable d'une aussi effroyable infamie... que nul ne sache jamais, en dehors de nous, quelles tristes pensées vous sont venues... et quelles effarantes confidences je viens d'entendre...

— Mon général, je vous le jure...

Et les yeux de Cœur-qui-Tremble s'étaient emplis de larmes... car il aimait le chef à l'adoration, et il venait de lui faire de la peine...

— Je vous jure, mon général, de vous apporter bientôt la preuve... oui, la preuve qu'il est innocent !...

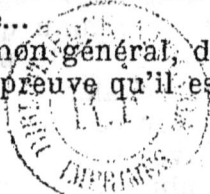

L'épisode qui fait suite a pour titre : LES FILLES GÉNÉRAL.

IMPRIMERIE DE CHOISY-LE-ROI. — GRUFFEL ET Cⁱᵉ.